西部地区"一带一路"建设与创新发展系列丛书

张永丽 主编

参与式教学项目设计与实施
——基于"财务报表分析"课程

王桢 ○ 著

中国社会科学出版社

图书在版编目（CIP）数据

参与式教学项目设计与实施：基于"财务报表分析"课程/王桢著.
—北京：中国社会科学出版社，2021.12
（西部地区"一带一路"建设与创新发展系列丛书）
ISBN 978-7-5203-9165-8

Ⅰ.①参… Ⅱ.①王… Ⅲ.①会计报表—会计分析—教学研究
Ⅳ.①F231.5

中国版本图书馆 CIP 数据核字（2021）第 192617 号

出 版 人	赵剑英
责任编辑	马　明　孙砚文
责任校对	王佳萌
责任印制	王　超
出　　版	中国社会科学出版社
社　　址	北京鼓楼西大街甲 158 号
邮　　编	100720
网　　址	http://www.csspw.cn
发 行 部	010-84083685
门 市 部	010-84029450
经　　销	新华书店及其他书店
印　　刷	北京明恒达印务有限公司
装　　订	廊坊市广阳区广增装订厂
版　　次	2021 年 12 月第 1 版
印　　次	2021 年 12 月第 1 次印刷
开　　本	710×1000　1/16
印　　张	16
字　　数	254 千字
定　　价	88.00 元

凡购买中国社会科学出版社图书，如有质量问题请与本社营销中心联系调换
电话：010-84083683
版权所有　侵权必究

《西部地区"一带一路"建设与创新发展系列丛书》
编 委 会

主　　编：张永丽
副主编：关爱萍
编　　委：张学鹏　柳建平　周文杰　王　桢
　　　　　马文静　李承晋

总　序

改革开放以来，我国用40年的时间不仅解决了人民温饱问题，而且人民生活总体上达到小康水平的目标也已在2020年全面实现，中国即将进入为全面建设社会主义现代化国家的第三个目标而努力奋斗的崭新历史阶段。与分三步走战略并行、旨在解决我国区域发展不平衡问题的西部大开发战略2000年正式开始实施，从组织机构的成立，到西部大开发"十一五"规划、"十二五"规划的出台，再到2019年《西部陆海新通道总体规划》的颁布，国家出台了一系列鼓励西部地区发展的政策措施。这些政策措施大大激发了西部地区发展潜力，使区域内经济、社会、文化等各方面发生了巨大变化，经济发展水平与全国的差距有所缩小，但受自然、历史、社会等因素的制约，西部地区经济发展相对落后的局面并未彻底改变，占全国国土面积超过70%、人口接近30%的西部地区，国内生产总值仅占全国的不到20%，人均国内生产总值只占全国平均水平的三分之二左右，区域发展不平衡问题仍然较为突出。西部地区自然资源丰富，市场潜力巨大，战略位置重要，如何更好地实现西部地区经济发展和社会进步，缩小与东中部地区的差距、化解区域发展不平衡的矛盾，既是我国实现第三阶段战略目标必须解决的重大课题，也是全面建设社会主义现代化国家的内在要求。

开放和创新将成为未来中国经济发展的两大重点路径。

"一带一路"倡议为中国对外开放格局的调整描绘了一幅新的蓝图。西部地区陆地边境线占全国的80%左右，古丝绸之路途经的国内省份主要在陕西、甘肃、新疆等西部地区，建设"一带一路"为西部地区带来了新的发展机遇。近年来，作为我国重点建设省区的西北五省区，通过与中西亚、中东欧、南亚、东南亚等"一带一路"沿线国家开展深入合作，积极融入"一带一路"建设，对外开放步伐进一步加快；西部地区企业的国际化经营合作也迎来了良好的机遇，呈现出良好的发展势头，基础设施、贸易、金融、能源等领域的一系列重大项目陆续实施，企业"走出去"的热情日益高涨，对外投资规模保持增长态势。

创新驱动战略的实施为我国经济发展增添了新的动力。党的十九大提出，要"加快建设创新型国家"，"大力实施创新驱动发展战略"。习近平总书记强调，"要深入实施创新驱动战略，推动科技创新、产业创新、企业创新、市场创新、产品创新、业态创新、管理创新等"。在国家战略的指引下，我国出台了一系列鼓励企业创新的政策措施，产生了积极的效果。不少企业通过组织结构与管理机制创新，加快向扁平化、平台化的创新型组织转型，极大地释放了企业内部的创新活力，催生了大量新技术、新产品、新业态和新模式。西部地区在国家创新型战略引领下，也正在积极参与技术、产品、制度等领域的创新，参与创新型社会建设，谋求以创新为核心实现经济发展方式的转型。

开放和创新的西部地区，既需要充分利用"一带一路"提供的与沿线国家开展经济合作的历史机遇，大力发展对外贸易，提高对外开放水平，通过强化对外经济合作推动经济增长；也需要在供给侧结构性改革的大背景下，通过人口和劳动力流动，积极承接产业转移，调整区域产业结构，从而缩小区域差距；既需要通过精准扶贫、精准脱贫，正确处理消除贫困与区域发展的关系，在实现贫困人口脱贫摘帽、与全国同步进入小康社会的同时，促进区域经济发展水平的提升；也需要大力发展外向型企业和创新型企业，提升企业管理水平和创新能力，助推西部地区经济向外向型、创新型经济过渡，实现区域的高质量发展。

这套丛书由七部著作构成，分别研究了"一带一路"建设背景下中国西北地区与中亚五国产业互补及合作，劳动力流动、产业转移与区域发展差距，西部地区精准扶贫政策与实践，西北地区外向型中小企业管理，中国IT行业员工的组织相关态度对离职倾向的影响等热点问题，通过对"一带一路"建设背景下西部地区产业、贸易、扶贫、中小企业管理等问题的实证分析，提出一系列切实有效地政策建议和措施，以期为提高西部地区经济发展水平、缩小区域差距提供政策参考。

总　　序

当前，中国经济发展已由高速增长阶段转向高质量发展阶段，党的十九大已经从"深化供给侧结构性改革、加快建设创新型国家、实施区域协调发展战略、加快完善社会主义市场经济体制、推动形成全面开放新格局"等方面进行了全面部署。西部各省区应该紧紧围绕这些战略部署，积极探索，主动作为，全方位推进开放和创新，为全面建设社会主义现代化国家贡献力量。

张永丽

2020 年 5 月

教师的职责现在已经越来越少地传递知识,而越来越多地激励思考,除了他的正式职能以外,他将越来越成为一位顾问,一位交换意见的参与者,一位帮助发现矛盾论点而不是拿出现成真理的人。

——《学会生存——世界的今天与明天》(联合国教科文组织)

前　言

　　2001年，已经有6年教龄的我接受了一项新的教学任务——对会计学专业普通本科生开设一门新课程"财务报表分析"。当时，搜遍各大专业出版社，能找到有关"财务报表分析"课程的教材凤毛麟角，我最终选择了中国人民大学荆新教授的"财务分析学"，开始了并不顺利的财务分析学课程的教学。不顺利的原因主要是教学方法存在问题，导致我和学生都不满意教学（学习）的效果。整个学期的教学内容集中在老师讲、学生记，最后考试的空洞、乏味的模式上，全程填鸭式教学。学生为了考个好成绩，努力背公式，一个学期下来，甚至连一份完整的财务报告都没有见过，遑论分析真实经济生活中公司的财务报表！在这种工作状况中，我的感受是：

　　无论我多么努力地调整自己的节奏以免职业倦怠，仍然感到挫败和不堪重负。

　　学生们在课堂上专注度降低，很容易分心。

　　许多学生缺乏沟通能力。

　　学生们缺乏发现问题、分析问题和解决问题的能力。

　　看到这种现象，我明白，现在亟须找到或发现能够激发我和学生更加积极有效地参与教学的方法。在之后的"财务报表分析"教学过程中，我在我的课堂上践行了这本书中所讲的参与式教学的方案。用讨论、座谈、头脑风暴的形式，引导学生在参与中学习，在学习中体会，以提高能力为主，最终实现翻转课堂，让学生到讲台上自己讲。下面是我注意到的结果：

　　学生参与度显著提高。

学生自我成就感增加。

教师满足感增加，工作更有动力也更有效率。

学生和教师培养了更深层次的信任感，并且协作关系得到改善。

师生体验到一种人人参与的、更有意义也更包容的课堂文化。

学生学习过程变得更加快乐，解决问题的能力增加，专业素养上升。

希望这本书中的教学方法能适合您的教学课程，能对您的学生产生积极深远的影响。另外，作为参与式教学成果，这本书中会涉及大量的财务报表分析案例，希望这些案例对那些感兴趣企业财报的同行、学生、企业界人士有一定帮助。

目　　录

第一章　参与式教学概述 …………………………………………（1）
　　第一节　参与式教学内涵 ………………………………………（1）
　　第二节　参与式教学的形式与特点 ……………………………（7）
　　第三节　参与式教学存在的问题与可能的解决方式 …………（9）

第二章　参与式财务报表分析课程设计策略 ……………………（15）
　　第一节　财务报表分析课程介绍 ………………………………（15）
　　第二节　参与式财务报表分析课程设计 ………………………（19）
　　第三节　参与式财务报表分析课程课前准备 …………………（29）

第三章　财务报表分析基本问题的参与式教学实施 ……………（33）
　　第一节　财务报表分析的理论知识 ……………………………（33）
　　第二节　上市公司基本情况的学生作品 ………………………（48）

第四章　财务能力分析的参与式教学实施 ………………………（53）
　　第一节　财务能力分析的理论知识 ……………………………（53）
　　第二节　云南白药财务能力分析的学生作品 …………………（74）
　　第三节　LZ公司财务能力分析的学生作品 ……………………（87）
　　第四节　光线传媒财务能力分析的学生作品 …………………（94）

第五章　现金流量分析的参与式教学实施 ………………………（100）
　　第一节　现金流量表分析的理论知识 …………………………（100）

第二节　现金流量分析的学生作品 …………………………………（116）

第六章　综合财务分析的参与式教学实施 …………………………（127）
第一节　综合分析的理论知识 …………………………………………（127）
第二节　传统杜邦体系的综合绩效分析 ………………………………（132）
第三节　帕利普模型的综合绩效分析 …………………………………（133）
第四节　基于改进杜邦体系的综合绩效分析 …………………………（139）
第五节　基于改进的沃尔评分法的综合绩效分析 ……………………（145）
第六节　雷达图综合绩效分析 …………………………………………（151）

第七章　上市公司估值的参与式教学实施 …………………………（153）
第一节　上市公司估值方法的理论知识 ………………………………（153）
第二节　上市公司估值的学生作品 ……………………………………（162）

第八章　专题分析的参与式教学实施成果 …………………………（179）
第一节　基于哈佛分析框架的 FC 医药公司财务分析 ………………（179）
第二节　甘肃省上市公司资产重组对财务绩效的影响分析 ……（211）
第三节　不同发展战略对企业盈利和发展的影响分析 …………（220）

附　件 ………………………………………………………………………（237）

参考文献 …………………………………………………………………（242）

后　记 ……………………………………………………………………（243）

第一章

参与式教学概述

第一节 参与式教学内涵

一 参与式教学的含义

"参与"是指参加活动的个体投身在群体活动中与群体成员间所发生的认识与实践活动的过程和基本形式。首先,从个体的角度看,"参与"指的是每一个参加活动的个体在群体活动中的状态,这既包括个体在认知和情感方面的投入,也包括个体与其他个体之间的互动、个体受群体影响以及个体影响群体的方式和程度。其次,从群体的角度看,"参与"指的是所有参加活动的人的总体投入情况,即小组类型及小组内角色的分配与分工,小组互动机制和合作、竞争,以及小组的发展阶段和特点。再次,从社会民主的角度看,"参与"意味着每一个人都具有自给自足的能力,都能够解决自己的问题。每个人都应该享有平等学习和表达的权利,同时也应该有机会与别人对话,以最大限度地发挥每一个人的智慧和才能以及群体互动学习的最大潜能。真正的"参与"不应该是被动的、被给予的、被要求的,或受条件驱使的,而应该是参与者主动发起的、自愿的、平等互动的行为。因此,参与式方法就是指能够使个体参与到群体活动中与其他个体合作学习的方法。这些方法并没有固定、单一的形式,使用者可以根据自己的需要和当时当地的条件即兴创造。通常使用的方法有:分组讨论、案例分析、观看录像带、角色扮演、填表、画图、访谈、座谈、观察、辩论、排序、打分、小讲座,以及其他根据培训内容而设计的各种游戏、练习和活动。

作为一种新型教学法,参与式教学起源于20世纪五六十年代的英国，并于最近一二十年发展起来。它对于充分调动学习者的积极性，培养学习者的创新精神起着重要作用。我国引入参与式教学并将其应用于健康、医学和 MBA 等专业培训以及大学教育中已有十多年时间，取得了很好的教学效果。

参与式教学是指全体师生共同建立民主、和谐、热烈的教学氛围，让不同层次的学生都拥有同等参与和发展机会的一种有效的学习方式，它是一种合作式或协作式的教学法。这种方法以学习者为中心，充分应用灵活多样、直观形象的教学手段，鼓励学习者积极参与教学过程，成为其中的积极成分，加强教学者与学习者之间以及学习者与学习者之间的信息交流和反馈，使学习者能深刻地领会和掌握所学的知识，并能将这种知识运用到实践中去。参与式教学要求让学习者有自由思考、运用自己智慧的时间和机会，让学习者有选择上课方式、安排学习进度的权利，除了班级教学以外，还可以采用小组教学、课堂讨论、个别化教学、网络教学等多种教学手段。

参与式教学方法为学生提供了参与式学习的机会。参与式教学法通常采用"做中学"的方式，使学生能够体会主动、合作、探究学习的喜悦和困惑，以达到自身观念、态度和行为上的改变，并能将所学的知识和方法运用于自己的学习活动中。这种全新的教学模式，能使教师更新教育教学的思想观念，改变知识能力结构，提高教学水平。

参与式教学方法与传统教学方法有很大差异。

第一，不是"教教材"，而是用主题引导学生活动。主题的内容主要是说明可以开展的活动例子，提示活动的过程，目的在于启发学生积极主动地去开展活动，活动性是它的主要特点之一。因此，教师不是用讲解教材的方式去分析画面，或让学生看图讲述，而是充当学生活动的启发者、支持者、合作者，为学生的活动创造条件。

第二，不是以教师为中心的直接讲述，而是以学生自主活动为基本学习方式。该活动的宗旨是确立学生在学习中的主体地位，每个主体活动都需要学生自主地去展开观察、调查、实验、探索多种实践活动，通过亲身的感受、操作等来完成，并在活动过程中，积累直接知识或经验，体验科学精神和科学方法，发展自己的创造力，而不是依赖教师获取知识。教师的主导作用主要通过间接指导来实现。

第三，不是教师中心、书本中心，而是开放的、综合的学习中心。该活动的教学是引导学生与周围环境积极地进行互动，而不是封闭在教室里、局限在书本上。因此，要充分利用各种外部资源，创造性地使用教材，让学生在一个开放的环境里学习，创造出更多、更好、更适宜的活动来。

进行有效的参与式教学，有必要对以下问题加以认识。（1）参与不只是一种形式。参与的实质是便于交流、沟通，让所有学生都充分加入活动中，通过活动，使学生经过自身的感受、领悟，自己找到答案和解决问题的方法，强调"做中学"。至于分组，不管同质分组还是异质分组，摆放桌子、椅子仅仅是一种形式，它不是唯一的，各种安排都是为结果服务。认为参与与否，关键是看为学生提供了哪些选择机会，为学生创造了哪些在集体与个别学习中，在思辨、操作、争论、探究过程中有效参与的条件和学习氛围，使强势学生和弱势学生的参与权利和决策权利得到尊重，使课堂气氛活跃，使学生能自由思考、大胆质疑，促进其自身发展。（2）照顾差异恰恰是体现平等。学生是有差异的，有学习风格和社会背景方面的差异。由于贫困、父母受教育状况、对教育重视的程度、宗教信仰、教育制度、学校自身等多方面的原因，会不同程度地形成学生学习上的不利因素。我们强调平等地对待学生，有些教师会误以为用一样的讲授方法、一样的要求就是对学生的平等。其实，这是用所谓平等的形式制造了不平等。只有认识、尊重学生的差异，了解学生的学习风格，认准学生差异，因材施教，给每一个学生都提供相对发展的机会，才是体现平等。只有教师平等地对待学生，积极地为学生创造公平、公正的学习环境，保护好学生健康的情感和自尊，才能使学生充满信心。因此，教师的教育关注对体现平等是一个明显的标尺，教学中是只关注那些"积极分子"，还是兼顾那些平时说话声音小、不太爱发言的学生？教师要认识到区别对待反而体现公平。（3）认识学习动机和引发学习动机同样重要。没有学习动机是不可能获得成功的学习的。兴趣和意愿是为了满足人们的某种内心需求而产生的，如果学生有内在的学习动机，那么他的有效学习就会持续更长的时间。由于学生的学习更多的是被动、按要求的学习，因此，教师的素质、教学水平和外在的激励机制就显得尤为重要。为了激发学生的学习动机，教师要用丰富、有趣、逻辑性强的内容和生动新颖的教学方法吸引学生，激发学生的学习兴趣，引起学生学习知识的愿望，并适时给予鼓励，让他们感到学习的乐趣，并把学习作为自己的自觉行为。（4）参与学习不是放手学习。由于参与式教学强调学习主体的积极参与行为，因此有的教师就误以为是放手让学生自己学习，什么都让学生自主，最终造成课堂教学效益不高的状况。参与式教学强调学生课堂上的表现、自觉学习的时间，但更强调教师的引导作用，因为学生有效的参与，离不开教师事先设计的活动程序（虽然可以根据具体情形改变），制定活动规则。教师要尽量做到上课开始新颖，有吸引力；中间有高潮，使学生心境不衰；结尾留有余味，使学生产生新的疑问。（5）创设参与情境不只是利用多媒体。在参与式教学中，创设参与情境对激发学生参与欲望无疑具有重要作用，但在具体操作中，创设参与情境并不仅仅利用多媒体，其实创设参与情境就是提供一个逼真或真实的境域或活动，以反映知识在真实生活中的应用方式，在学习的关键时刻为学生提供必要的指导或搭建"脚手架"，促进学生对学习过程与结果的反思，以便从中吸取经验，扩大理解知识的机会和层面。因此，除了利用多媒体再现情境外，我们还可以使用教具，进行角色扮演，组织实践活动（如讨论交流等），制造情境，把学生带入良好的学习氛围之中。（6）教师应是最好的倾听者。师生情感的交流和沟通应当在倾听的基础上进行。认真倾听别人的心声，就是对别人的尊重。我们都知道，越是学困生，越是渴望得到别人的认可，越是重视别人对自己的评价，越是想找机会证明自己。如果他能得到教师的重视和认可，教师能倾听他的心声，产生的效果是不言而喻的。教师要成为一个好的倾听者，学会倾听是参与式教学中参与者必须做到的首要问题。教师和学生都要有当好倾听者的思想准备，只有认真倾听，才称得上进行很好的交流和沟通。特别是教师，由于长期以来的教学习惯，往往容易产生"话语霸权"，不注意倾听或听不进大多数学生的心声，无法进行真正意义上的交流和沟通。教师要给学生提问的机会，要能欣赏和理解不同学生的不同观点和意见，真诚地与他们交流和沟通。

二　参与式教学的意义

参与式教学作为一种教学方式，它可以采用多样化的方法，如小组讨论、角色扮演、模拟、录像、座谈等。参与式教学的核心是学生参与教学，活动是教学发生的基础，学生必须参与到活动中去。教学的生命力就是对学习主体学习潜能的极大调动。我们提倡自主、合作、探究的学习方式，其目的就是要让学生进行有效的学习。因此，进行参与式教学，能有效地提升学习主体的积极性，加强学生学习的技能，使他们有机会按自己的能力和进度学习。

在参与式教学中，教师要采用较灵活的方法，诱导学生主动从实践中寻求知识，培养学生收集、分析和利用信息以及发现问题、分析问题和解决问题的能力。同时，参与式教学有利于学生自我设计，学生可根据自己的兴趣拓宽知识面，提高自己独立思考和解决实际问题的能力。

与填鸭式教学法相比，参与式教学由于符合人们学习的规律，因而更有利于培养出有独立思考能力、有创新精神、有解决实际问题能力的人才。

三 参与式教学的原理

参与式教学的理论依据主要是心理学的内在激励与外在激励关系的理论及弗洛姆的期望理论。

根据心理学的观点，人的需要可分为外在需要和内在需要。外在需要所瞄准和指向的目标或诱激物是当事者本身无法控制且被外界环境所支配的。与此相反，内在需要的满足和激励动力则来自当事者所从事的工作和学习本身，当事者可从工作或学习活动本身，或者从完成任务时所呈现的某些因素而得到满足。

内在激励与外在激励的关系是：

（1）当外在激励强而内在激励弱时，工作或学习变得枯燥无味。当事者将自己的工作或学习只看作是外在激励的推动。

（2）当外在激励弱而内在激励强时，工作或学习变得有趣、有意义和有挑战性。

（3）当内在激励和外在激励均弱时，工作或学习变得索然无味，并缺乏具有诱激力的报偿。

（4）当内在激励和外在激励均强时，工作或学习变得引人入胜并具有颇富诱激力的报偿。

参与式教学能加强学生的内在激励,有利于提高学生学习的自觉性和积极性。由于内在激励来自学习的趣味、意义和挑战性,学生便能克服困难,从学习中获得乐趣和满足。

在参与式教学中,来自教师的表扬和鼓励,也使外在激励加强。在这种内在激励和外在激励都得到加强的情况下,学生的学习效率会得到显著提高。

怎样使激发力量达到最好值,弗洛姆提出了人的期望理论。弗洛姆的期望理论阐明了激励职工的方法。他认为:某一活动对于调动某一人的积极性,激发出人的内部潜力的激励(motivation)的强度,取决于达成目标后对于满足个人需要的价值的大小——效价(valence)与他根据以往的经验进行判断能导致该结果的概率——期望值(expectancy),即 $M = V \cdot E$。传统教学方法没有区别的对待每个学生,使得学习存在困难的学生参与学习的动力下降,进而认为自己达成学习目标的概率——期望值(expectancy)很低,导致学生内在激励不足。参与式教学提供了小组讨论、学习任务组内自由安排等新型方式,使学困生参与学习的动力提高,进而认为自己达成学习目标的概率——期望值(expectancy)增加,导致学生内在激励提高。

另外,参与式教学还基于其他理论与方法,见图1-1。比如基于人本主义,参与式教学提出学生是通过学习的各个阶段而不断进步的;教学过程中学生是平等、合作、分享地参与学习的。基于行为主义、认知主义,教师要由原来的信息提供者、标准答案的发布者和核实者,向主持者、协作者、促进者转变;学生要由原来的被动接受者和消化信息者,向参与者、协作者、合作伙伴转变。基于建构主义,参与式教学活动过程是学生与已有经验的对话:学生自己主动建构,调动自己的已有经验,在合作交流中生成新的经验;重新认识自己的经验,整合已有知识,主动贡献自己的智慧。

```
积极主动 ┐
平等参与 ├──────→ 人本主义
交流合作 ┘

在做中学 ──────→ 行为主义

知识整合 ──────→ 认知主义

主动建构 ──────→ 建构主义
```

图1-1　参与式教学相关理论与方法

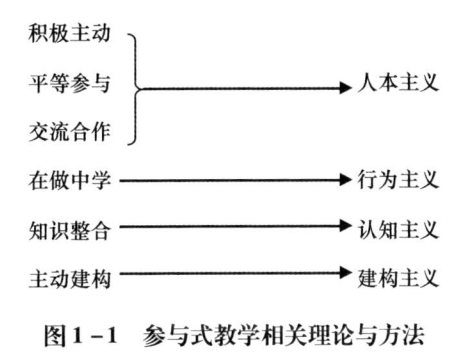

第二节　参与式教学的形式与特点

一　参与式教学的形式

参与式教学有两种主要形式：一种是完全的参与教学法；另一种是在传统的教学过程中加入参与式教学的元素。

完全的参与式教学的特点是小讲课和分组活动相结合。每个小讲课后，进行分组活动。分组活动可以采取不同的形式，根据小讲课的内容，以生动活泼的方式进行实践练习，通过对练习结果进行互相评论，并由教学者或专家进行评论，使学习者更加深刻地掌握小讲课所学的内容，并能将所学知识应用到实践中去。近年来，在联合国机构（如联合国学生基金会和妇女发展基金会等）和一些国际援助组织与我国相关部门进行的一些合作项目培训班中广泛使用完全的参与式教学。

完全的参与式教学以学习者和内容为中心，鼓励学习者在整个培训过程中积极参与，最终制定出项目的研究或实施方案。开始时学习者配对互相介绍，在教学过程中，教学者经常提出问题让学员回答。在小讲课后，进行分组活动，活动形式灵活多样，可以采用编故事、案例讨论、小品表演、辩论赛等形式，以及按教学者要求制定研究计划或实施计划等生动活泼、形象直观的形式。

在传统的教学过程中加入上述参与式教学的元素，可以使学生的学习积极性得到提高，使学生的动手能力和解决实际问题的能力得到加强。

二 参与式教学的特点

参与式教学有四个特点：

1. 开放式的教学内容。有一定开放度的教学内容是指在教学内容中，除了包含该学科已经有定论的内容，还要注意给学生介绍一些前人未能解决的或者教师正在研究中的问题，激发学生的好奇心，并启发学生进行思考。

2. 论文形式的考试。论文形式的考试，题目可以由学生结合课程内容自己提出，或者教师从自己的研究课题中抽取一些题目让学生做。还可以在教学过程中让学生参与批改作业、辅导上机、出考题及答疑等。互联网的出现也使得参与式教学得到更好的应用。利用互联网的互动功能，可以让学生参与讨论，自由发表自己的意见，或者让学生用互动式课件在网上答题，或者在网上完成自己的设计等。

3. 提问式的讲课。提问式的讲课是指在讲课中鼓励学生提问题，由其他学生做出回答，或由教师做出回答。

4. 无标准答案的习题。无标准答案的习题是指在教学中要注意加入一些解题方法和解题结论没有标准答案的习题，让学生独立思考、寻找解题方法、探讨解题答案。

表1-1　　　　　　　　参与式教学特征

参与式教学	具体特征
效果	改善课堂氛围 增加学生表现机会 增加学生课堂专注度 培养合作精神 激发学生学习兴趣
实施	教师：观察、提问、查漏补缺、点评 学生：课堂的主体
根源	学业学习和情感学习、社会学习的融合 解决复杂、综合问题的能力 培养目的意识

第三节 参与式教学存在的问题与可能的解决方式

一 参与式教学活动中存在的主要问题

参与式教学活动在实施中常常会遇到许多问题，主要有大班额的参与问题和参与的有效性问题，这两个问题在活动中具体表现在以下几个方面。

（一）课堂发言的频率方面

课堂上，当教师提出问题时，众多学生都有回答问题的愿望，而且对问题的回答也各有其特点，如果尊重学生的个体差异，就需要有更多的时间让学生各抒己见。小班化教学，学生回答问题的概率相对就高，而在大班额的班级中，应该完成的教学内容与有限的教学时间之间就出现了矛盾。

（二）学生交流的广度方面

参与式学习方式，势必需要有一个汇报交流的过程。单从小组合作学习方面看，试想：一个六十名左右学生的班级，四人一组，可以分为15个小组，如何安排和分配汇报小组的时间？即使依小组序号每次给数个小组汇报的机会，那么其他有不同想法和意见的小组如何对待？在大班额的班级中如何才能在有限的课堂教学空间内体现出面向全体学生的教学？

（三）学生差异的悬殊方面

大班额的班级中，学生的差异性更大，以目前作者所在教学班的大三学生为例：有的学生已经通过初级会计师考试，专业能力基本在中级会计师水平时，还有个别学生对会计学的认识还停留在六大会计要素的水平上，连财务报表的结构还不清楚，是继续财务报表分析的学习还是帮助有困难的学生解决问题？是讲求课堂教学的效率，还是关注学生个体的需求？

（四）课堂生成问题的方面

学生人数多，课堂上生成的问题自然也多，当出现亟待解决的生成问题时，如何对待教学的效率和学生个体的需要？

（五）课堂纪律维持方面

由于课堂人数、学生差异、学生发言、课堂生成问题等诸多方面原因，课堂纪律的调控便成为大班额教学不容忽视的问题。那么，在调控课堂纪律的同时，又该如何讲求教学效率？

二　参与式教学问题可能的解决方式

（一）大班额参与教学的策略

1. 充分发挥小组合作的功能，进行有效的交流

如何在课堂上有效地调动发挥学生的参与意识呢？许多教师认为调动学生的主体性，让学生参与课堂教学，就是让学生多回答几个问题，变"教师讲、学生听"为"教师问、学生答"。这样的课堂教学，往往表面上热热闹闹，但是"参与"往往流于形式，其有效性值得推敲。参与式教学活动中，学生的积极性被激活了，每个人都有发表意见的热情。经过对问题的讨论、参与会产生许多新的发现，获得一些新的信息，但由于学生个性特点及原有知识储备的影响，这些新信息都独具特色，有的指向本课的教学目标，而有些则偏离了课程，甚至有些是错误的。如果把每个学生的发现都拿到全班范围来交流，或让教师去指导，这在大班额的教学中显然是行不通的，时间上不允许，客观上也不可能，更违背了教学的简约性原则。

为了使学生的参与更有效，就需要发挥小组合作的功能，筛选、过滤出有价值的信息。在小组发言前，学生先在小组内发言、交流，通过第一轮的讨论，大部分错误被过滤掉了。但是这种"过滤"不是纯粹的"过滤"，而是在有限的时间内让每位学生都有表达自己意见的机会，通过这种交流还可以培养学生的表达能力、倾听意识——对别人的意见发表自己的看法，先要听懂别人的意思。正所谓"木不钻不透，理不辩不明"。如果能在这种平等、和谐的气氛下开展交流，长期坚持下去会对学生思维的发展、能力的发展起到积极的促进作用，这样做才可以保证课堂的交流是有效的。当然这种氛围的培养需要花一定的时间，但这种习惯的养成对于有效的课堂教学而言，可谓是"磨刀不误砍柴工"。

2. 运用有结构的材料调控教学的进程

参与式教学方式倡导留给学生更多的独立思考、动手实践的时间，

但时间不是衡量学生是否积极、自主探究的唯一标准。如何有效地调控教学进程，使学生在有限的课堂时间内获得更多有价值的收获，这对教师而言是一个永恒的话题。这需要教师具有渊博的专业知识与相关的教学技巧，但只有这些还远远不够。在参与式教学活动中，学生动手操作是否就意味着他主动参与了呢？学生在没有明确参与目的之前动手，就是盲目的动手！是为了动手而动手，是没有什么科学意义的！正确的参与教学活动强调动手之前先动脑、动口，因为只有在充分讨论、参与的基础上动手，才能达到动手操作的目的。而且探究活动的问题，既可以由学生提出也可以由教师提出，而且大多数情况下是由教师提出的。因为教师是具有引领作用的专业人员，有责任引导学生的活动与发展。这是以"学生的发展"为目的的，而非单纯为教学服务。教师的引领作用主要体现在对教学情境的创设以及实验材料的选择上。在大班额的教学中教师放手让学生探究，但是如何强化学生思维的有效性呢？我们应当利用活动材料，特别是有结构的活动材料——这只"无形的手"引导学生走上认知、探究、发展之路。

3. 建立评价机制、掌控学习活动

在大班额的参与式教学活动中，如果没有良好的学习习惯约束，课堂上将会是参与时轰轰烈烈、汇报时各抒己见、归纳时收效甚微，师生付出的精力与其所得极不相称，这就要求我们寻找相应的教学策略。我们认为应当在课堂上建立有效的评价机制，评价不仅要关注学生的参与结果，更应伴随整个探究活动的全过程，使评价具有促进学生探究活动深入的功能。

教学中教师在启发每个小组探究学习问题之后，鼓励每个小组按照各自的设计去亲自探究，如果刚开始学生把自己想到的看法全部表述出来，不管是否与问题有关，这样就浪费了自己的时间。因此，组内参与时还要进行新一轮的材料筛选，同时有的组因为没有有效的参与，探究活动无法深入的展开，这样一来整节课的教学效益自然不高。面对这种情况，在教学中要及时地调整教学策略。在学生探究前，教师提出不同的评价标准；探究后要比比看，哪个组探究的最成功；哪个组用的时间最少，也得到了同样的结果……经过一段时间的培养后，学生就能够很好地参与学习了，这说明学生完全有能力自行组织学习活动，说明在大班额的情况下，建立一种有效地评价机制是可以促进学生更有效地进行参与探究活动的。同时，还应重视评价的前瞻性功能，即评价可以促使学生形成些什么？促使学生改变些什么？一旦我们的评价具有了以上的功能，那么活泼、有效的探究氛围就会形成，当然这需要一定的时间和师生共同的努力。

4. 建立科学、合理的班级教学管理体系

第一，根据学生情况，确定不同层次的教学目标（即分层教学）。在推进教学内容时，教师有意识地把各个层次的知识点渗透到相应的学生身上，以便学生掌握其内容。课堂上，将一些难度较大的问题，请比较优秀的学生回答，然后再让差生复述要点，督促其掌握知识；遇到简单问题，让学困生回答，让他树立起自信心，培养起学习积极性；在布置作业时，也采用分类布置的办法，让优生吃得饱，让差生消化得了；利用课外时间对差生辅导时，一定要让他们把基础的东西学懂、弄通。这个分层目标是一个动态的目标，会随时根据学生的变化进行调整。在确定各层次目标时，既要有一定的前瞻性还要与学生的实际水平相结合，以利于学生求知欲望的保持，学习兴趣的长期存在。

第二，学生自我结合成组时，引导学生采用"好"与"差"相搭配的原则。这样的编排方式，便于组内形成"你帮我扶"的良好关系。可以由组长帮助小组内学困生，协助老师检查、督促完成各种学习任务，促使其不断进步，最终完成小组任务。同时，经常给予帮扶双方一定的询问，增加帮扶双方的黏性。这样，既培养了帮扶者的能力，又检验了帮扶者掌握知识的情况，还为教师挤出更多时间，钻研教材、研究更具活力的班级管理办法。如此一来，形成了教师轻松"教"，学生乐意"学"的氛围。

5. 充分利用现代化教学设备

传统的教学模式是"一支粉笔，一张嘴，一块黑板，一本书"，它是单一的学生看书、看黑板，老师板书、学生记录（笔记）的模式。这种模式，已经逐渐被信息化、高科技的互联网时代的来临而取代。新的教学手段，可以把固定不动的文本，运用现代化的设备，制作出有声有形有动作的画面，使枯燥的文字内容变得有趣，使复杂的问题变得简单；学生也就在这个轻松愉快的过程中增长了知识，陶冶了情操。同时，教师还要让学生在课前预习及课后巩固两个环节上，利用网络这一巨大的资源，去搜集、补充相关的教学信息，加深对教学内容的理解，拓展学生的视野。因此，在大班额的条件下，充分利用现代化教学设备，是搞好教学工作的必要手段。

综上所述，面对一个大班额时，教师只有加强学习、转变观念，在拉动学生内部需要的前提下，靠科学合理的教学管理体系，先进的教学手段和教师多方案的立体化运用，有机地融入教学全过程之中，参与式教学活动中的大班额问题就会得到解决，参与式教学活动才能提高学生的专业素养，才会受学生欢迎。

(二) 提高学生参与有效性的策略

1. 营造课堂气氛，激发参与热情

要激发学生的参与热情，必须重视唤起学生的情感，建立和谐的师生关系，使学生在充满爱的富有情感色彩的课堂气氛中真正把参与的热情激发起来，去获得知识，训练智能，完善人格。因此，教师一进课堂，就必须进入"引导"角色，时时处处站在学生的角度思考问题，与学生平等对话，鼓励他们主动探索、主动思考，全身心地参与到课堂教学活动中去。

2. 灵活运用方法，增强参与兴趣

教师必须想方设法，根据教材特点和学生特点，以教学内容为载体，以灵活的方法为手段，去激发学生的参与兴趣。作为经管专业学生，对财经新闻、财经事件、财经常识都有一定的兴趣，可以结合上市公司的热点事件普及财经常识，从财务角度分析事件，加强学生对课程的兴趣。

3. 加强个体尝试，培养参与能力

学生是学习活动的主人。因此，课堂教学中必须保证学生有充分的时间进行有效的参与，既要保证他们的有效参与，又必须扩大参与面，培养学生善于参与的能力。

教师除了让学生根据明确的目标导向，按自己的水平去读、去想、去说、去写以外，传统的属于教师的某些活动也可以让学生来尝试参与。例如，①尝试参与问题的设计。可在教师有目的的引导下，让学生尝试参与问题的设计，再围绕提出的问题自学相关理论或解决相关问题。②尝试参与讲解。可以要求学生就某个理论问题查找资料自学，根据自己的理解，做成PPT，在课堂上随机找学生讲解，并由全班学生讨论、教师总结，最终在学生脑海中形成经过自我努力并消化了的知识。

4. 鼓励质疑问难，提高参与质量

"读书无疑者，须教有疑；有疑者却要无疑，到这里方是长进。"朱熹的这番话可称至理。大学生的教学与中学生的教学明显区别是：中学生是接受式地学习，而大学生应当思辨地学习，知道任何一本教材都体现的是作者的思想，而非真理。因此大学生的教学中一定要培养学生的自我意识。教学中，必须教学生有疑，有疑才能产生读书的兴趣，才能明白教材作者的意思以及学生作为独立个体自我的认识。越是敢于质疑的学生，其主体作用越能得到充分的发挥。对学生的质疑问难，教师应当提倡、鼓励，并引导学生自己去解疑，使学生的参与向深层次推进，为提高参与质量创造条件。

第二章

参与式财务报表分析课程设计策略

第一节 财务报表分析课程介绍

一 财务报表分析课程概况

（一）课程性质

阅读和分析企业财务报表，是商科各专业学生必备的核心技能之一。作为商学院开设的一门重要课程，财务报表分析是大多数高校大学本科阶段会计专业、工商管理专业高年级学生必修或选修课程。它作为会计专业学生不可或缺的知识构成部分，对提高学生综合运用会计管理知识分析和解决实际问题的能力有很大帮助。该课程一般是作为会计专业大学三年级或四年级学生的课程，应在修完《初级会计学》《中级会计学》《成本会计学》《财务管理学》《管理会计学》之后学习。

（二）教学目的

财务报表分析课程的主要内容是根据财务报告及其相关资料分析和评价企业财务状况、经营成果、投资价值以及财务总体情况和未来发展趋势等。学习该课程，要求学生掌握财务报表分析的基本理论、主要内容、基本方法，并学会运用财务分析方法分析具体企业的财务状况。

（三）教学内容

首先从企业"财务报表分析基本问题"入手，然后向"财务能力分析""综合分析""现金流量分析""公司估值"深入，最后以"财务报表分析专题"结束。共设6个部分。

（四）教学时数

本课程总教学时数为54学时（其中教学时数50学时，机动时数4学时)。学校每学期共18个教学周。

表2-1　　　　　　　　　　　教学日历

课程总学时	54	课堂讲授/学生讨论（学时）	18/32	考核方式	课程论文（word）
授课学时	课程进度					
	教学进程	授课内容	授课方式		课外作业
4	专题一财务报表分析基本问题	财务报表分析的内容、主体、目的、依据、标准、程序、方法及局限性	课堂讲授（4学时）		1. 4—5人一组，自由组队 2. 组队完成后，自选一家规定范围内的上市公司，搜集该公司5年的原始财务报告，完成所选公司简介（PPT）
6+8	专题二财务能力分析	偿债能力 营运能力 盈利能力 发展能力	课堂讲授（6学时） 案例讨论，学生逐组讲述，全班讨论，教师总结（8学时）		完成所选公司财务能力分析（PPT）
4+4	专题三综合分析	杜邦分析法 沃尔评价法及雷达图的应用	课堂讲授（4学时） 案例讨论，学生逐组讲述，全班讨论，教师总结（4学时）		完成所选公司综合分析（PPT）
4+4	专题四现金流量分析	项目分析法 指标分析法	课堂讲授（4学时） 案例讨论，学生逐组讲述，全班讨论，教师总结（4学时）		完成所选公司现金流量分析（PPT）
2+6	专题五公司估值	类比法估值 折现法估值	课堂讲授（2学时） 案例讨论，学生逐组讲述，全班讨论，教师总结（6学时）		完成所选公司估值分析（PPT）

续表

授课学时	课程进度			
	教学进程	授课内容	授课方式	课外作业
12	专题六 财务报表分析专题	特定公司特定问题的财务分析	案例讨论，学生逐组讲述，全班讨论，教师总结（12学时）	自选专题并完成所选公司专题分析，形成一篇完整论文（PPT）

注：（1）每学期均必然有节假日导致实际授课时数少于54节，因此，有机动时数4学时出现。

（2）实际教学过程中，也可将专题一至专题五的理论学习完成之后，学生逐组完成所选公司简介、财务能力分析、综合分析、现金流量分析、估值分析（PPT）这五部分的案例讨论。这样做的好处是每组完整分析了对象公司，给予其他各组公司的完整印象。各组完成上述内容后，再进行所选公司专题分析（PPT）。这种方法，各组只需要两轮讲述、讨论。

（3）课堂讲述、讨论使用演示文稿，学期结束各组作业以word形式提交课程论文。

二　财务报表分析课程特点

（一）综合性

该课程的学习中，所需专业知识庞杂。首先，既然是财务报表分析，必然要对报表产生过程有相当的熟悉程度。我们都知道，报表是经过会计核算的确认、计量、记录才最终报告出来的。因此，学习财务报表分析，必须对《财务会计学》所包含的初、中、高级会计核算类课程有一定了解和掌握。如果是分析特定类型的上市公司，如金融类上市公司，还应当修习过《金融企业会计》等。其次，在做企业成本分析或企业经营管理能力分析时，又必然会用到《成本会计学》《管理会计学》的相关知识。另外，财务报告是企业财务活动的结果，我们要分析该企业财务活动的缘起、过程、结果及所产生的影响，就必然用到研究财务活动的《财务管理学》。这样，在"财务报表分析"课程的学习中将会综合应用到会计专业的大多数核心课程。

最后，一个好的财务分析报告不只是对财务信息本身的解读，一定要深入到经济环境、行业背景、利益关系中分析才有应用价值，因此，"财务报表分析"课程还必然会用到经济学、管理学的相关知识。

（二）复杂性

千人千面，企业也一样。没有完全相同的两个企业。非常类似的企业可能面临完全不同的问题。同一家企业在不同时期可能面临完全不同的问题。因此，企业财务报表分析的复杂性凸显。

（三）实践性

如果财务报表分析课程的整个学期的教学内容集中在老师讲、学生记，最后考试的空洞、乏味的全程填鸭式教学模式上；学生为了考个好成绩，努力背公式，一个学期下来，甚至连一份完整的财务报告都没有见过，更不知如何分析真实经济生活中公司的财务报表，那么，对教师、对学生、对教学活动而言，是彻头彻尾的失败！

三 财务报表分析课程参与式教学的适宜性

课程的综合性说明，学生已经掌握了相关课程的理论知识，亟待将其应用到实践中去。而财务报表分析课程恰好提供了这样的机会，让学生利用实际企业的财务报表数据，应用所学专业知识分析评价企业的财务活动、管理绩效和发展趋势。

课程的复杂性说明，即使教师脱离完全的理论教学，增加案例教学，也只能在有限的教学时间中让学生了解一个或有限的几个企业较短期间的财务变化及问题，如果发动学生参与，在满足学生的参与感同时，有效地解决了课程的复杂性，让学生对不同企业有了更多的了解。

课程的实践性说明，只有理论学习，学生是无法掌握理论在实际企业的运用的。背会多少个定义，正确完成多少道计算题，都无助于看懂一张实际企业的财务报表，写出一份实际企业的财务分析报告。

综上，基于财务报表分析课程的各种特点，该课程非常适宜参与式教学方法。

第二节　参与式财务报表分析课程设计

一　课程实施步骤

（一）完成组队

要求学生在第一次课程结束后的一周内完成组队。每组4—6人，全班十组左右（每组学生数过多，存在"搭便车"现象；组数太多，学生分享案例时间不足）。学生可自由组合，但忌专业知识较差的学生扎堆在同一组内，否则很难顺利完成学习任务。为避免学困生聚集，教师在宣布分组任务时，可适当引导。

（二）选择上市公司

要求学生在第一次课程结束后的一周内选择好要分析的标的上市公司。对所选择上市公司应在第一次课上明确要求：包括①给定空间范围。作为地处甘肃省的高校，为了让学生了解甘肃省，在过去的课程教学中，曾以甘肃省上市公司为给定范围；也曾给定行业范围，如医药制造行业、家电行业、整车生产企业等。在行业范围的选择中，首先不推荐金融类，因为学生在本科阶段的专业学习中，基本是以制造业为例学习了财务会计、成本会计、财务管理及管理会计等专业知识的，而金融类上市公司的财务报表与制造业上市公司财务报表的区别甚大。另外，最好选择与学生生活有一定关系的行业，一方面可以激发学生的分析兴趣；另一方面可以相对降低学生因行业陌生造成的报表分析难度过大。②给定时间范围。因为要求学生的分析报告包括近5年的趋势分析，因此所选上市公司一般至少上市时间满5年。如果选择上市未满5年的公司，也可以招股说明书中的信息为支撑，完成分析报告。③还应说明，我们的分析报告主要是面向投资人或经营者的。专题报告不同，不同专题一般有较明确的信息使用者。班长可以在第二周上课前，将学生分组情况、所选上市公司作表发送给教师，教师应审核每组成员构成情况，尤其要审核所选上市公司是否符合要求，避免以下情况出现，如上市时间过短，无法进行趋势分析；所选公司不是要求范围内的上市公司；所选公司非国内A股上市公司等。

（三）查找该公司5年年度报告

要求学生在第二次课程结束后的一周内查找要分析的标的上市公司5年年度报告。完成公司基本情况介绍。公司基本情况介绍至少包括公司简介、股权构架、产品（或收入）构成、5年中发生的对公司财务报告产生重大影响的事件（可用来分析公司财务报表指标变化的原因）。

（四）完成标的公司的财务能力分析

要求学生在第五次课程前后完成标的公司的财务能力分析。在此阶段的理论讲授中，教师已基本完成财务能力分析的理论讲授，且应配以案例教学指导学生学习，让学生理解上市公司财务能力分析的原理、指标，掌握财务能力分析的实际应用。在案例教学过程中，不仅要注意分析能力的学习，还要注意分析报告中图表的设计与应用、文字分析段的写作逻辑，提高学生的Excel软件的应用能力与文字表达能力。

（五）完成标的公司的综合能力分析

要求学生在第九次课程前后完成标的公司的综合能力分析。在此阶段的理论讲授中，教师已基本完成杜邦分析法与沃尔评分法的理论讲授，且应配以案例教学指导学生学习，此部分要求学生注意两种基本综合分析方法的区别、问题及各自的逻辑，并将两种方法应用到自己选择的标的公司分析中。

（六）完成标的公司的现金流量分析

要求学生在第十三次课程前后完成标的公司的现金流量分析。在此阶段的理论讲授中，应先讲授现金流量表的结构，因为学生大多对资产负债表、利润表的熟悉度超过对现金流量表的理解，因此有必要花一点时间从报表分析的角度恢复学生对该表的认识，分析方法集中在项目分析与指标分析两种方法上。同时，要求学生至少完成标的公司的上述两种方法的现金流量分析。

（七）完成标的公司的估值

要求学生在第十五次课程前后完成标的公司的估值。在此阶段的理论讲授中，主要讲授绝对估值中的未来现金流量折现法、EVA折现法与相对估值中的市盈率法、市净率法。同时，要求学生分别完成标的公司的绝对估值与相对估值，分析不同方法的区别与适用范围，并与上市公司市值对比分析公司可能的投资价值。

（八）完成标的公司的专题分析

要求学生在第十九次课程左右完成标的公司的专题分析。与之前分析报告不同，专题分析部分没有理论指导、没有教学案例可以参考、没有成熟的逻辑框架，要求学生按照一篇案例研究论文的写作要求完成专题写作任务，对本科生来讲，的确有相当的难度，因此，要求学生在完成之前的分析报告后，小组应反复讨论标的公司可能存在的重大问题或标的公司发生的小组感兴趣的事件，通过知网、万方等多种渠道了解其他学者对同类问题的认识，掌握此类问题的分析逻辑、分析方法，最终完成标的公司的专题报告。

学生在一个学期，18个教学周基本按照表2-2所示，在规定的时间完成规定的学习任务。

表2-2　　　　　　　　学生任务一览

任务发布时间	任务内容	完成时间	课堂案例讨论时间
第1次上课	1. 4—6人一组，自由组合 2. 组合完成后，自选一家规定范围内的上市公司，搜集该公司5年的原始财务报告，完成所选公司简介（PPT）	第2次上课时，由班长收集并上交全班各小组名单	
	完成所选公司财务能力分析（PPT）	第5次课后，由各组组长发送至教师信箱，教师查阅，个别讨论	第6次上课，由案例分享组逐组分享各自公司简介与财务能力（每组讲述15分钟，讨论15分钟）
	完成所选公司综合分析（PPT）	第8次课后，由各组组长发送至教师信箱，教师查阅，个别讨论	第9次上课，由案例分析组逐组分享各自案例（每组讲述5分钟，讨论10分钟）
	完成所选公司现金流量分析（PPT）	第13次课后，由各组组长发送至教师信箱，教师查阅，个别讨论	第14次上课，由案例分析组逐组分享各自案例（每组讲述10分钟，讨论10分钟）

续表

任务发布时间	任务内容	完成时间	课堂案例讨论时间
第1次上课	完成所选公司估值分析（PPT）	第15次课后，由各组组长发送至教师信箱，教师查阅，个别讨论	第16次上课，由案例分析组逐组分享各自案例（每组讲述10分钟，讨论10分钟）
	完成所选公司专题分析（PPT）	第17次课后，由各组组长发送至教师信箱，教师查阅，个别讨论	第19次上课，由案例分析组逐组分享各自案例（每组讲述30分钟，讨论30分钟）
	完成所选公司上述内容的word版本	最后一次课前一周，由各组组长发送至教师信箱，教师查阅，个别讨论	最后一次课程中，检查收缴纸质版"财务报表分析报告"课程论文

注：上述任务发布是按照作者的课时安排进行的，使用者可根据自己学校的实际情况调整。

表2-3是真实教学活动中的一张分组名单。

表2-3　　20×6级会计X班财务报表分析分组名单

组号	组长	组员	公司	所选专题
第一组			太极集团	太极集团合并表与母公司报表分析的差异性探讨
第二组			哈药集团	哈药集团资本结构质量分析
第三组			云南白药	云南白药流动资产质量分析
第四组			江中药业	江中药业股份回购财务效应分析
第五组			恒瑞药业	医药行业销售费用分析——以恒瑞为例
第六组			恩华药业	恩华药业定增对公司业绩的影响
第七组			桂林三金	桂林三金股票投资价值分析
第八组			华润三九	华润三九与江中的发展趋势比较分析
第九组			东阿阿胶	东阿阿胶未来是否还有提价空间？——基于财务角度

注：我们不会同意学生在上市公司中任意选择一家公司作为分析对象，而是规定范围，比如上表班级要求选择一家制药企业。我们还曾经让学生选择整车制造企业、家电企业、甘肃上市公司等。这样做可以有效减少学生直接上网搜索一份财务分析报告交差的可能性。

二　分组合作学习

参与式教学活动主要考虑到教学班中学生之间的差异，根据教学或学习的各种需要，一般采用分组合作学习的方式，即把全班学生细分成若干个学习小组，教师根据各小组的共同特点分别与各小组接触，进行教学或布置他们共同完成某项学习任务。各组成员在完成学习内容和进度上承担不同任务，有明确分工，既不重复共同的问题，还可能增强小组成员合作学习、互相激励的能力。那么，如何分组，才能最有利于参与式教学活动的进行，就成为我们要考虑的关键问题。

分组原则：自由组合原则、就近原则、同质原则、混合编组原则。

小组人数：一般 4—6 人，出现特殊情况也可以调整组员及组内人数。

师生共商小组参与规则：尊重、倾听、欣赏、发言、分工、协作、交流共享等。

小组合作学习的基本特征：

基础性：面向全体，促进全面发展。

民主性：打破一言堂，师生间人格地位是平等的，信息交流是多向的。组内合作，组间竞争。

探究性：注重过程、注重体验。

开放性：思维发散。角度、立场不同，解决问题的方法不同。

生活性：探究的内容与生产生活、社会实际联系密切。

小组合作学习的基本流程：

集体教学　　小组合作学习　　全班交流　　学习评价
　　↑　　　　　　↑　　　　　　↑　　　　　　↑

问题情境　个别辅导合作技巧　教师点评全班共享　关注过程多元评价

分组合作学习的实施过程：

（1）集体教学：提出问题、选择学习内容（教师指定与学生自主选择相结合；问题具有启发性、开放性、探究性、生活化）。

（2）小组合作学习：分工协作、收集资料、组内合作（组内合作必须责任到人，在这里，一定要强调组长的统筹协调作用）。

（3）教师巡导：个别（小组）辅导、指导合作技巧、引发思考。

（4）全班交流：思维碰撞、信息共享、共同发展。

（5）教师及时点评、及时评价，引入竞争机制（对学生的发言进行修正、补充、评价。全班共享；自评、互评、师评相结合，注重过程评价，发挥评价的激励功能、发展功能。组内合作，组间竞争）。

分组合作学习的主要原则：

（1）组长负责、人人参与。当小组是由一个人领导时，内向的学生有时不愿参加。因此，当教师将小组合作学习的形式引入教学过程时，教师尤其要强调组长在小组中的重要作用。组长要明白每个阶段的学习任务是什么，时间节点在哪里，要将任务分解到人，且任务分解越具体，组员的完工程度越高，返修越少。组长还要记录小组的讨论活动次数、内容，并向教师汇报活动进展情况和目标实现情况；最后组长还要担当评价者，应用评价指标对小组每个成员完成小组任务做出评价。为了最终能顺利完成教学与学习任务，教师应及时反复与组长及组员沟通，解决组长在领导小组完成学习任务的过程中出现的问题及组员个人部分可能出现的问题。由于组长在小组中的地位极其重要，因此，在小组选择组长人选时，有三条必要标准：一是组长的学习能力、专业能力要相对较强；二是组长应具备一定的沟通能力与组织能力；三是获得组员一致同意，组员对其有共同的信任感。

（2）学生承担个人职责。在案例分析、讨论课程中，让学生向别的组作汇报。每个学生的任务都要有清楚的规定，并且接受其他学生对自己应完成部分的讨论，然后修改提高。

（3）学生之间融洽相处。在分析讨论中，应该给那些沟通能力差的学生多一些交流活动的机会。

（4）为了提高小组任务完成的效果，要进行反思。可以给学生一些问题让他思考，让学生学会发现自己完成的报告中存在的问题，在反思的基础上，学生会逐渐提高自己发现问题、分析问题的能力，逐步改进自己的分析报告。如果套用一句广告词的话，每个小组的分析报告都是"没有最好，只有更好"。

三 讨论

讨论是小组成员之间、全班各组之间、教师与学生之间的一种互动方式，他们交流观点以形成对某一问题较为一致的理解、评价或判断。尽管讨论有其他行为难以实现的功能，但在教学实际中教师却不乐意组织讨论。根据对美国学校调查，有讨论的课在所观察的课中仅占4%至9%，另一项调查结果还不到3%。教师不组织讨论的主要理由是讨论不易控制、耗费时间，而且讨论结果无法预料。因此，要掌握讨论的策略必须做出一定努力，教师既要熟悉基本理论知识，又要多组织讨论，在实践中培养技能技巧。

（一）讨论行为的功能及表现形式

讨论行为的主要功能有：第一，培养批判性思维能力。第二，讨论可以帮助学生运用已学过的知识去探索并最终找到解决问题的方法。第三，培养人际交流技巧。第四，改变态度。第五，促进学生推理能力的发展。教师在学生讨论时的行为表现形式主要有两种，即发起行为和支持行为。发起行为主要实现任务定向的功能，教师要协调、推进小组活动保障讨论目标完成。支持行为主要实现维持讨论小组的功能，教师要加强小组成员之间的联系，如提供热情、友好气氛，调和化解冲突，缓解心理紧张，提供个人帮助等。在参与式财务报表分析课程中，教师既要发起讨论，又要支持讨论。起到问题引导、过程把控、总结讨论结果的作用。

（二）小组的规模和班级内组数规模

许多研究表明，随着小组规模的扩大，小组成员会较少参与讨论，较少合作。小组扩大规模对讨论最大的影响在于每个成员讲话量的减少和主动参与者数量的下降，这给教师组织讨论带来很大困难。关于多大规模最适宜于小组讨论，尚无一致结论，以笔者经验，4—6人为宜。同样道理，班级内组数规模过大，也会给教师组织讨论带来很大困难。按目前54课时的课程安排，以笔者经验，7—10组为宜。

（三）小组领导方式

小组领导者是小组成员中影响小组实现目标进程的重要人物，可以由小组自选产生、教师指定。有研究认为，同时运用任务取向、社会情感取向两种性质不同的领导方式，小组活动会变得更为有效。任务取向的领导方式强调小组目标的实现，社会情感取向的领导方式侧重成员之间积极关系的维持。小组中的社会情感方面和任务方面应受到同等程度的重视，如果小组领导人不在组内建立积极的情感关系，小组就会出现消极的情感关系。因此，在学生分组时，教师应该明确表达组长在学习过程中的重要性，让学生慎重选择组长人选。

（四）讨论行为的运用策略

教师首先要向学生说明他们在讨论中应承担的角色。这一点对于首次开展参与式教学活动的学生尤为重要，让学生了解自己应该做什么，有助于他们学会怎样进行讨论。在讨论中学生应该：

第一，评价案例分享组的观点，指出自己对相应问题的看法，说明自己解决问题的办法。

第二，案例分享组在与其他同学交流的过程中对自己的想法详细阐明，并为自己的观点辩护。

第三，师生根据思想碰撞，修正自己的观点。

第四，教师最终表达自己的观点，并总结。

（五）讨论的组织策略

在讨论过程中教师要专心倾听，并对学生的讨论谨慎地做出反应。所谓谨慎反应，一方面是指教师尽量少讲话，把更多的讲话时间让给学生，这样学生从讨论中获益较多；另一方面，教师对小组讨论做出评价时，应做到客观公正，不带有偏见和个人感情色彩。教师提出讨论主题之后，主要扮演听众的角色，不应再提其他问题，否则将破坏讨论。教师虽然基本保持沉默，但要密切关注学生讨论，要做讨论笔记，对讨论进行的逻辑线索、讨论是否切题和讨论的事实基础等适时地予以分析和评价。

教师还要适时、适量地介入讨论，以确保讨论不离开主题和顺利进行。教师介入学生讨论过多或过少均会影响讨论结果，那么教师在什么情况下介入才合适呢？我们提出以下建议：

第一，注意是否枝节问题耗时太多。如果连续几个人的发言离题太远，教师要插入几句简短的话，提醒学生回到讨论主题。

第二，注意是否发言之间的间隔时间过长。如果间隔时间逐渐延长，则教师要介入并弄清原因。

第三，注意是否出现了事实上的错误。如果真是这样，那么教师应及时指出错误。当然，如果某个学生能发现错误则更好。

第四，注意是否有尚未察觉到的逻辑错误。如果确实存在，教师要及时指出并纠正。

在讨论过程中的某些中间环节上，教师可适时地做简短的阶段小结，明确当前面临的问题。既帮助学生概括出自己已走过的轨迹，预示下一步讨论的方向，又教会学生讨论的方法。

当出现某些特殊情况时，教师应及时予以处理。讨论中，往往由于学生缺乏讨论的基本技巧等原因而出现一些妨碍讨论进行的情况，这些情况主要包括：

第一，个别人发言过多或不参与讨论。如果有的学生发言过多或不参与讨论，教师除课下做好细致工作外，就课堂当时情况而言，应采取以下措施：对发言过多者，要求其概括主要观点，而后转问别人的意见；对没有参与发言者，先问及一个事实问题，而后追问解释性或评价性问题，引导学生发表看法。

第二，无人发言。如果案例分享组分析完成案例后无人发言，应怎样做呢？等候并打破沉默。安排合理的等候时间是必要的，因为学生需要一定的时间把思考的内容加以组织并表达出来，等候30秒或更长一段时间是可以接受的。但如果等候时间过长，则易形成尴尬气氛。因此教师需要询问沉默的原因，或者给出自己的问题，引导学生讨论。

第三，出现争执。面对学生之间的争议，教师可采取如下策略：不偏向其中某一方；引导学生认识到双方的一致之处；提醒学生讨论的主题；运用幽默化解双方冲突；概括双方观点，提出共同面临的问题，把讨论引向深入。

（六）讨论的结束策略

讨论结束时，教师要对讨论结果作总结，归纳学生对讨论主题的新认识或解决办法（不一定有一致的结论），提醒学生面临的新问题为后面的讨论或其他教学活动做好准备。

四　考评方式与标准

（一）课程考核目的

通过课程考核，促进学生系统掌握所学知识，检验学生对所学知识和技能的掌握程度，提高归纳、分析和解决实际问题的能力；评定学习成绩；检查教学效果，开展教学研究，进行教学改革，促进教学质量的提高和树立良好的学风。

（二）考核的依据（标准）

课程考核以教学大纲为依据，着重考核对基础理论、基本知识和基本技能的实际运用能力。

（三）考核方式

考核是对教学效果的综合评价。变过去以知识考核为主的考核方式为以综合素质和综合运用知识解决实际问题为主的考核方式。采用过程评价与终结评价相结合，知识评价与能力评价相结合的方式。知识评价主要采用撰写读书笔记和课堂笔记的考核方式，能力评价采用课堂提出问题回答问题情况、课堂演示和提交课程论文的方式，考察学生运用所学知识对具体案例的系统分析能力。

采用百分制评定成绩，以期末课程论文为主占总成绩的50%，课堂提出问题回答问题及讨论课发言情况占总成绩的30%，读书笔记和课堂笔记占总成绩的20%。

（四）考核时间

课堂提问安排在授课时间之内进行，撰写读书笔记和课堂笔记根据情况随课堂检查（笔记不能只是抄录，要有自己对相应理论的认识；课堂案例分析讨论阶段的课堂笔记要求对其他小组的公司案例有了解、思考、提问部分），课程论文（PPT版和Word版）在课程全部结束后进行提交。

（五）学生参加课程考核的条件

学生必须按照课程教学计划的要求，按时上课，按时完成任课教师布置的相关任务。

学生有以下情况之一者取消成绩：1.缺课累计超过该门课程教学时数的1/3（含1/3）的；2.超过1/3（含1/3）任务未完成的；3.旷课累计超过该门课程学时数1/5（含1/5）的。

第三节 参与式财务报表分析课程课前准备

一 学习参考书目

财务报表分析课程理论讲授时间只有二十几个学时,因此较适合按专题教学,且无指定教材。教学过程中,参考书目分五种不同类型。一是由国内不同专家基于不同角度,面向会计本科阶段的学生出版的财务报表分析教材。如中国人民大学出版社出版的张新民教授的"财务报表分析"、中国财政经济出版社出版的黄世忠教授的"财务报表分析"、东北财经大学出版社出版的王冬梅教授的"财务报表分析"、东北财经大学出版社出版的张先治教授的"财务报表分析"、中国人民大学出版社出版的宋常教授的"财务报表分析"等,这些教材有的侧重使用比率分析法进行公司财务能力分析,有的侧重使用项目分析法进行公司财务质量分析。二是国外流行的经典财务报表分析教材。如中国人民大学出版社出版的马丁·弗里德森的"财务报表分析"、中国人民大学出版社出版的K. R. 苏布拉玛尼亚姆的"财务报表分析",此类参考书目,可以让学生接触到国外专家对财务报表分析的理解与认识,拓展学生的视野。三是关于财务报表舞弊的书籍。如中国人民大学出版社出版的扎比霍拉哈·瑞扎伊的《财务报表舞弊预防与发现》、机械工业出版社出版的刘姝威教授的《上市公司虚假报表识别技术》。学生们总是像玩游戏一样,热衷于找上市公司公告的财务报告中有没有自己都能看出来的可能存在的舞弊问题,为了引导学生有正确的思路并同时提高学生阅读枯燥财务报告的兴趣,增设了此类书籍做参考书目。四是财务报表分析案例。如中国人民大学出版社出版的张新民教授的《财务报表分析案例》、东北财经大学出版社出版的张先治教授的《财务报表分析案例》。此类书籍给学生提供了一个可供参考的财务报表分析样本,让学生对财务报表分析报告有个具象的认识。五是专题类的财务报表分析书籍。如清华大学出版社出版的 Leonard Soffer 的《财务报表分析估值方法》、中国人民大学出版社出版的张新民教授的《战略视角下的财务报表分析》等。此类书籍可以拓展学生对财务报表分析作用的认识,提高学生通过财务报表分析理解问题、解决问题的能力。

二 提供上市公司相关信息的网站、软件及数据库

（一）获取上市公司提供的对外公告的原始数据网站

获取上市公司提供的对外公告的原始数据网站如巨潮资讯网（http：//www.cninfo.com.cn）。巨潮资讯网是中国证券监督管理委员会指定的上市公司信息披露网站，是深圳证券交易所法定信息披露平台，创建于1995年，是国内最早的证券信息专业网站，同时亦是国内首家全面披露深沪4000多家上市公司公告信息和市场数据的大型证券专业网站。平台致力于保护投资者的知情权和参与权，为投资者提供一站式的证券市场信息服务。

（二）获取上市公司信息披露规范及监管相关信息的网站

获取上市公司信息披露规范及监管信息的网站如中国证监会官网（http：//www.csrc.gov.cn/）、上海证券交易所官网（http：//www.sse.com.cn/）、深圳证券交易所官网（http：//www.szse.cn/）。中国证监会官网提供监管规则适用指引、政策解读及对上市公司违规时的处罚信息等。上海证券交易所官网、深圳证券交易所官网均提供法律规则和在该所上市的公司公开披露的相关信息及相关的市场数据。

（三）获取第三方对上市公司各种研究评价信息的相关网站

获取第三方对上市公司各种研究评价信息的网站如东方财富网（https：//www.eastmoney.com/）。东方财富网是中国访问量大、影响力大的财经证券门户网站之一。2004年3月上线。多年来，凭借权威、全面、专业、及时的优势，东方财富网在中国财经类网站中一直处于领先位置。网站内容涉及财经、股票、基金、期货、债券、外汇、银行、保险等诸多金融资讯与财经信息，全面覆盖财经领域，每日更新上万条最新数据及资讯，为用户提供便利的查询。与其类似的还有搜狐财经、新浪财经。

（四）获取上市公司交易信息的软件

获取上市公司交易信息的软件如大智慧。上海大智慧股份有限公司成立于2000年，是一家国内著名的专业从事金融领域信息技术产品开发、生产、销售和服务的软件企业。大智慧证券软件已占有全国证券营业部85%的份额，而大智慧Internet个人版目前已是全国使用率最高的证券软件，现已成为网上投资者的标准软件。大智慧软件提供一站式手机炒股

服务，不仅满足用户看股票、基金、债券、港股、全球指数等基本需求，更有海量独家资讯、行业数据、机构研报、股票实时动态播报等。另外，同花顺、指南针等炒股软件也均可获得上市公司交易信息。

（五）财经信息数据库

财经信息数据库如万得资讯（Wind）、国泰安（CSMAR）、东方Choice、锐思数据库（RESSET）等。万得资讯是中国大陆领先的金融数据、信息和软件服务企业，总部位于上海陆家嘴金融中心。在国内市场，Wind资讯的客户包括超过90%的中国证券公司、基金管理公司、保险公司、银行和投资公司等金融企业；在国际市场，已经被中国证监会批准的合格境外机构投资者（QFII）中75%的机构是Wind资讯的客户。同时国内很多知名的金融学术研究机构和权威的监管机构也是Wind资讯的客户，大量中英文媒体、研究报告、学术论文等经常引用Wind资讯提供的数据。在金融财经数据领域，Wind资讯已建成国内最完整、最准确的以金融证券数据为核心一流的大型金融工程和财经数据仓库，数据内容涵盖股票、基金、债券、外汇、保险、期货、金融衍生品、现货交易、宏观经济、财经新闻等领域。

国泰安财经数据库是国内目前规模最大、信息最精准的金融、经济数据库之一，由股票、基金、债券、金融衍生产品、上市公司、经济、行业、高频数据8大系列及个性化数据服务构成。

东方Choice数据是东方财富旗下专业的金融数据平台，致力于为金融投资机构、研究机构、学术机构、监管机构、媒体等用户提供专业的金融数据服务。数据涵盖股票、基金、债券、指数、商品、外汇和宏观行业等多项品种数据。

三 提供宏观经济金融国家经济发展状况的网站、数据库

提供宏观经济金融国家经济发展状况的网站、数据库有各类经济金融统计年鉴、中国经济数据库（CEIC）、皮书数据库、中国工业企业数据库、中融网、中经网、中国产业信息网、国研网、中国地区经济发展报告库等。

四 已有财务分析相关研究的文献库

已有财务分析相关研究的文献库有超星数字图书馆、中国知网CNKI、万方等。超星是国内较早从事纸质资料数字化的公司之一，具有丰富的电子图书资源提供阅读，是目前世界最大的中文在线数字图书馆之一，可以为我们在财务报表分析中提供专著文献支持。中国知网CNKI提供中国期刊全文数据库、中国博士学位论文数据库、中国优秀硕士学位论文全文数据库、中国重要报纸全文数据库和中国重要会议文论全文数据库。每个数据库都提供初级检索、高级检索和专业检索三种检索功能。中国期刊全文数据库内容包括中国正式出版的7000多种自然科学、社会科学学术期刊发表的文献，可以为我们在财务报表分析中提供专业论文文献支持。万方与其类似。

第三章

财务报表分析基本问题的参与式教学实施

第一节 财务报表分析的理论知识

一 财务报表分析的概念

财务报表分析是特定的财务报表分析主体以企业的财务报告及其他资料为依据，采用一定的标准，运用科学系统的方法，对企业的财务状况、经营成果及其发展趋势进行的分析和评价。财务状况是指资金来源、资金占用、资金周转的情况，资金来源和占用的情况反映了企业的偿债能力，资金周转情况反映了企业资金的营运能力；经营成果反映了企业的盈利水平和盈利能力；发展趋势反映了企业未来的发展潜力、成长能力。因此，企业财务报表分析的内容主要包括偿债能力分析、营运能力分析、盈利能力分析、发展能力分析等几个方面。财务报表分析的主要依据是企业财务报告所提供的有关资料，除此之外，其他资料如会计核算资料、统计资料、业务资料、行业资料、国家政策、国际形势，县至企业经营业务的基本特点、基本知识也都是财务报表分析所需要的资料。

二 财务报表分析的主体和目的

财务报表分析的主体是指与企业存在一定现实或潜在的利益关系，为特定目的对企业进行财务报表分析的单位、团体和个人。从本质上讲，企业财务报表分析的主体就是企业财务信息的使用者。

财务报表分析的目的是指财务报表分析主体对企业进行财务报表分

析时所要达到的目的。由于财务报表分析的主体不同，财务报表分析的内容不同，因此，财务报表分析的目的也是不同的。

（1）投资者。投资者是财务报表的主要使用者。投资者将资金投入企业，拥有企业资产的终极所有权，他们是企业经营获利的最大受益者，也是企业经营风险的最大承担者。因此，投资者最为关注的是企业的盈利能力和风险情况。投资者通过对企业盈利能力的分析，可以对企业的整体财务状况进行评价，并进而评价企业经营者的经营业绩。

（2）债权人。债权人主要关心企业能否按期还本付息，他们一般侧重于分析企业的偿债能力。作为长期债权人，不仅关心企业的长期偿债能力也十分关心企业的盈利能力和现金流量的情况，以便为贷款决策提供依据；作为短期债权人，主要关心企业资产的流动性，关心企业的短期偿债能力。

（3）经营管理者。企业的经营管理者需要了解企业的财务状况、经营成果、现金流量及其发展趋势，以及财务状况发展变化的原因和应采取的措施，以便为改善管理的决策提供依据；经理人员的分析内容最广泛，不仅包括财务状况、经营成果、发展能力的评价，而且要对影响企业财务状况变动的原因进行分析，以便寻求提高经济效益、改善财务状况的措施。

（4）企业的供应商及客户。供应商通过对企业财务报表的分析，主要了解企业的信用状况，以便为信用决策提供依据；客户通过对企业财务报表的分析，了解企业的财务状况，据以判断企业的经营能力及产品服务质量，以便为选择进货途径作出正确的决策。

（5）政府部门。政府通过对企业财务情况的分析，了解企业纳税情况、遵守法规和制度的情况；评价国有企业经营业绩等。

（6）职工。企业的职工和工会通过对企业财务情况的分析，了解企业的盈利能力是否与工资、保险、福利相适应。

（7）中介机构。注册会计师通过对财务报表的分析可以确定审计重点；咨询机构通过对企业财务报表分析，可以为各类报表使用人提供专业咨询服务。

三 财务报表分析的种类

（一）按分析主体的不同，财务报表分析可以分为内部财务报表分析和外部财务报表分析

内部财务报表分析主要指企业内部经营管理者对本企业的财务状况所进行的分析。内部财务报表分析的目的不仅要了解和评价企业的财务状况、经营成果及其发展趋势，而且要了解影响企业财务状况和经营成果变动的原因，从而为进一步改善企业财务状况和提高经济效益寻求措施和途径。由于是企业内部人员进行的分析，可以利用企业详细的内部资料，得出更加详尽的分析结论。外部财务报表分析是指企业外部的利益相关者对企业的财务状况、经营成果及其发展趋势所进行的分析。外部分析因分析主体不同具体目的也不相同。外部财务报表分析重在评价企业的各种能力，至于应采取什么措施改善企业的财务状况可能并不重要，同时由于外部财务报表分析所依据的资料主要是公开的、概括的信息，往往也难以对影响企业财务状况变动的具体原因做出十分准确的判断。

（二）按分析所涉及的时间、空间范围不同，财务报表分析可以分为截面分析和时间序列分析

截面分析也称为横向分析，即分析同一时期内不同项目之间的数量关系，或者不同企业同一时期的比较分析。时间序列分析即分析同一企业不同时期财务数据之间的关系。

另外，按分析的方法不同可以划分为趋势分析法、比率分析法、因素分析法等。按分析的内容不同，可以分为全面分析和专题分析。

四 财务报表分析的依据

财务报表分析的主要依据是企业财务报告和所处的外部环境。企业财务报告是企业向与本企业有利害关系的组织或个人提供的、反映企业在一定时期内的财务状况、经营成果以及影响企业未来经营发展的重要经济事项的书面文件。企业的财务报告包括财务报表和文字资料两部分。企业的外部环境主要包括市场环境、政策环境和宏观经济环境。

(一) 财务报告

上市公司年度财务报告通常包括公司简介、主要财务指标和业务概要、经营情况讨论与分析、股东及董监高情况、公司治理、财务报告、公司在报告年度内发生的重大事件及其他公司有关资料。年度报告中分量最重的就是财务报告，主要包括审计报告、财务报表及附注。财务报表分析的起点就是公司的财务报表。财务报表按其格式和内容的不同又分为资产负债表、损益表、现金流量表和其他附表。集团企业的母企业还按照规定的范围编制合并报表与母公司报表。

1. 财务报表

(1) 资产负债表。资产负债表是反映企业特定日期财务状况的财务报表。它以"资产=负债+所有者权益"这一会计等式为编制依据，按照一定的分类标准和次序反映企业在某一时点上的资产、负债和所有者权益的基本情况。资产负债表反映了资产的规模、资产的结构、资产的流动性、资产的质量、资金的来源状况、负债的水平、所有者权益等信息。资产负债表分析的作用表现在以下几个方面：①可以了解企业资产的分布状况。资产负债表可以说明企业的资产规模，进而说明企业的生产能力，也说明了企业资产的质量状况。利用该表可以分析企业资产资本结构是否正常，可以分析企业的获利能力和经营业绩。②可以了解企业的偿债能力。将企业的资产总额和负债总额相比较，可以了解企业资产对偿还债务的保障程度以及企业资金的来源结构；将企业的流动资产同流动负债相比较可以说明企业短期偿债能力；将长期资金同长期资产相比较，可以说明企业融资策略是否稳健。③了解资本保值增值的情况。将期末、期初的所有者权益相比较，可以了解所有者投资是否在经营中被保存下来并不断增值。

(2) 损益表。损益表是反映企业在一定期间生产经营成果的财务报表。损益表是依据"收入－费用＝利润"这一会计等式编制而成的。第一部分是营业利润，由公司营业总收入与营业总成本的差构成。第二部分是利润总额，由营业利润加上营业外收入，减去营业外支出构成。第三部分是净利润，由利润总额减去所得税费用构成。第四部分是综合收益，由净利润与其他综合收益的税后净额之和构成。第五部分是每股收益，反映每份普通股所得收益。损益表分析的作用表现在以下几个方面：

①可以分析企业经营成果和获利能力。通过损益表可以了解在一定会计期间是盈利还是亏损,盈利有多少,亏损有多大,经营业务的获利能力有多大,并同资产负债表的有关资料联系起来,可以了解资产的获利能力、投资回报率。②可以分析企业的盈利质量。一般认为盈利质量是指净利润是否与现金流入相匹配,即应计制下的利润是否伴随有可靠的现金流入。盈利必须伴有相应的现金流入,才能够满足股利分配、偿还债务、业务发展的需要。盈利如果不能与现金流入相伴随,即利润的增加没有带来相应的现金流入的增加,则该利润既不能用于股利分配,又不能用于债务偿还,也无法满足业务发展的需要,这样的盈利质量是不高的。另外,还可通过利润表分析利润的持续性、成长性、稳定性等质量状况。③可以了解企业的收入来源和分配去向。通过损益表可以了解一定会计期间营业收入、其他业务净收入、投资收益、营业外收入各是多少;可以了解一定会计期间营业成本、税金及附加、营业费用、管理费用、财务费用、营业外支出各有多少。

（3）现金流量表。现金流量表是反映企业在一定会计期间现金和现金等价物流入和流出的报表,其编制基础是现金和现金等价物。现金流量表揭示了现金来源与运用的信息,有利于分析企业现金来源与运用的合理性,判断企业的营运状况和效果,评价企业在收付实现制条件下的经营业绩。通过对经营现金流量、投资活动的现金流量、筹资活动的现金流量分析,可以发现企业现金增减变动的具体原因,可以分析企业现金增减的合理性,改进企业资金管理。将现金流量表与资产负债表、损益表结合起来：①可以分析企业创造现金的能力。企业无论是经营活动的发展或是偿还到期债务的本金和利息,都需要企业在创造利润的同时,还应创造现金收益,即具有一定的创造现金的能力。现金流量表中的"现金及现金等价物的净增加额"是由经营活动、投资活动、筹资活动这三类活动现金流量净额所组成的,从一定意义上说明了企业获取现金的能力,但要准确说明企业创造现金的能力,还应进一步了解"现金和现金等价物净增加额"是由哪一类活动创造的,各类活动创造现金净流量是多少。其中,经营活动现金净流量最能准确说明企业创造现金的能力。经营活动现金净流量为正数且数额越多,说明企业创造现金的能力越强。而投资活动中投资损益的现金净流量则与经营获得的现金净流量相配合说明企业创造现金的能力。②可以从现金保证的角度说明盈利质量。如上所述，企业盈利质量的重要特征之一就是利润与现金流入的同步性。不能与现金流入同步的利润，其质量要打折扣。利润是以权责发生制为基础而编制的，凡是本期销售出去的产品，无论货款是否实际收到都要作为本期的销售收入，这就导致在实际工作中经常会遇到这样的情况，有些企业损益表上反映的虽然是盈利，但却没有现金流入，偿还不了到期的债务；有些企业损益表上反映的虽然是亏损，但却现金充足，不但能够偿还债务，还可进行投资。所以，利润如果没有相应的现金流量相伴随，质量很可能是不高的。通过经营现金净流量同净利润的比较，可以判断利润的质量。③可以分析企业的偿债能力和支付能力。企业的偿债能力，不仅表现在资产与负债的比例情况，而且表现在未来取得盈利和创造现金的能力上，其中尤其重要的是创造现金收益的能力，因为债务的偿还归根结底是要用现金支付的。现金流量表揭示的现金流量信息可以了解企业创造现金归还到期债务和支付利息、股利的能力。可以将经营活动现金净流量同流动负债或负债总额相比较，说明负债是否适度。

2. 财务报表附表、附注

（1）财务报表附表。财务报表附表主要指资产负债表、损益表、现金流量表的附表，是补充反映企业财务状况、经营成果和现金流量的报表。资产负债表主要包括存货表、固定资产及累计折旧表、在建工程表、无形资产和其他资产表、留存损益表、所有者权益变动表，用来说明资产负债表中重要资产和资金来源项目详细情况的报表。损益表附表包括营业收支明细表、管理费用明细表、销售费用明细表、财务费用明细表、营业外收支明细表、其他业务收支明细表等。有利于了解企业主要收支的构成情况。

（2）财务报表附注。财务报表附注是为了便于财务报表使用者理解财务报表的内容而对财务报表的编制基础、编制依据、编制原则和方法及主要项目等所做的解释。财务报表附注的主要内容包括公司基本情况、财务报表编制基础、重要会计政策及会计估计、变更事项、报表项目注释、与金融工具相关的风险、公允价值的披露、关联交易、承诺及或有事项、资产负债表日后事项等重要事项、分部信息等内容。

3. 注册会计师的审计报告

审计报告是会计师事务所对经过审计的会计报表的真实性、公允性和一贯性发表意见的书面报告。企业的年度财务报告，必须经过注册会计师审计并出具审计报告。在进行财务报表分析时，应注意阅读审计报告，以便了解报表的真实性、可靠性以及问题所在。审计报告的内容主要包括审计意见、形成审计意见的基础、关键审计事项、管理层和治理层对财务报表的责任、注册会计师对财务报表审计的责任等相关信息。

（二）公司外部环境信息

公司的外部环境包括市场环境、政策环境和经济环境。公司市场环境主要包括资本市场、生产资料市场、劳动力市场、技术市场、销售市场等，公司的市场环境对公司的发展有巨大的制约或推动作用。资本市场一定程度上决定公司的发展速度。劳动力市场某种程度上决定了公司人力资源的质量，影响企业核心竞争力。销售市场则是公司提供的产品或劳务的需求市场，是公司生存的生命线。另外，在分析时还要考虑竞争者的情况，产业结构情况，公司产品的发展周期等，在外部环境分析中，我们可以借鉴 PEST 分析法、波特五力分析法及 SWOT 矩阵分析法等。

五 财务报表分析的方法

财务报表分析方法是实现财务报表分析目的的手段。财务报表分析中最常用的方法主要有比较分析法、比率分析法、趋势分析法、因素分析法等。

（一）比较分析法

比较分析法是指通过主要项目或指标数值的比较，确定出差异，分析和判断企业经营状况的一种方法。比较分析法有绝对数比较和相对数比较两种形式。绝对数比较是将各报表项目的绝对数与比较对象的绝对数进行比较，以揭示其数量差异，借以了解金额变动情况。相对数比较是利用报表中有相关关系的数据的相对数进行比较，以揭示相对数之间的差异，借以了解变动程度。在实际工作中，我们不仅会使用某一单一指标的比较分析，更可能将多个指标同时进行比较，形成对分析对象更完全的认识，例如通过财务报表的比较表进行多指标的比较分析。常用的比较表有两种：垂直比较表与共同比较表。

1. 垂直比较表

垂直比较表是将连续数期的财务报表的金额并列起来，比较其相同指标的增减变动金额和幅度，据以判断企业财务状况和经营成果发展变化的一种方法。财务报表的比较，具体包括资产负债表比较、利润表比较、现金流量表比较等。比较时，既要计算出表中有关项目增减变动的绝对额，又要计算出其增减变动的百分比。

2. 共同比较表

共同比较表是在财务报表比较的基础上发展起来的比较分析方法，是以财务报表中的某个总体指标作为100%，再计算出其各组成项目占该总体指标的百分比，从而比较各个项目百分比的增减变动，以此来判断有关财务活动的变化趋势。它既可用于同一企业不同时期财务状况的纵向比较，又可用于不同企业之间的横向比较。同时，这种方法能消除不同时期（或不同企业）之间业务规模差异的影响，有利于分析企业的耗费水平和盈利水平。

以下是两种比较表示例。

[例3-1] 根据美林公司2018年与2019年收益表，做出美林公司垂直比较收益表，分析表3-1，说明该公司2019年利润下降原因。

表3-1　　　　　　　　美林公司垂直比较收益表　　　　单位：百万美元，%

项目	2018年	2019年	变动 金额	变动 比例
销售净额	16701	18284	1583	9.5
已售商品成本	4464	4856	3392	8.8
销售毛利	12237	13428	1191	9.7
经营费用				
营销、推销和行政管理	4173	4418	245	5.9
广告和产品促销	2241	2312	71	3.2
研究和开发	1385	1577	192	13.9
专项费用	—	800	800	100.0*
重组准备	225	201	-24	-10.7

续表

项目	2018年	2019年	变动金额	变动比例
其他	(269)	(148)	-121	-45.0
所得税前收益	4482	4268	-214	-4.8
预提所得税	1277	1127	-150	-11.7
净收益	3205	3141	-64	-2.0

注：*从零增长为任何正数都作为增长100%处理。

从表3-1可知，美林公司净收益自2018年的3205百万美元，下降至2019年的3141百万美元，下降了64百万美元，下降率是2%。虽然引起该公司利润变化的原因很多，如研发费用上升及计提了专项费用，但是主要原因是专项费用的计提，因为该项的变化更大。本例中，销售成本与销管费用上升，并不会引起利润下降，因为销售收入上升的幅度大于销售成本与销管费用上升幅度，说明美林公司2018年至2019年的成本及费用控制水平在提高。

[例3-2] 根据美林公司与竞争对手宝洁公司2019年收益表，做出美林公司与宝洁公司共同比较收益表3-2。与竞争对手宝洁公司相比，美林的盈利能力如何。

表3-2　　　　　　　美林公司共同比收益表　　　　　　（单位：%）

项目	美林公司	宝洁公司
销售净额	100.0	100.0
已售商品成本	26.6	56.7
销售毛利	73.4	43.3
经营费用	50.1	27.9
所得税前持续经营收益	23.3	15.4
所得税费用	6.1	5.2
持续经营收益	17.2	10.2
特殊项目（非持续经营、非常利得和损失、会计变动的影响）	—	—
净收益	17.2	10.2

从表3-2可知，美林公司的净收益共同比为17.2%，而宝洁公司的净收益共同比只有10.2%，说明美林公司的盈利能力明显强于宝洁公司。而且，美林公司的优势不仅仅是盈利能力强，美林公司的销售毛利是73.4%，远超过宝洁公司43.3%的销售毛利，说明美林远胜于宝洁的竞争优势。同时，正因为美林销售毛利水平高，才有足够的弹性发生酌量性费用，而不能认为美林经营费用共同比是50.1%，明显高于宝洁的27.9%，所以美林公司费用控制水平低。

应用比较分析法一定要保证比较双方的可比性，因此要注意：

1. 对比指标之间必须在计算口径方面保持一致

所谓计算口径一致是指对比指标在内容、范围上一致。例如，速动资产一般按"流动资产—存货"计算，也有的直接按货币资金、短期有价证券、应收账款之和计算，有的甚至按调整后的货币资金、短期有价证券、应收账款计算（如在应收账款中将一年以上的部分予以剔除）。如果计算口径不同，对比指标之间就没有可比性，对比以后也说明不了什么问题。

2. 对比指标之间必须在时间上保持一致

所谓时间上的一致性是指对比指标应在时间跨度、时间季节上保持一致。从业绩评价的角度来看，一般不能将年度指标同季度指标相比较，也不能将淡季指标同旺季指标相比较。

3. 会计政策、会计估计上的一致性

会计核算中，如果会计政策、会计估计发生变动，就必然会影响到会计数据的可比性。在财务报表分析中对于由于会计政策、会计估计发生变动而导致会计数据不可比时，或者调整会计数据，或者在根据这些数据评价企业财务状况和经营业绩时，应充分考虑到这些因素的影响。

4. 企业类型、规模应基本一致

不同类型的企业有不同的特点，商品流通企业与工业企业的有关指标一般不应直接比较，批发企业和零售企业一般也不宜直接比较，不同规模的企业有不同的资产结构和抗风险能力，它们之间相关指标一般也不具有可比性。此外还要注意分析内容与财务报表分析目的的相关性等。

（二）比率分析法

比率分析法是通过计算性质不同但又相关的指标的比率，并同标准相比较，从而揭示企业财务状况本质特征的一种方法。比率分析法是财务报表分析的最基本、最重要的方法之一。由于财务比率将性质不同但又相关的财务数据相联系计算出来，所以，可以揭示出财务现象之间的规律性，同时它以相对数表示，可以揭示能力和水平并且便于横向比较，因而成为财务评价的重要依据。但是，不能过分夸大财务比率分析作用，比率分析需要以其他分析技术加工后的数据为基础，同时，比率分析的结论又必须同具体情况相结合，根据其他分析技术的结论作必要的修正。

1. 比率指标的分类

比率指标主要有以下三类。

（1）构成比率，又称结构比率，是某项经济指标的各个组成部分与总体的比率，反映部分与总体的关系。其计算公式如下：

$$构成比率 = \frac{某个组成部分的数值}{总体数值}$$

利用构成比率，可以考虑总体中某个部分的形成和安排是否合理，以便协调各项财务活动。

（2）效率比率，是某项经济活动中投入与产出的比率，反映投入与产出的关系。利用效率比率指标，可以进行得失比较，考察经营成果，评价经济效益。如将利润项目与销售成本、销售收入、资本等项目加以对比，可计算出成本利润率、销售利润率以及资本利润率等利润率指标，可以从不同角度观察比较企业获利能力的高低及其增减变化情况。

（3）相关比率，是以某个项目和与其有关但又不同的项目加以对比所得的比率，反映有关经济活动的相互关系。利用相关比率指标，可以考虑有联系的相关业务安排得是否合理，以保障企业运营活动能够顺畅进行。如将流动资产与流动负债加以对比，计算出流动比率，据以判断企业短期的偿债能力。

2. 采用比率分析法应注意的问题

比率分析法计算简便，计算结果容易判断，而且可以使某些指标在不同规模的企业之间进行比较，甚至也能在一定程度上超越行业间的差别进行比较，但采用这一方法要注意以下几点：

（1）对比项目的相关性。计算比率的子项和母项必须具有相关性，把不相关的项目进行对比是没有意义的。在构成比率指标中，部分指标必须是总体指标这个大系统中的一个小系统；在效率比率指标中，投入和产出必须有因果关系；在相关比率指标中，两个对比指标也要有内在联系，才能评价有关经济活动之间是否协调均匀，安排是否合理。

（2）对比口径的一致性。计算比率的子项和母项必须在计算时间、范围等方面保持口径一致。

（3）衡量标准的科学性。运用比率分析，需要选用一定的标准与之对比，以便对企业的财务状况作出评价。

（4）财务比率的综合分析评判。财务比率分析应注意各比率所反映的企业经营状况之间相互支持的程度。分析人员最重要的是通过财务比率分析了解企业的全貌，不应仅仅根据某一个比率来作出判断。

（三）趋势分析法

趋势分析法就是将连续若干时期的指标相比较，揭示企业财务状况发展变化趋势的一种方法。趋势分析法一般通过计算发展速度、增长速度来揭示企业财务状况、经营成果的变动规律和趋势。趋势比较通过对不同时期财务报告中的相同指标或比率进行比较，直接观察其增减变动情况及变动幅度，考察发展趋势，预测其发展前景。

对不同时期财务指标的比较，可以有两种方法：

（1）定基动态比率。是以某一时期的数值为固定的基期数值而计算出来的动态比率。其计算公式如下：

$$定基动态比率 = \frac{分析期数值}{固定基期数值}$$

（2）环比动态比率。是以每一分析期的前期数值为基期数值而计算出来的动态比率。其计算公式如下：

$$环比动态比率 = \frac{分析期数值}{前期数值}$$

在采用趋势分析法时，必须注意以下问题：

（1）用于进行对比的各个时期的指标，在计算口径上必须一致。

（2）剔除偶发性项目的影响，使作为分析的数据能反映正常的经营状况。

（3）应用例外原则，对某项有显著变动的指标做重点分析，研究其产生的原因，以便采取对策，趋利避害。

（四）因素分析法

因素分析法是通过顺序变换各个因素的数量，来计算各个因素的变动对总的经济指标的影响程度的一种方法。因素分析法主要应用于寻找问题的成因，寻找财务管理中出现问题的根源，为下一步有针对性的解决问题提供信息，并为企业内部考核提供依据。因素分析法的具体使用主要有连环替代法和敏感分析法等。

六 财务报表分析的程序

为确保财务报表分析工作有效进行，财务报表分析必须依据一定的程序分步骤实施。一般分为以下几步：

（一）确定财务报表分析的目的、范围，搜集有关资料

财务报表分析首先要确定分析目的，确定是要做偿债能力分析、绩效评价分析还是投资分析等。分析目的的确定以后，应根据分析的目的确定分析的范围和重点，进一步确定是做专项分析，还是全面综合分析。分析目的、范围确定以后，如果分析的工作量较大，还要制定分析工作方案或计划。分析方案主要包括分析的目的和内容、分析人员的分工和职责、分析工作的步骤和时间等。分析的范围决定后，要搜集所需资料。搜集资料应注意还需要对所收集的资料进行整理和核实。

（二）选择适当的分析方法

财务报表分析的目的和范围不同，所选用的分析方法也应该有所区别。常用的分析方法如比较分析法、比率分析法、因子分析法等，均各有特点，应结合使用。利用这些分析方法，通过财务数据和财务指标，可以对企业的财务状况作出评价。

（三）确定分析标准

财务报表分析离不开被分析企业与分析标准的对比，分析者应根据分析目的和分析范围，对分析标准进行选择。如对企业的发展趋势进行考察，应选择企业历史水平作为比较基准，即历史标准；若为考察预算完成情况，则使用目标标准；若外部分析者对企业进行独立评价，应选择同行业其他企业在相同时期的平均水平作为比较基准，即行业标准。

（四）作出分析结论，编写财务报表分析报告

在定性定量分析的基础上，对企业财务状况和经营成果作出全面分

析和评价，找出影响企业财务状况和经营成果的具体因素。并且将以上分析中形成的认识形成书面化的文字，即财务报表分析报告。财务报表分析报告的格式是灵活多样的，企业内部财务报表分析报告的格式可以首先对企业财务状况和经营业绩做出总括的评价，然后分别说明企业的成绩和存在的问题，最后提出企业今后应采取的措施。财务报表分析报告应实事求是、观点明确、注重实效、清楚简练。

七 财务报表分析的局限性

财务报表分析以财务报表为主进行分析，但财务报表却存在先天不足。财务报表是以会计核算资料为基础产生的。会计核算以一定的会计假设为基础，采用权责发生制，运用历史成本的原则，执行统一的会计准则和制度进行计量。财务报表未能揭示企业全部的实际情况，不能反映企业目前和未来的财务信息，财务报表存在以下局限性：第一，财务报表主要反映历史信息，不能准确代表企业资产的现在价值和能力。财务会计主要是对已经发生的经济活动结果的反映，对资产的计量主要是采用历史成本。对固定资产根据一定的估计计算其折旧，这种计算难以避免主观性，财务报表的固定资产难以较准确地反映其真实价值和生产能力。房地产采用历史成本并计提折旧，难以反映房地产的巨大升值利益。根据财务会计资料编制的财务报表也主要反映历史信息，尤其是经过审计公布财务报告时间往往距企业业务发生日期相去数月的时间。财务报表分析的目的实际上更主要的是了解企业未来财务状况、盈利能力。根据历史信息评价企业未来的各种能力，难度可想而知。第二，会计分期假设使得财务报告主要报告短期的信息，对长期信息关注不够。折旧、各种费用的分摊、预提等都是为考核企业当期的经营绩效而设计的，这时的财务报表提供的信息先天不足。第三，财务报表主要反映可以货币计量的经济信息，不能反映企业全部的实际状况和能力。这些能力对企业发展至关重要。如企业的商誉、市场地位、技术优势、人力资源及这些因素的变化等财务报表未能直接反映。第四，稳健性原则要求预计损失而不预计收益，也有可能夸大费用，少计收益和资产。尤其在通货膨胀情况下，或者企业资产存在较大升值的情况下会使财务报表严重失真。第五，财务报表在编制过程中可能存在问题。财务报表是根据权责发生制的核算资料编制的，存在被操纵的可能性与现实性。上市企业操纵利润已经是公开的秘密，会计欺诈事件触目惊心。因此我们不得不关注财务报表的真实性。只有依据真实的财务报表，财务报表分析才可能得出正确的结论。因此，在进行财务报表分析时要关注财务报表是否规范、完整，财务报表数据是否有反常现象，是否与经济环境、市场状况相一致等。第六，选择不同的会计政策会影响会计指标的可比性。近年来，整个世界范围内的会计准则和制度都在发生重大调整和改革，我国会计准则的建设处于起步阶段，每一新的会计准则的出台，必然会对同一企业前后期会计资料的可比性产生影响。对同一会计事项的财务处理，会计准则允许在多种会计处理方法中进行选择，例如，存货的计价方法、折旧方法、对外投资收益的确认方法等。不同企业不同的会计方法的选择，必然会影响到不同企业会计资料的可比性，而报表使用者未必能够完成这种可比性的调整工作。就同一企业来说，虽然在报表附注中对会计政策选择变更的影响有一定的说明，但完成这种调整也仍然是比较麻烦的。第七，多种经营、跨行业经营影响财务指标的可比性。横向比较是评价企业财务状况、经营业绩的重要方法。横向比较要求与同行业的类似业务相比。现代企业的跨行业经营，使得这种比较很困难。因此，在分析中不得不将企业的各种业务资料分开进行分析，然而尽管财务报表提供了分部信息，依然难以较好地满足这一要求。

八 教学任务发布

（一）完成组队。要求学生在第一次课程结束后的一周内组队。每组4—6人，全班十组左右。学生可自由组合，但忌专业知识较差的学生扎堆在同一组内，否则很难顺利完成学习任务。为避免学困生聚集，教师在宣布分组任务时，可适当引导。

（二）选择上市公司。要求学生在教师讲授财务报表分析基本问题的过程中，选择好要分析的标的上市公司。对所选择上市公司应在第一次课上明确要求：包括①给定空间范围。②给定时间范围。③分析报告主要是面向投资人或经营者的。专题报告不同，不同专题一般有较明确的信息使用者。班长将学生分组情况、所选上市公司作表发送给教师，教师应审核每组成员构成情况，尤其要审核所选上市公司情况，不符合要求的给予否决。如上市时间过短,无法进行趋势分析;所选公司不是要求范围内的上市公司;所选公司非国内 A 股上市公司等。

(三)查找该公司连续 5 年年度报告。要求学生查找到要分析的标的上市公司 5 年年度报告(查找途径在课程准备阶段已有介绍)。完成公司基本情况介绍,要求至少包括公司简介、股权构架、产品(或收入)构成、5 年中发生的对公司财务报告产生重大影响的事件(可用来分析公司财务报表指标变化的原因)。

第二节 上市公司基本情况的学生作品

一 云南白药公司简介

(一)成立时间

股票简称"云南白药",股票代码000538,上市交易所为深圳证券交易所。前身为成立于1971年6月的云南白药厂。1993年5月3日经云南省经济体制改革委员会〔云体(1993)48号文〕批准,云南白药厂进行现代企业制度改革,成立云南白药实业股份有限公司,在云南省工商行政管理局注册登记。

(二)发展历史

1996年10月经临时股东大会会议讨论,公司更名为云南白药集团股份有限公司。公司被评为"2009年全国国有企业典型",是历次评选中唯一入选的云南企业和医药行业企业。经过30多年的发展,公司已从一个资产不足300万元的生产企业成长为一个总资产76.3亿多,总销售收入逾100亿元(2010年末),经营涉及化学原料药、化学药制剂、中成药、中药材、生物制品、保健食品、化妆品及饮料的研制、生产及销售;医疗器械(二类、医用敷料类、一次性使用医疗卫生用品),日化用品等领域的云南省实力最强、品牌最优的大型医药企业集团。公司产品以云南白药系列和田七系列为主,共十种剂型七十余个产品,主要销往国内、港澳、东南亚等地区,并已进入日本、欧美等国家、地区的市场。"云南白药"商标于2002年2月被国家工商行政管理总局商标局评为中国驰名商标。在云南白药(000538)牙膏产品的规模发展至十亿营业收入后,其洗发乳系列产品一直引发市场强烈预期。云南白药开始发力养元青产品的促销。2015年8月,云南白药荣登《中国制造企业协会》主办的"2015年中国制造企业500强"榜单,排名第93位。

(三) 基本信息

表3-3 云南白药基本信息

股票简称	云南白药	股票代码	000538
变更后的股票简称	无		
股票上市证券交易所	深圳证券交易所		
公司的中文名称	云南白药集团股份有限公司		
公司的中文简称	云南白药		
公司的外文名称	YUNNAN BAIYAO GROUP CO., LTD		
公司的外文名称缩写	YUNNAN BAIYAO		
公司的法定代表人	王明辉		
注册地址	云南省昆明市呈贡区云南白药街3686号		
注册地址的邮政编码	650500		
办公地址	云南省昆明市呈贡区云南白药街3686号		
办公地址的邮政编码	650500		
公司网址	www.yunnanbaiyao.com.cn		
电子信箱	ynby@yunnanbaiyao.com.cn		

(四) 收入结构

分产品看,云南白药全年收入中自制工业产品收入占比41.08%,批发零售药品收入占比58.90%(见表3-4所示)。分行业看,云南白药工业销售收入占比41.08%,商业销售收入占比58.90%,种植业收入占比0.01%,技术服务收入占比0.01%,如表3-5所示。分地区看,云南白药收入中98.81%来源于国内,1.19%来源于国外(如表3-6所示)。

表3-4 云南白药产品收入结构 (单位:亿元,%)

业务名称	营业收入	收入比例	毛利率
批发零售(药品)	142.84	58.90	7.29
工业产品(自制)	99.62	41.08	65.61
其他产品	340.88	0.02	—

表 3-5　　　　　　　　云南白药分行业收入结构

业务名称	营业收入	收入比例	毛利率
商业销售收入	142.84	58.90	7.29
工业销售收入	99.62	41.08	65.61
种植业	207.22	0.01	38.46
技术服务	133.67	0.01	11.79

表 3-6　　　　　　　　云南白药分地区收入结构　　　（单位：万元，%）

业务名称	营业收入	收入比例
国内	576.41	98.81
国外	6.94	1.19

（五）股权结构

报告期末普通股股东总数：44948；

年度报告披露日前上一月末普通股股东总数：43385；

报告期末表决权恢复的优先股股东总数：0；

年度报告披露日前上一月末表决权恢复的优先股股东总数：0。

表 3-7　　　　　　　　云南白药股权结构　　　（单位：%）

股东名称	持股比例	持有有限售条件的股份数量	持有无限售条件的股份数量
云南白药控股有限公司	41.52	0	432426597
云南合和（集团）股份有限公司	10.09	0	105109600
中国平安人寿保险股份有限公司—自有资金	9.36	0	97500000
香港中央结算有限公司	6.51	0	67791599
新华都实业集团股份有限公司	3.39	0	35342424

（六）重大事项

2014 年 10 月 16 日，2014 年云南白药集团股份有限公司公司债券（第一期）成功发行，规模为人民币 9 亿元，发行价格每张 100 元，票面利率为 5.08%，采取网上面向社会公众投资者公开发行和网下面向机构投资者协议发行相结合的方式。

2014 年 5 月 8 日召开 2013 年度股东大会，根据会议决议和修改后的章程规定：公司股东对公司增加注册资本人民币 347133239.00 元。新增注册资本的方式为以公司现有总股本 694266479 股为基数，向全体股东每 10 股送红股 5 股。变更后，公司股本由 694266479 股增至 1041399718 股。

2014 年度分红方案：以 2014 年末总股本 1041399718 股为基数，向全体股东按每 10 股派发现金股利 5.0 元（含税），共派发现金股利 520699859.00 元；其余未分配利润留待以后年度分配。

2015 年度分配方案：以 2015 年末总股本 1041399718 股为基数，向全体股东按每 10 股派发现金股利 6.0 元（含税），共拟派发现金股利 624839830.80 元；其余未分配利润留待以后年度分配。

2016 年度分配方案：以 2016 年末总股本 1041399718 股为基数，向全体股东按每 10 股派发现金股利 8.0 元（含税），共拟派发现金股利 833119774.40 元；其余未分配利润留待以后年度分配。

2016 年 4 月 8 日，2016 年云南白药集团股份有限公司公司债券（第一期）成功发行，发行规模为人民币 9 亿元，发行价格每张 100 元，票面利率为 2.95%，采取网上面向社会公众投资者公开发行和网下面向机构投资者协议发行相结合的方式。

2017 年度分配方案：以 2017 年末总股本 1041399718 股为基数，向全体股东按每 10 股派发现金股利 15.0 元（含税），共派发现金股利 1562099577.00 元；其余未分配利润留待以后年度分配。同日，公司披露了公司全资子公司云南省医药有限公司（以下简称"省医药"）与深圳聚容商业保理有限公司续签《国内无追索权明保理业务合同》，由聚容保理受让省医药应收账款并向省医药提供保理融资等国内保理服务，保理融资额度 5.6 亿元。

2017 年 3 月 16 日，公司接到白药控股的通知，称：白药控股办理完成增资引入新华都的工商变更登记并换领了新的营业执照。本次变更登记后，白药控股的股权结构由云南省国资委持有 100% 股权变更为由云南省国资委与新华都各持有 50% 股权。白药控股的注册资本由 150000 万元变更为增资后的 300000 万元。

二 课堂讨论与教师点评

针对该组学生案例，课堂讨论问题及教师总结如下：

第一，公司发展历程最好按公司发展过程分阶段说明。如分为公司成立初期、公司发展初期、快速发展期、成熟期等。

第二，公司股权结构最好用股权结构图表示出该公司的控股股东，并应追溯到公司的实控人。如表 3-5 虽然能说明云南白药的控股股东是云南白药控股有限公司，但未表示出云南白药控股有限公司的股东结构。另外，还可以在股权结构图中说明上市公司云南白药的子公司情况，如果子公司数量较多，可以分类反应不同类型子公司的数量、规模等。

第三，从公司临时公告等公开信息中提取五年窗口期的重大事项，内容大多不符合要求。学生所写重大事项包括三种类型。其一，公司以债券或股权形式融资，可以在财务能力分析，尤其是偿债能力分析时用以解释公司资本结构的变化。但融资金额应符合重要性原则。其二，利润分配事项，以我们课程要求的分析内容来看，分析报告主要涉及财务能力分析、杜邦或沃尔综合分析及公司估值，这些内容大多不会用到利润分配事项，只有学生在专题中选择关于股利分配的题目时，才会用到该组学生所写的利润分配事项。因此，把利润分配事项作为五年中的影响分析报告的重大事项不够妥当。其三，控股股东股权结构变化，不会对上市公司财务报表分析产生直接影响，此类重大事项适合在公司治理问题的专题中使用。

第四章

财务能力分析的参与式教学实施

第一节 财务能力分析的理论知识

一 偿债能力分析

偿债能力是指企业债务偿还的可能性。当企业履行债务契约的可能性强时,我们认为企业偿债能力强,反之,则弱。企业的债权人或者潜在的债权人为了判断收回债权的可能性,需要分析企业的偿债能力。企业自身为了及时偿还债务,避免或者降低财务风险也需要关注自己的偿债能力,进而做好财务筹划,确保企业正常运营。企业的债务按照偿还的期限划分,分为短期债务和长期债务。在一年以内或超过一年的一个营业周期内需要偿还的债务是短期债务。一年以上或超过一年的一个营业周期以上需要偿还的债务是长期债务。同一企业的短期债务与长期债务的偿还可能性有时并不一致,因此企业的偿债能力分析也相应划分为短期偿债能力分析和长期偿债能力分析。为了说明如何进行偿债能力分析以及以后的营运能力分析、盈利能力分析等,我们在此虚拟了 ABC 企业的财务报表,具体见表 4-1、表 4-2。

表 4-1　　　　　ABC 企业比较资产负债表　　　　（单位：万元）

年份 项目	20×6 年	20×5 年	20×4 年
货币资金	20907.00	21851.00	12173.25
应收票据	46.00	345.00	3682.50
应收账款	17689.25	20615.75	13979.25

续表

项目＼年份	20×6年	20×5年	20×4年
其他应收款	8600.00	5132.75	1723.25
预付账款	4341.75	7984.00	7693.00
存货	7245.00	6622.75	3775.25
待摊费用	0	174.75	253.75
流动资产合计	58829.00	62726.00	43280.25
长期投资	6168.00	7570.50	7729.75
固定资产合计	40652.25	38448.75	24141.25
无形及其他资产合计	9560.75	993.50	10147.75
资产总计	115210.00	109738.75	85299.00
流动负债合计	53976.50	42142.50	26263.75
长期负债合计	8682.75	14371.50	15098.50
负债总计	62659.25	56514.00	41362.25
股本	22100.00	17000.00	15000.00
资本公积	22259.25	27359.25	11109.25
盈余公积	2566.75	3641.25	10494.75
未分配利润	5624.75	5224.25	7332.75
股东权益合计	52550.75	53224.75	43936.75
负债及股东权益总计	115210.00	109738.75	85299.00

表4－2　　　　　　ABC企业损益表及利润分配表　　　　　　（单位：万元）

项目＼年份	20×6年	20×5年
一、主营业务收入	30491.25	34687.50
主营业务成本	24417.50	26387.00
主营业务税金及附加	239.00	251.25
二、主营业务利润	5834.75	8049.25
其他业务利润	295	321
营业费用	1794.75	977.50
管理费用	1547.75	1398.25
财务费用	1174.50	1749.25

续表

年份 项目	20×6年	20×5年
三、营业利润	1612.75	4245.25
非经常性损益	840.00	554.00
四、利润总额	772.75	3691.25
所得税	301.50	56
少数股东权益	-11.75	0
五、净利润	483	3635.25

（一）短期偿债能力分析

短期偿债能力是指企业通过流动资产变现，偿还短期债务的能力。反映企业短期偿债能力最重要且常用的指标包括流动比率、速动比率，另外，还可辅助以现金比率、现金流动负债率等。

1. 流动比率

流动比率是企业流动资产与流动负债的比率。该指标将可以在一年以内或超过一年的一个营业周期内变现或耗用的流动资产与同一年以内到期的流动负债相比较，属于评价企业偿还短期债务能力的指标。之所以我们会用流动比率分析企业短期偿债能力，是因为短期债务就是流动负债，它是对企业流动性的需求，而流动资产反映了企业流动性的供给。当流动性供给越多于流动性需求，企业短期债务的安全性必然越高。

$$流动比率 = \frac{流动资产}{流动负债}$$

从债权人的角度看，该指标越高越好，表明偿还流动负债的能力越强；该指标过低则说明企业的短期偿债能力不好。但从投资人或经营者角度看，偿债能力并非越强越好，过强的偿债能力意味着企业不能充分利用债务资金的杠杆效应。就流动比率而言，过高说明企业不能充分利用成本较低的流动负债，从而导致企业效益的降低。同时，不同国家有不同的情况，同一国家的不同行业的流动比率也不应该完全相同。一般而言，如果行业生产周期较长，则企业的流动比率就应相应提高；如果行业生产周期较短，则企业流动比率可以相对降低，所以，最好同行业的平均水平相比较，以说明短期偿债能力的好坏。

另外，我们可以用流动比率分析企业的短期筹资政策的类型。公司的短期筹资政策一般是针对不同类型的资产来说的。我们已经知道，按照资产周转时间的长短（即流动性）可以把公司的资产分为两大类：一类是短期资产，另一类是长期资产（在这里主要指固定资产）。进一步，按照短期资产的用途，又可以将短期资产划分为波动性短期资产和永久性短期资产。

根据流动比率评价企业短期偿债能力的强弱，其前提是企业的存货和应收账款的周转情况是正常的。如果应收账款存在大量呆账、坏账，存货存在大量长期积压，流动比率就会偏高。流动比率的分析功能就会丧失殆尽，用流动比率评价企业的短期偿债能力就不够准确。另外，作为由时点指标对比物构成的流动比率，还存在容易被企业操纵的问题。例如，某企业当前流动资产500万元，其中货币资金200万元，流动负债400万元。所以当前流动比率1.25。如果用货币资金归还应付账款200万元，归还后流动比率为1.5。这个例子中，用货币资金归还应付账款这项业务本身并不能提高偿债能力，但流动比率却由1.25提高到1.5。这样，一些企业通过期末时将借款还清，期初再借入款项方法，可以改善流动比率数据，粉饰会计报表。

公司的短期筹资政策也就是对波动性短期资产、永久性短期资产和固定资产的来源进行管理。通常，有以下三种可供公司选择的筹资政策。当企业短期资产所需资金用短期负债筹集，固定资产所需资金用长期负债、权益资本筹集，我们称之为配合型筹资政策。当企业短期负债不但要满足短期资产的需要，甚至可能满足长期资产需求时，企业采取的是激进型筹资政策，激进型筹资政策是一种收益高、风险大的营运资金筹集政策。当短期负债只满足波动性短期资产的需要，永久性短期资产和固定资产所需资金用长期负债、权益资本筹集，企业采取的是稳健型筹资政策。三种短期筹资政策实际上对应着不同的流动比率。流动比率稍大于1时，企业更多地采用了配合型筹资政策。流动比率越大，筹资政策越稳健。流动比率越小，筹资政策越激进。

2. 速动比率

速动比率是速动资产与流动负债的比率，也称酸性试验比率，是反映短期偿债能力的比率。速动资产是指可以迅速变现的流动资产。速动资产＝流动资产－存货，之所以在流动资产中扣除存货，主要原因是存货是非货币性资产，变现价值不确定。

$$速动比率=\frac{速动资产}{流动负债}$$

该指标越高，表明企业偿还流动负债的能力越强。从投资人或经营者角度看，同样不希望自己的速动比率过高，因为过高的速动比率意味着企业可能存在较多的闲置资金。

速动比率在分析中应注意与流动比率的结合分析。当一个企业的速动比率和流动比率呈现同向变化时，那么运用它们分析短期偿债能力的结论一致。比如一个企业的流动比率较高，速动比率也较高的话，说明企业的偿债能力较强，反之则较弱。但是，当企业速动比率和流动比率出现不同方向的变化时，应该如何进行偿债能力分析？我们认为，当一个企业流动比率偏高，而速动比率偏低时，说明该企业的存货比例较高。此时，在分析企业的短期偿债能力时，就要关注存货的质量。当存货质量高时，我们认为该企业的短期偿债能力强，反之则弱。当一个企业的流动比率偏低，而速动比率偏高时，要看存货偏低的原因。如果企业存货偏低，是由于企业销售信心不足导致的存货比例低，那么企业待转化为应收账款的存货量必然减少，会影响企业的短期偿债能力；当企业的存货比例低是由于企业存货管理水平高而带来的，那么我们认为这个企业的短期偿债能力好。

[例4-1] 根据ABC企业会计报表计算其短期偿债指标，评价其短期偿债能力。根据表4-1的有关资料，企业短期偿债能力分析如下：

20×6年年末、年初流动比率为：

年末：$\frac{58859}{53976.50}=1.09$

年初：$\frac{62726}{42142.50}=1.49$

20×6年年末、年初速动比率为：

年末：$\frac{58829-7245}{53976.50}=0.96$

年初：$\dfrac{62726 - 6622.75}{42142.50} = 1.33$

上述计算结果说明，企业短期偿债能力较期初有所下降。企业采取了配合型筹资政策。另外，如果有行业均值数据，我们就能更好判断该企业的偿债能力在行业内属于何种水平。

（二）企业的长期偿债能力分析

企业长期偿债能力是企业对未来长期债务的偿还能力。企业的长期债务数额大、期限长，其偿还要靠企业合理的资本结构提供资产保证，靠企业利润的持续性提供资金保证。因此应通过企业的资本结构、盈利能力对企业的长期偿债能力进行分析。反映企业长期偿债能力的主要指标有资产负债率、利息保障倍数等。

1. 资产负债率

资产负债率是企业负债总额与资产总额的比率，它反映企业的资产总额中有多少是通过举债而得到的，以及总资产对偿还全部债务的物资保障程度。资产负债率反映企业偿还债务的综合能力。

$$资产负债率 = \dfrac{负债总额}{资产总额}$$

资产负债率是衡量企业负债水平及风险程度的重要指标。该指标不论对企业投资人还是企业债权人都十分重要。债权人希望债务人的资产负债率越低越好。当息税前利润率大于利息率时，股东希望资产负债率越高越好，而当息税前利润率小于利息率时，他们希望资产负债率越低越好。经营者要兼顾企业的发展与风险，既要满足股东的要求，又希望从债权人那里取得借款，希望资产负债率既不能过高也不能过低，而应保持适度。适度的资产负债率应结合同行业的一般水平进行衡量，这符合信号传递理论。

ABC 企业 20×6 年资产负债率为：

年末：$\dfrac{62659.25}{115210} = 54.4\%$

年初：$\dfrac{56514}{109738.75} = 51.5\%$

单从资产负债率看，企业的长期偿债能力属于正常水平。但是还必须考虑企业资产的实际价值与账面价值的关系，必须考虑企业经营情况、现金流量情况。有的企业资产会升值，如房地产企业，这些升值财务报表是反映不出来的。有些企业的资产会严重缩水，企业出于各种目的进行隐瞒，财务报表也未揭示。仅仅根据企业资产负债率得出结论是不合适的。

(三) 影响企业偿债能力的其他因素

1. 或有负债

或有负债是企业在经营活动中有可能会发生的债务。根据我国《企业会计准则》的规定，或有负债不作为负债在资产负债表的负债类项目中进行反映，除了已贴现未到期的商业承兑汇票在资产负债表的附注中列示外，其他的或有负债在会计报表中均不须列明金额。如销售的产品可能会发生的质量事故赔偿、诉讼案件和经济纠纷可能败诉并需赔偿的金额等。这些或有负债在资产负债表编制日还不能确定未来的结果如何，一旦将来成为企业现实的负债，则会对企业的财务状况产生重大影响，尤其是金额巨大的或有负债项目。在进行财务分析时不能不考虑这一因素的影响。

2. 担保责任

在经济活动中，企业可能会发生以本企业的资产为其他企业提供法律担保，如为其他企业的银行借款担保，为其他企业履行有关经济合同提供法律担保等。这种担保责任，在被担保人没有履行合同时，就有可能会成为企业的负债，增加企业的债务负担，因此，在进行财务分析时，必须要考虑到企业是否有巨额的法律担保责任。

3. 租赁活动

企业在生产经营活动中，可以通过财产租赁的方式解决急需的设备。通常财产租赁有两种形式：融资租赁和经营租赁。采用融资租赁方式，租入的固定资产都作为企业的固定资产入账，租赁费用作为企业的长期负债入账，这在计算有关的财务比率中都已经计算在内。但是，经营租赁的资产，其租赁费用并未包含在负债之中，如果经营租赁的业务量较大、期限较长或者具有经常性，则其租金虽然不包含在负债之中，但对企业的偿债能力也会产生较大的影响。在进行财务分析时，也应考虑这一因素。

二 营运能力分析

营运能力即资产的利用效率。营运能力主要体现在资产的周转上，从周转速度角度评价营运能力的指标主要包括总资产周转率、流动资产周转率、固定资产周转率、存货周转率、应收账款周转率；营运能力也受到资产质量的影响，从资产质量角度评价企业营运能力可借助于不良资产比率指标。

（一）总资产周转率

总资产周转率也称总资产利用率，是企业销售收入净额与资产平均总额的比率，说明企业全部资产的利用效率，是评价企业营运能力的综合性指标。

$$总资产周转率 = \frac{销售收入净额}{资产平均总额}$$

$$资产平均总额 = \frac{期初总资产 + 期末总资产}{2}$$

总资产周转率是考察企业资产运营效率的一项重要指标，体现了企业经营期间全部资产从投入到产出周而复始的流转速度，反映了企业全部资产的管理质量和利用效率。该指标数值越高，说明总资产周转速度越快，销售能力越强，资产利用效率越高。如果这个比率较低说明企业利用其资产进行经营的效率较差，会影响企业的获利能力。分析时，可以和同行业平均水平相比较，以衡量企业的资产管理水平，也可以同上期相比较，以了解全部资产利用效率的改善情况。该指标是一个包容性较强的综合指标，它受到流动资产周转率、应收账款周转率和存货周转率等指标的影响。总资产周转率的局限性在不同行业很难相比。当行业内部的企业资本有机构成相差太大时，该指标也会失去与行业对比的意义。

（二）流动资产周转率

流动资产周转率是销售收入净额与流动资产平均余额的比率。它反映全部流动资产的利用效率，也是评价营运能力的重要指标。流动资产周转率一般用周转次数表示，也可以用周转天数表示。

$$流动资产周转率 = \frac{销售收入净额}{流动资产平均余额}$$

$$流动资产平均余额 = \frac{期初流动资产 + 期末流动资产}{2}$$

$$流动资产周转天数 = \frac{计算期天数}{流动资产周转次数}$$

流动资产周转率反映了企业流动资产的周转速度，是从企业全部资产中流动性最强的流动资产角度对企业资产的利用效率进行分析，以进一步揭示影响企业资产质量的主要因素。流动资产周转速度越快，反映流动资产周转速度越快、利用效率越好、变现能力越强、质量越好。通常分析流动资产周转率应比较企业历年的数据并结合行业特点。但是，流动资产周转过快可能意味着企业的存货不足，对销售造成不利影响。

通过对该指标的分析对比，一方面可以促进企业加强内部管理，充分利用其流动资产，如降低成本、调动暂时闲置的货币资金用于短期投资创造收益等；另一方面也可以促进企业采取措施扩大销售，提高流动资产的综合使用效率。

（三）固定资产周转率

固定资产周转率，是企业销售收入净额与固定资产平均净值的比率，它是反映固定资产的利用效益的指标，一般用周转次数表示。

$$固定资产周转率 = \frac{销售收入净额}{固定资产平均净值}$$

$$固定资产平均净值 = \frac{期初净值 + 期末净值}{2}$$

固定资产周转率越高，说明固定资产的利用率越高，固定资产规模适当、质量较好，管理水平较高。如果固定资产周转率与同行业平均水平相比偏低，说明企业的生产效率较低，生产能力利用不够，可能会影响企业的获利能力。固定资产周转率只能在固定资产的种类、功能接近时相比才有意义。

（四）存货周转率

存货周转率是企业一定时期的销售成本与平均存货的关系比率，反映存货周转速度、变现能力、利用效率、存货质量。一般用存货周转次数表示，也可以用存货周转天数表示。

$$存货周转次数 = \frac{销售成本}{平均存货}$$

$$平均存货 = \frac{期初存货余额 + 期末存货余额}{2}$$

$$存货周转天数 = \frac{计算期天数}{存货周转次数}$$

如果企业生产经营活动具有很强的季节性，平均存货应该按季度或月份余额来计算，先计算出各月份或各季度的平均存货，然后再计算全年的平均存货。

存货周转的次数越多，说明存货的变现速度越快、存货利用效率越好、企业的销售能力越强，存货质量越好、占用在存货上的资金越少。分析时可以与同行业水平或上期周转次数相比较。但应注意存货周转次数过高，也可能说明企业管理方面存在一些问题，如存货水平太低，甚至经常缺货，或者采购次数过于频繁，批量太小等。

（五）应收账款周转率

应收账款周转率是企业一定时期的销售收入净额与应收账款平均余额的关系比率。它反映了企业应收账款的周转速度。应收账款周转率一般以周转次数表示，也可以用周转天数表示。

$$应收账款周转次数 = \frac{销售收入净额}{应收账款平均余额}$$

$$应收账款平均余额 = \frac{期初应收账款余额 + 期末应收账款余额}{2}$$

$$应收账款年平均收账期 = \frac{计算期天数}{应收账款周转率}$$

公式中销售收入净额是指销售收入扣除了销货退回和销货折扣及折让后的余额，如果能够确定现销的数额，还应扣除现销的部分，即按赊销净额计算。公式中的应收账款包括应收账款和应收票据。

应收账款周转率越高，说明应收账款流动性越强，周转速度越快，质量越好，利用效率越高，短期偿债能力也会增强。如果应收账款周转率过高，可能是因为企业的信用标准和信用条件过于苛刻的结果，这样会限制企业销售量的扩大，从而影响企业的盈利水平，这种情况往往表现为存货周转率同时偏低。

由季节性经营、大量采用分期收款或现金方式结算等都可能使本指标失实，所以，应结合企业的前后期间、行业平均水平进行综合评价。

（六）不良资产比率

不良资产比率是企业年末不良资产总额占年末资产总额的比重。不良资产比率是从企业资产管理角度评价企业资产营运状况的指标。

$$不良资产比率 = \frac{不良资产总额}{资产总额}$$

年末不良资产总额是指企业资产中存在问题、难以参加正常生产经营运转的部分，主要包括三年以上应收账款、积压商品物资和不良投资、待摊费用、长期待摊费用等。但由于积压的存货、不良投资数据不易取得，不良资产比率一般按下式计算：

$$不良资产比率 = \frac{三年以上应收账款 + 待摊费用 + 长期待摊费用}{年末资产总额}$$

一般情况下，不良资产比率越高，表明企业沉积下来、不能正常参加经营运转的资金越多，资产利用率越差。该指标越小越好。

[例4-2]根据表4-1、表4-2的资料，分析ABC企业营运能力。该企业20×6年报中董事会报告及会计报表附注的有关资料如下：年末其他应收款为8600万元，其中第一大股东欠款5610万元。20×6年8月3日企业以账面价值为8000万元的应收账款，同大股东的总面积为283500平方米、评估价值为8617.50万元的土地使用权进行置换。

ABC企业资产周转率为：

$$20 \times 6 \text{ 年：} \frac{30491.25}{(115210 + 109738.75) \div 2} = 0.27$$

$$20 \times 5 \text{ 年：} \frac{34687.50}{(109738.75 + 85299) \div 2} = 0.18$$

ABC企业流动资产周转率为：

$$20 \times 6 \text{ 年：} \frac{30491.25}{(58829 + 62726) \div 2} = 0.50$$

$$20 \times 5 \text{ 年：} \frac{34687.50}{(62726 + 43280.25) \div 2} = 0.65$$

ABC企业固定资产周转率为：

$$20 \times 6 \text{ 年：} \frac{30491.25}{(40652.25 + 38448.75) \div 2} = 0.77$$

$$20 \times 5 \text{ 年：} \frac{34687.50}{(38448.75 + 24141.25) \div 2} = 1.11$$

ABC 企业存货周转率为：

20×6 年：$\dfrac{24417.50 + 239}{(7245 + 6622.75) \div 2} = 3.56$

$\dfrac{360}{3.56} = 101$ 天

20×5 年：$\dfrac{26387 + 251.25}{(6622.75 + 3775.25) \div 2} = 5.13$

$\dfrac{360}{5.13} = 70$ 天

ABC 企业应收账款周转率为：

20×6 年：$\dfrac{30491.25}{(46 + 17689.25 + 8600 + 345 + 20615.75 + 5132.75) \div 2} = 1.16$

$\dfrac{360}{1.16} = 310$ 天

20×5 年：$\dfrac{34687.50}{(345 + 20615.75 + 5132.75 + 3682.5 + 13979.25 + 1723.25) \div 2} = 1.53$

$\dfrac{360}{1.53} = 235$ 天

根据上述资料计算结果，总资产周转次数减少 0.09 次，全部资产营运效率下降，是由于固定资产和流动资产周转次数均有减少引起的。其中固定资产周转次数减少 0.34 次，主要是在固定资产增加的同时，销售收入较少引起的；流动资产周转次数减少 0.15 次，流动资产使用效率降低，主要是存货和应收账款周转速度下降、其他应收款大量占用并大幅增加引起的。其中存货周转次数减少 1.57 次；应收账款周转期长达 310 天。存货周转率大幅降低，但存货数额并无大的变化，因此，其原因是产品销售萎缩；其他应收款巨额占用的原因，根据 20×6 年年报可以看出，年末其他应收款为 8600 万元，其中第一大股东欠款 5610 万元。从应收账款来看，20×6 年 8 月 3 日企业以账面价值为 8000 万元的应收账款，同大股东的总面积为 283500 平方米、评估价值为 8617.50 万元的土地使用权进行置换，置换后企业应收账款周转速度不但没有提高，反而在上年周转速度极其缓慢的情况下，20×6 年应收账款周转天数进一步延长 75 天，说明企业应收账款的回收能力较上年相比实际上是大幅下降了。因此，企业资金周转减缓的根本原因是销售萎缩、收款能力降低、企业治理结构存在缺陷。

三 盈利能力分析

盈利是企业能够存在的前提，盈利是企业发展的基础，是股东对企业投资的根本动力。企业盈利能力的分析，在财务分析中具有核心地位。反映企业盈利能力的主要指标包括股东权益报酬率、总资产报酬率、总资产净利率、销售毛利率、主营业务利润率、营业利润率、销售净利率、成本费用利润率、每股收益等。

（一）反映企业投资收益率的指标

1. 股东权益报酬率

股东权益报酬率，也称净资产收益率、权益净利率等，它是一定时期企业的净利润与平均净资产的比率。净资产收益率充分体现了投资者投入资本获取收益的能力，反映了投资与报酬的关系，是评价企业资本运用效益的核心指标。

$$净资产收益率 = \frac{净利润}{平均净资产}$$

2. 总资产报酬率

总资产报酬率是指企业一定时期内获得的息税前利润与平均资产总额的比率。资产报酬率主要用来衡量企业利用资产获取利润的能力，表示企业全部资产的总体获利能力，是评价企业资产运营效益的重要指标。

息税前利润 = 利润总额 + 利息费用

$$总资产报酬率 = \frac{息税前利润}{平均资产总额}$$

利润总额是指企业实现的利润总额，包括企业当年营业利润、投资收益、补贴收入、营业外收支净额和所得税等几项内容。利息费用是指企业在生产经营过程中实际支出的借款利息、债券利息等，一般按财务费用计算。由于总资产既包括来源于股东的资产，也包括来源于负债的资产，所以利息费用属于总资产报酬的一部分。

总资产报酬率表示企业全部资产获取收益的水平，全面反映了企业的获利能力和投入产出状况，该指标越高，表明企业投入产出的水平越好，企业的资产运营越有效。通过对该指标的深入分析，可以增强各方面对企业资产经营的关注，促进企业提高单位资产的收益水平。

3. 总资产净利率

总资产净利率是净利润与平均资产总额的比率，说明利用资产获取净利润的能力。

$$总资产净利率 = \frac{净利润}{平均资产总额}$$

［例4-3］根据表4-1、表4-2的资料，分析 ABC 企业投资报酬率。

$20×6$ 年净资产收益率：$\frac{483}{(52550.75 + 53224.75) \div 2} = 0.91\%$

$20×5$ 年净资产收益率：$\frac{3635.25}{(53224.75 + 43936.75) \div 2} = 7.48\%$

$20×6$ 年总资产报酬率：$\frac{772.75 + 1174.50}{(115210 + 109738.75) \div 2} = 1.73\%$

$20×5$ 年总资产报酬率：$\frac{3691.25 + 1749.25}{(109738.75 + 85299) \div 2} = 5.58\%$

$20×6$ 年总资产净利率：$\frac{483}{(115210 + 109738.75) \div 2} = 0.43\%$

$20×5$ 年总资产净利率：$\frac{3635.25}{(109738.75 + 85299) \div 2} = 3.73\%$

无论从总资产报酬率还是从净资产收益率来看，企业的盈利能力都很低。

（二）经营业务获利能力分析

1. 销售毛利率

销售毛利率也称毛利率，是企业的销售毛利与销售收入净额的比率。

$$销售毛利率 = \frac{销售毛利}{销售收入净额}$$

$$销售毛利 = 销售收入净额 - 销售成本$$

销售毛利是指销售收入净额扣除销售成本后的余额。销售毛利率主要受产品销售价格、单位产品成本的影响，而产品销售价格又受到市场竞争的情况以及本企业市场竞争的能力的影响；单位成本的高低受企业成本管理水平的影响。所以，毛利率越大，说明销售成本低，竞争能力强，经营业务获利能力越强；反之，则说明企业成本过高、产品质量不高、竞争能力不强。另外销售毛利率的高低还受到行业特点的影响，一般来说，营业周期短、固定费用低的行业，如零售业，毛利率一般较低；而营业周期长、固定费用大的行业毛利率通常要高一些。

2. 营业利润率

营业利润率是指企业一定时期内营业利润同营业收入净额的比率，反映企业全部经营业务的获利能力。

$$营业利润率 = \frac{营业利润}{销售（营业）收入净额}$$

公式中营业利润是指企业销售收入扣除销售成本、销售税金及附加、销售费用、管理费用、财务费用后的利润。

营业利润率比较综合地反映了企业的盈利能力。但是由于利润指标的可操纵性，需要对其质量进行分析。

3. 销售净利率

销售净利率是企业净利润与销售收入净额的比率。销售利润率是一个综合反映销售盈利能力的指标。

$$销售净利率 = \frac{净利润}{销售收入净额}$$

4. 成本费用利润率

成本费用利润率是企业利润总额与成本费用总额的比率。它反映企业生产经营过程中发生的耗费与获得的收益之间的关系。

$$成本费用利润率 = \frac{利润总额}{成本费用总额}$$

公式中，一般认为成本费用包括销售成本、销售费用、管理费用、财务费用等，也有的把销售税金及附加、所得税考虑进去。

成本费用利润率从企业资产消耗的角度考核企业的盈利能力，体现了单位消耗带来的收益。

［例4-4］根据表4-2的有关资料，企业20×6年反映经营业务获利能力的指标计算如下：

$$20 \times 6 \text{年销售毛利率}: \frac{30491.25 - 24417.5}{30491.25} = 19.9\%$$

20×5 年销售毛利率：$\dfrac{34687.5-26387}{34687.5}=23.9\%$

20×6 年营业利润率：$\dfrac{1612.75}{30491.25}=5.3\%$

20×5 年营业利润率：$\dfrac{4245.25}{34687.5}=12.24\%$

20×6 年成本费用利润率：$\dfrac{772.75}{24417.5+1794.75+1547.75+1174.5}=2.67\%$

20×5 年成本费用利润率：$\dfrac{3691.25}{26387+977.5+1398.25+1749.25}=12.1\%$

20×6 年销售净利率：$\dfrac{483}{30491.25}=1.6\%$

20×5 年销售净利率：$\dfrac{3635.25}{34687.5}=10.48\%$

上述计算结果说明，企业销售净利率下降幅度达85%，这说明企业经营业务获利能力大幅下降的主要原因是销售毛利率下降了4个百分点，另外营业利润率和成本费用利润率也大幅下降，说明企业成本费用都存在上升的情况。营业费用（销售费用）20×6 年为1794.75万元，较上年977.5万元上升83.6%，另外管理费用也有所增加，但财务费用、销售成本都有降低，因此从已知资料看，经营业务获利能力下降的主要原因是营业费用、管理费用上升造成的。

（三）股份企业盈利能力分析

除上述指标外，股份企业盈利能力分析还应考虑股份额与获利额的关系，说明股份企业的盈利能力。常用指标为每股收益、市盈率等。

1. 每股收益

每股收益也称每股利润或每股盈余，即每股普通股所获得的收益。

$$每股收益=\dfrac{净利润}{发行在外的普通股加权平均股数}$$

计算每股收益应当注意：

（1）存在优先股时，应当在净利润中减去优先股股利。

（2）年度中存在普通股股数增加或减少的情况时，普通股的股数应当按照加权平均普通股股数计算。加权平均普通股股数是以普通股在年度内发行在外的月份数为权数计权计算的。

(3) 在复杂的股权结构的条件下每股收益的计算。所谓复杂的股权结构是指企业除有普通股和不可转换优先股外，还存在可转换优先股、可转换债券、认股权证时的股权结构。这些证券的持有者一旦行使其转换权或认股权，就会造成企业普通股股数增加，并分享普通股的收益，从而使每股收益降低。这些混合性证券可能使普通股每股收益降低的潜在的影响作用，称为"稀释"。这时需要计算稀释后的每股收益。

每股收益代表了每股股票的盈利能力，一般来说每股收益越高越好。但是也应注意一些问题：(1) 收益是利润指标，容易受到企业的人为操纵。每股收益是一个历史数据，以此预测未来的盈利能力存在不确定性。(2) 企业发放股票股利、股票分割、将资本公积金转赠股本时，股东权益总额不发生变动，因而利润额不变，此时每股收益减少并不意味着盈利能力的变化。(3) 单纯每股收益一个指标不能说明太多的问题，将每股收益同股票价格等其他指标或因素结合起来，才能更准确地对企业盈利能力进行分析。

2. 市盈率

市盈率是普通股每股市价与每股利润的比率，反映投资者对每元利润所愿支付的价格。

$$市盈率 = \frac{每股市价}{每股利润}$$

一般来说，市盈率高，说明投资者对该企业的发展前景看好，愿意出较高的价格购买该企业股票，所以一些成长性较好的高科技企业股票的市盈率通常要高一些。另一方面，市盈率也是衡量投资风险和报酬的重要标准。其他条件相同的情况下，市盈率较低的股票具有更大的投资价值。在市价确定的情况下，每股收益越高，市盈率越低，股票投资的风险越小；反之，在市价确定的情况下，每股收益越低，市盈率越高，股票投资的风险越大。在每股收益一定的情况下，市价越高，市盈率越高，投资的风险越大；反之，在每股收益一定的情况下，市价越低，市盈率越低，投资的风险越小，股票越具有投资价值。

使用市盈率时应当注意以下问题：首先，该指标不能用于不同行业的企业间的比较。新兴行业的市盈率普遍较高，而传统成熟行业的市盈率普遍较低这是因为新兴行业往往具有良好的发展前景和机会，人们对其盈利能力的提高往往具有良好的预期；而传统行业的盈利水平相对稳定，难以取得突破性的发展，市盈率也相对稳定。其次，市盈率的高低受净利润的影响，净利润又受企业的会计政策和会计估计的影响。

［例4－5］ABC企业20×5年年初普通股总股数15000万股。20×6年5月10日企业实施了每10股转增1股的利润分配方案后，企业总股本为16500万股。

$$20×6 年每股收益：\frac{483}{15000+15000×0.1×5÷12}=0.03$$

$$20×5 年每股收益：\frac{3635.25}{15000}=0.24$$

四 发展能力分析

企业发展能力是企业核心竞争力、企业综合能力的体现。企业的财务状况、核心业务、经营能力、企业制度、人力资源、行业环境等因素对企业的发展能力有重要影响。对企业发展能力的分析可以有多种方法，以下只涉及增长率量化分析和因素分析两种方法。

（一）增长率量化分析

1. 销售增长率

销售（营业）增长率是指企业本年销售（营业）收入增长额同上年销售（营业）收入总额的比率。销售收入是企业规模、实力的具体体现，是企业综合实力的市场体现。销售增长是企业市场扩大、市场占有率提高的结果，没有销售收入的增加企业很难做大做强。销售增长率是衡量企业经营状况和市场占有能力、预测企业经营业务拓展趋势的重要标志，也是企业扩张增量和存量资本的重要前提。不断增加的销售收入，是企业生存的基础和发展的条件。因此，销售增长率是评价企业成长状况和发展能力的重要指标，也是企业扩张增量和存量资本的重要前提。不断增加的销售收入，是企业生存的基础和发展的条件。因此，销售增长率是评价企业成长状况和发展能力的重要指标。

$$销售增长率=\frac{本年销售收入增长额}{上年销售收入总额}$$

如果销售增长率小于零，则说明企业的产品或服务存在质量、价格、服务或销售等问题，市场份额萎缩。如果销售增长率等于零，说明本期销售收入保持与上期同等水平。如果销售增长率大于零，说明本期销售收入较上期有所提高。

2. 三年销售平均增长率

三年销售平均增长率表明企业销售的连续三年增长情况，体现企业的发展潜力。

$$三年销售平均增长率 = \left[\left(\frac{当年主营业务收入总额}{三年前主营业务收入总额}\right)^{1/3} - 1\right] \times 100\%$$

三年前主营业务收入总额指企业三年前的主营业务收入总额。假如评价企业 2006 年的效绩状况，则三年前主营业务收入总额是指 2003 年的主营业务收入总额。该指标越高，表明企业经营业务竞争能力越强。

3. 三年资本平均增长率

三年资本平均增长率表示企业资本连续三年的积累情况，体现企业的发展水平和发展趋势。

$$三年资本平均增长率 = \left[\left(\frac{年末所有者权益总额}{三年前年末所有者权益总额}\right)^{1/3} - 1\right] \times 100\%$$

利用该指标，能够反映企业资本保增值的历史发展状况，以及企业稳步发展的趋势。该指标越高，表明企业所有者权益得到的保障程度越大，企业可以长期使用的资金越充足，抗风险和保持连续发展的能力越强。

4. 总资产增长率

总资产增长率是企业本年总资产增长额同年初资产总额的比率。总资产增长率衡量的是企业本期资产规模的增长情况，评价企业经营规模总量上的扩张程度。

$$总资产增长率 = \frac{本年总资产增长额}{年初资产总额}$$

总资产增长率指标是从企业资产总量扩张方面衡量企业的发展能力，表明企业规模增长水平对企业发展后劲的影响。该指标越高，表明企业当年资产经营规模扩张的速度越快。但利用该指标分析时，应注意资产规模扩张的质与量的关系，以及企业的后续发展能力，避免资产盲目扩张。

5. 固定资产成新率

固定资产成新率是企业当期平均固定资产净值同平均固定资产原值的比率。

$$固定资产成新率 = \frac{平均固定资产净值}{平均固定资产原值}$$

固定资产成新率反映了企业所拥有的固定资产的新旧程度，体现了企业固定资产更新的快慢和持续发展的能力。该指标高，表明企业固定资产比较新，对扩大再生产的准备比较充足，发展的可能性比较大。运用该指标分析固定资产新旧程度时，应剔除企业应提未提折旧对房屋、机器设备等固定资产真实状况的影响。

6. 技术投入比率

技术投入比率是指企业技术研究开发或投资的支出占主营业务收入净额的比率，反映企业对新技术的研究开发重视程度和研发能力。

$$技术投入比率 = \frac{技术转让费支出与研发投入}{主营业务收入净额}$$

科学技术是社会生产力的重要组成部分，现代企业的发展与技术进步密不可分，企业必须占领相关技术领域的制高点，才能在商战中稳操胜券。要提升企业的技术含量，就必须注意技术研发的投入，包括直接进行研究开发和接受技术转让。技术投入比率就是将研究开发和接受技术转让方面的投入与企业主营业务收入净额相比较，说明企业主营业务收入中有多大的部分用于技术方面的投资，既说明企业对技术研发的重视程度，也说明企业研究开发的能力，进一步说明企业的发展动力储备情况。

对于上市企业来说，计算技术投入比率的有关资料可以从财务报告的附注和公告资料中取得。上市企业应当在财务报告的附注中说明研究开发方面的支出情况，接受技术转让一般都要在公告中说明接受转让技术的内容、价格等问题。

（二）发展能力的因素分析

发展能力是企业不断改善其财务状况和经营业绩的能力。历史的数据往往只能说明企业财务状况和经营业绩大概的变动趋势，要较为准确地评价企业的发展能力，必须考虑企业内部外部的相关因素。

1. 企业的环境分析

（1）国际政治经济形势、国家政治经济形势及运行趋势、国家宏观经济政策、国家的政治经济体制等方面的情况，这些情况及其变动都会对企业生产经营、财务状况、经济效益产生影响。

（2）经济周期对企业发展有明显的影响。经济繁荣时期企业资金环境、市场环境较好，企业的经营状况会普遍较好。经济衰退时期企业筹资环境、市场环境恶化，经营状况会普遍较差。

（3）政府的行业政策也对企业的发展有重要影响。国家鼓励发展的行业，国家会给予信贷、税收优惠，企业能够更迅速地发展。国家限制发展的行业，则会面临较多的政策限制，影响企业发展。

（4）行业运行状况的分析包括行业寿命周期、行业竞争状况发展前景、行业技术发展状况、产品所处的阶段等。每一个行业都有一个由兴起、发展，达到鼎盛，然后衰退的过程。

（5）产品也有寿命周期。寿命周期包括发展期、成长期、饱和期、成熟期、衰退期等五个阶段。在发展期产品竞争少、价格高、成本高、利润高、风险大。在成长期虽有竞争，但利润增长大、前景看好。饱和期和成熟期增长停止。已经处于饱和或成熟阶段的行业的企业都将面临巨大的风险。如果不能进行技术创新、开发新产品，企业可能很快陷入困境。

2. 企业内部的因素分析

企业发展能力受外部因素的影响，但更主要的是取决于内部因素，这些内部因素主要包括：

（1）管理层素质。较高素质的领导班子应当具备较高的知识水平和知识结构；企业的领导人具有丰富的经验，熟知本行业经营管理及技术，在思想品德上团结协作，廉洁自律，爱岗敬业。

（2）员工素质状况。员工的素质包括员工的学历水平、积极性、责任感、遵守企业的规章和纪律等方面的情况。

（3）企业战略。企业战略包括新产品开发、投资融资战略、市场战略等。评价企业战略应该注意企业战略是否适应宏观经济环境、行业发展趋势、产品寿命周期和市场竞争强度。其次要关注企业战略包括的风险和企业对风险的承受能力。

（4）企业的市场地位。企业的市场地位是指其产品或服务的市场占有率、品牌知名度等。企业的市场地位是企业产品质量、价格及企业声誉等因素长期形成的，对企业的发展能力具有重要影响。优越的市场地位使企业在市场竞争中处于有利地位，不仅使其现有产品市场地位稳固，也使其新产品的市场开发较之其他企业容易得多。

五 教学任务发布

根据上次所发布任务，学生已选定了相应上市公司，并收集了五个年度的财务报告信息，本章要求学生：（1）根据所收集信息计算该公司的相应财务能力指标，用比率分析法做出趋势分析。（2）选择横向比较标准（至少包括行业均值，最好还有龙头企业与竞争对手）进行对比分析。（3）有PPT与word两个版本，PPT用于课堂讲述，word作为课程论文，是评定成绩的依据。（4）分析要有深度，发现公司在财务能力上的表现、问题、原因及可能的解决方案。

第二节 云南白药财务能力分析的学生作品

一 公司简介

股票简称"云南白药"，股票代码000538，上市交易所为深圳证券交易所。前身为成立于1971年6月的云南白药厂。1993年5月3日经云南省经济体制改革委员会〔云体（1993）48号文〕批准，云南白药厂进行现代企业制度改革，成立云南白药实业股份有限公司，在云南省工商行政管理局注册登记。经营涉及化学原料药、化学药制剂、中成药、中药材、生物制品、保健食品、日化用品及饮料的研制、生产及销售云南省实力最强、品牌最优的大型医药企业集团。公司产品以云南白药系列和田七系列为主，共十种剂型七十余个产品，主要销往国内、港澳、东南亚等地区，并已进入日本、欧美等国家、地区的市场。"云南白药"商标于2002年2月被国家工商行政管理总局商标局评为中国驰名商标。2015年8月，云南白药荣登《中国制造企业协会》主办的"2015年中国制造企业500强"榜单，排名第93位。该公司收入结构如图4-1所示。

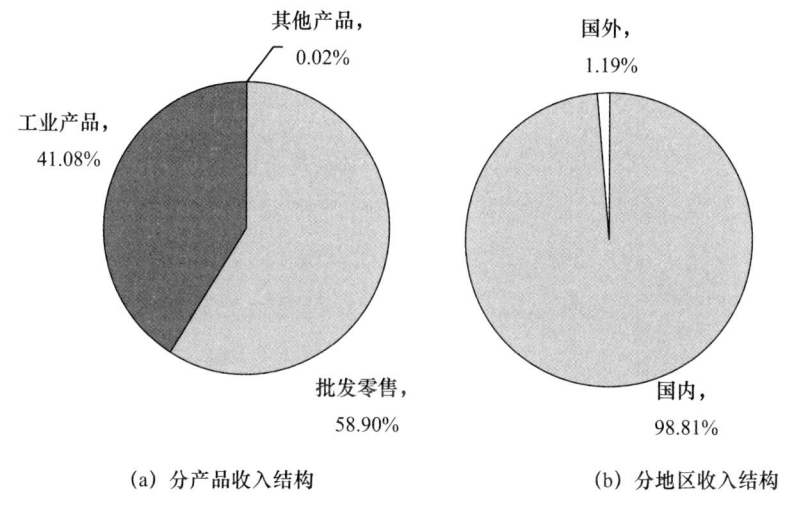

其他产品，0.02%
工业产品，41.08%
批发零售，58.90%

国外，1.19%
国内，98.81%

(a) 分产品收入结构

(b) 分地区收入结构

图 4-1　云南白药收入结构

二　财务能力分析

（一）可比公司选择

表 4-3　　　　　　　　　　可比公司选择依据

项目	云南白药	白云山
规模	总资产：245.87 亿元 市值：792.2 亿元 股本总数：10.41 亿元	总资产：495.94 亿元 市值：619.3 亿元 股本总数：16.26 亿元
主营业务	中药龙头＋大健康战略	大健康、医药商业、医疗服务
业绩	EPS 均在 2—3 元/股之间	

注：（1）由于云南白药是一个多元化企业，主产的"白药系列"产品特色性太强，从产品入手寻找竞争对手个体性太强，不宜分析。

（2）同为品牌中药，同仁堂、东阿阿胶、片仔癀等企业规模差距较大，也不宜分析。

（二）偿债能力

1. 短期偿债能力

由图 4-2 可见云南白药流动比率远远高于白云山和行业均值，一方面说明云南白药的短期偿债能力较强。其中存货金额较大，另一方面也说明企业相较于白云山和行业均值，存货压力较大。

	2013年	2014年	2015年	2016年	2017年
白云山	1.45	1.47	1.44	2.63	2.6
云南白药	2.98	3.57	3.61	3.28	3.34
行业均值	0.8	0.8	0.82	0.89	0.86

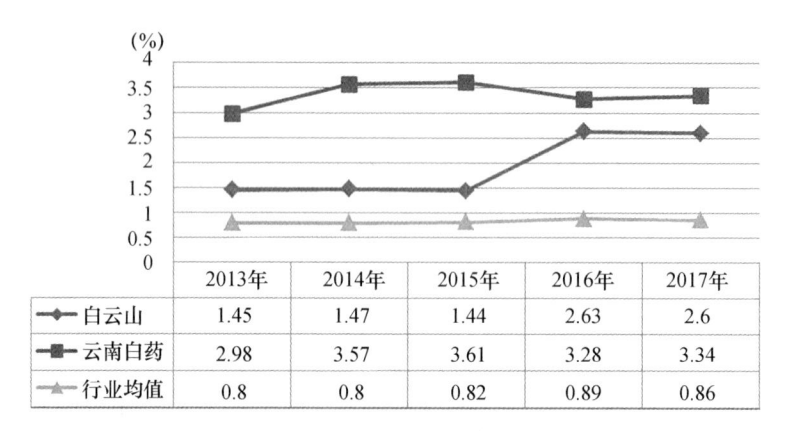

图 4-2　云南白药流动比率

云南白药前 3 年存货和应收票据增幅远大于应付票据和应付账款，而后两年流动负债增幅明显上升，最终导致后两年比例下降。存货连续 5 年来连续上升，近年来存货和应收账款明显上升，说明存货积压，同时也放宽信用政策。数据如表 4-4 所示。

表 4-4　　　　　　　云南白药营运资金状况　　　　　　（单位：亿元）

指标	2013 年	2014 年	2015 年	2016 年	2017 年
流动资产					
应收账款	5.36	5.54	10.57	10.12	12.33
存货	47.57	49.83	56.25	69.18	86.63
应收票据	26.64	36.47	36.06	39.43	42.93
其他应收款	4.61	5.65	5.33	5.80	13.89
流动负债					
应付票据	6.09	6.81	7.51	11.84	9.86
应付账款	18.25	20.51	24.69	31.96	35.84

由图 4-3 可见，云南白药速动比率整体都优于白云山和行业均值，说明云南白药短期偿债能力较强。云南白药的速动比率和流动比率增长幅度前 4 年保持一致。2017 年由于存货增长幅度较大，导致流动比率与速动比率线开口变大。充分说明存货积压的问题越发严重。库存商品大量积压，销售状况不佳。

	2013年	2014年	2015年	2016年	2017年
白云山	1	1.04	1.06	2.25	2.15
云南白药	1.68	2.3	2.41	2.25	2.19
行业均值	0.8	0.8	0.82	0.89	0.86

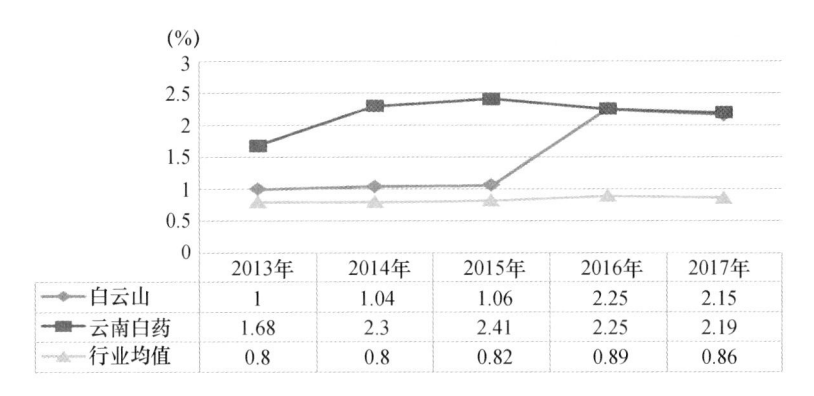

图 4-3　云南白药速动比率

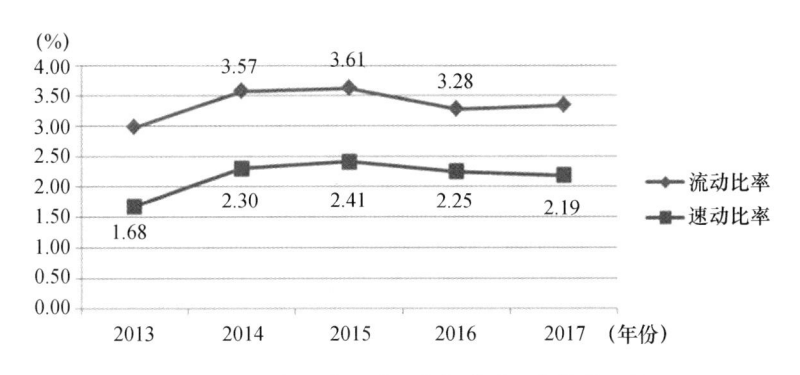

图 4-4　云南白药流动比率与速动比率趋势比较

表 4-5　　　　　　　　　云南白药存货状况　　　　　　（单位：百万元，%）

指标		2013 年	2014 年	2015 年	2016 年	2017 年
原材料	金额	1317.7	1362.7	1656.7	1929.9	2068.0
	环比增长率	27.44	27.08	29.19	27.75	23.68
库存商品	金额	3228.0	3388.7	3718.0	4884.1	6547.0
	环比增长率	67.22	67.34	65.53	70.12	74.97

由图 4-4，云南白药的流动比率、速动比率从 2013—2015 年呈缓慢上升趋势，但从 2015 年开始逐年下降。其中指标数值一直维持在一个较高水平，这说明云南白药的短期偿债能力呈先升高后下降的趋势。不过虽然从趋势上看，白药的短期偿债能力指标下降了，但是其指标的数值仍处于相对较高水平能够保证企业偿付短期债务。而且流动比率与速动

比率之间的距离变化不大,说明该公司连续 5 年存货在流动资产中所占比例变化不大,存货管理政策相对稳定。

表 4-6　　　　　　　　流动资产与流动负债变化　　　　（单位:百万元,%）

指标	2015 年	2016 年	变动幅度
流动资产	16903	22068	30.5
流动负债	4676	6735	44

具体内容:

表 4-7　　　　　　　　流动资产项目变化　　　　（单位:百万元,%）

指标	2016 年	2015 年	差额	变动幅度
货币资金	3293	2650	643	24.3
以公允价值计量的金融资产	2002	3042	-1040	-34.2
应收票据	3943	3606	337	9.3
应收账款	1012	1058	-46	-4.3
预付款项	466	333	133	39.9
应收利息	31	1	30	3000.0
其他应收款	58	68	-10	14.7
存货	6918	5625	1293	23.0
其他流动资产	4344	521	3823	733.8
流动资产总额	22068	16904	5164	30.5

表 4-8　　　　　　　　流动负债项目变化　　　　（单位:百万元,%）

指标	2016 年	2015 年	差额	变动幅度
短期借款	20	0	20	—
应付票据	1184	752	432	57.4
应付账款	3196	2470	726	29.4
预收账款	1070	425	645	151.8
应付职工薪酬	139	97	42	43.3
应付利息	29	10	19	190.0

续表

指标	2016年	2015年	差额	变动幅度
其他应付款	781	533	248	46.5
一年内到期的非流动负债	10	0	10	—
其他流动负债	0	37	-37	-100

2015—2016年的流动比率与速动比率指标数值均呈下降趋势，且变动幅度较大，主要原因是流动资产的增长幅度小于流动负债的增长幅度。而流动资产中其他流动资产和存货上升幅度较大，以公允价值计量且其变动计入当期损益的金融资产下降幅度较大；流动负债中，则是由应付款项和预收款项的增长幅度较大引起。

2. 长期偿债能力分析

由图4-5可见，云南白药2013—2015年低于白云山和行业均值；2016—2017年调整了资产结构使得比率上升但仍低于行业均值。财务杠杆能力发挥有限。2015—2016年负债变动幅度最大，可以做重点分析。

(%)	2013年	2014年	2015年	2016年	2017年
白云山	42.67	44.47	45.28	31.83	31.97
云南白药	29.91	30.88	29.88	35.56	34.51
行业均值	43.87	43.04	41.24	40.17	40.42

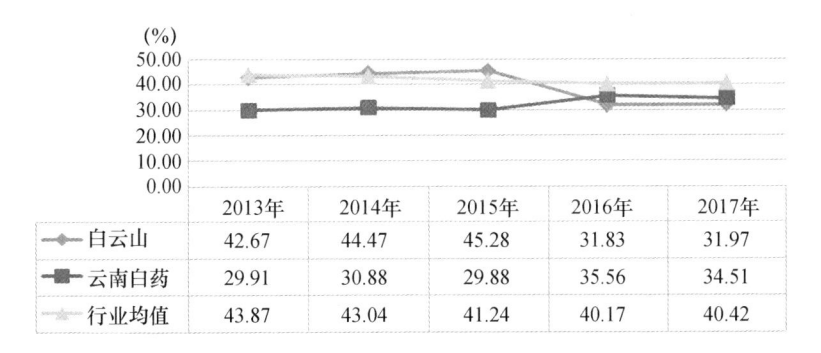

图4-5 资产负债率对比

表4-9　　　　　资产总额和负债总额变化　　　　（单位：百万元,%）

指标	2016年	2015年	差额	变动幅度
负债总额	8743	5763	2980	51.7
资产总额	24587	19291	5296	27.5

由表4-9可以看出，负债的上升幅度远大于资产的变动幅度，进而

使资产负债率上升。其中，主要项目变动如表 4-10 所示：

表 4-10　　　　　　　　往来负债项目变化　　　　　（单位：百万元，%）

指标	2016 年 金额	2016 年 占比	2015 年 金额	2015 年 占比	差额	变幅
应付账款	3196	36.6	2470	42.7	726	29.5
应付债券	1795	20.5	897	15.6	898	100.1
应付票据	1184	13.5	752	13.1	432	57.4
预收账款	1070	12.2	425	7.4	645	151.8

综合以上分析，得出云南白药的偿债能力较强，但就投资者而言，企业没有充分的利用杠杆的优势。云南白药 2013—2015 年低于白云山和行业均值；2016—2017 年调整了资产结构使得比率上升但仍低于行业均值。财务杠杆作用发挥有限。

3. 营运能力分析

由图 4-6、表 4-11 可见，云南白药应收账款周转明显高于白云山和行业均值，但起伏较大且与行业变化趋势明显不同。2014 年之后，应收账款周转呈下降趋势。说明自 2014 年之后，收入增幅低于应收账款平均余额的增幅，信用政策逐渐放宽。

(%)	2013年	2014年	2015年	2016年	2017年
白云山	20.63	18.97	18.54	18.55	18.86
云南白药	31.14	34.48	25.73	21.66	21.65
行业均值	3.5	5.7	5.6	5	5.3

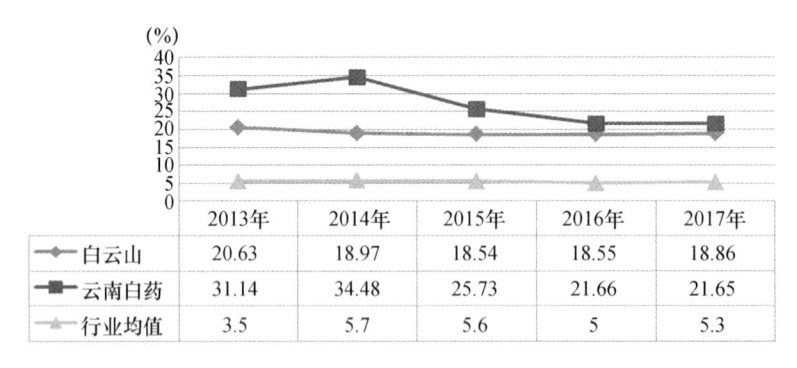

图 4-6　应收账款周转率对比

表 4-11　　　　　　　　　应收往来变化趋势　　　　（单位：百万元，%）

指标	2013年	2014年	2015年	2016年	2017年
赊销收入净额	15788	18826	20610	22418	25482
环比增长	—	19.24	9.48	8.77	13.67
应收账款期初余额	479	536	555	1058	1012
应收账款期末余额	536	555	1058	1012	1234
应收账款平均余额	507	545.5	806.5	1035	1123
环比增长	—	7.69	47.85	28.33	8.50

由图 4-7、表 4-12 可见，云南白药的存货周转率均低于白云山和行业均值。说明企业存货变现能力较差，占用在存货上的资金周转速度慢，存货积压，反应企业的存货管理水平低。云南白药的存货周转前三年缓慢增长，后三年下降。下降的主要原因是存货平均余额增长幅度高于销售成本。

(%)	2013年	2014年	2015年	2016年	2017年
白云山	5.48	5.05	4.76	5.04	4.03
云南白药	2.43	2.7	2.72	2.51	2.15
行业均值	3.1	3	3.3	2.6	2.7

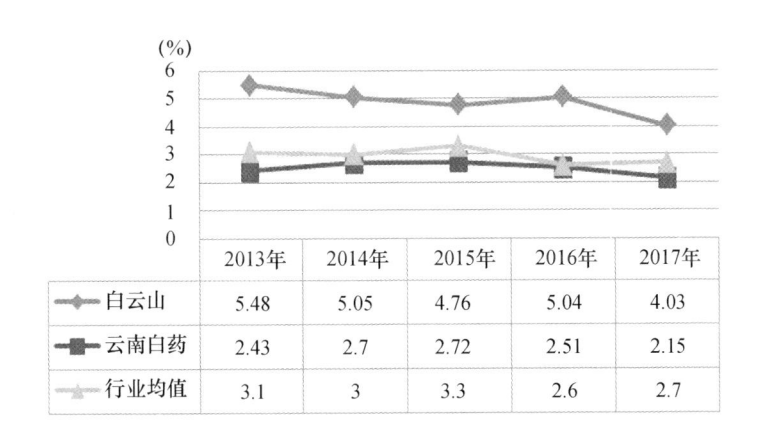

图 4-7　存货周转率对比

表 4-12　　　　　　　销售成本与存货平均变化趋势　　　　（单位：百万元，%）

指标		2013年	2014年	2015年	2016年	2017年
销售成本	金额	13860	13139	14405	15718	16732
	环比增长	—	94.80	109.64	109.11	106.45
存货平均	金额	4567	4870	5304	6272	7791
	环比增长	—	106.63	108.91	118.25	124.22

由图 4-8 可见，2013—2016 年云南白药流动资产周转率明显低于白云山，2017 年两家公司基本持平。但两者五年来均呈下降趋势，主要是由于 2013—2017 年均销售收入增幅低于流动资产平均余额的增幅，见表 4-13 所示。

	2013年	2014年	2015年	2016年	2017年
白云山	2.78	2.32	2.04	1.37	1.02
云南白药	1.6	1.51	1.34	1.15	1.03

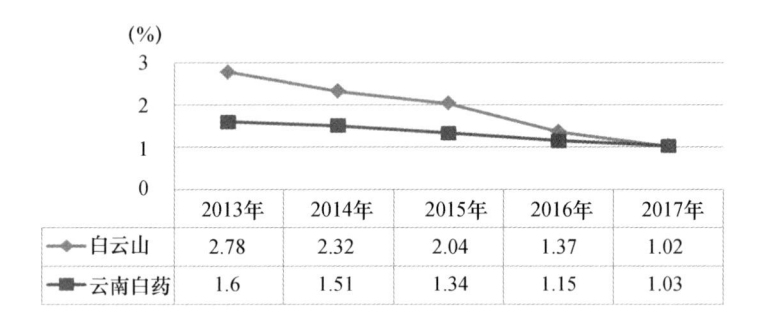

图 4-8　流动资产周转率对比

表 4-13　　　　　　　**销售收入与流动资产平均余额变化**　　　（单位：百万元，%）

指标	2013 年	2014 年	2015 年	2016 年	2017 年
销售收入	15824	18843	20749	22409	24294
环比增长率	—	19.07	10.11	8.00	8.41
流动资产平均余额	9890	12479	15484	19486	23586
环比增长率	—	26.18	24.08	25.85	21.04
增长率之差	—	-7.11	-13.97	-17.85	-12.63

	2013年	2014年	2015年	2016年	2017年
白云山	1.63	1.42	1.27	0.96	0.77
云南白药	1.34	1.29	1.16	1.02	0.93
行业均值	0.5	0.5	0.5	0.5	0.5

图 4-9　总资产周转率对比

由图 4-9 所示，云南白药的总资产周转率高于行业均值，但是前 3 年均低于白云山。云南白药逐年下降，主要原因是总资产平均余额增长幅度每年均高于销售收入平均余额，见表 4-14 所示。说明云南白药在资产规模扩散的过程中，收入水平并未同比增加，可能是现有资产还未达到使用状态，因此并未创造收入。

表 4-14　　　　销售收入与总资产平均余额变化　　（单位：百万元，%）

指标		2013年	2014年	2015年	2016年	2017年
销售收入	金额	15814	18814	20738	22411	24314
	环比增长	—	118.97	110.23	108.07	108.49
总资产平均余额	金额	11842	14611	17816	21930	26144
	环比增长	—	123.38	121.94	123.09	119.22

4. 盈利能力分析

从图 4-10 中可以看出，白云山和云南白药的销售毛利率均呈缓慢上升趋势，但白云山明显高于云南白药，云南白药 2015—2016 年毛利率从 30.53% 下降到 29.86%，是因为产品销售成本从 144.05 亿元上升到 157.18 亿元，产品销售成本没有得到有效控制，继而引起毛利率的下降。2016—2017 年销售毛利率上升，是因为收入增加，成本降低。

	2013年	2014年	2015年	2016年	2017年
白云山	32.95	35.25	36.21	33.06	37.66
云南白药	29.70	30.16	30.53	29.86	31.19

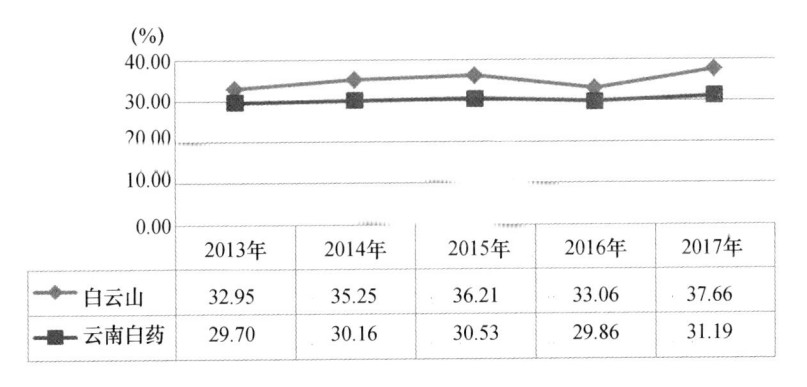

图 4-10　销售毛利率对比

表4-15　　　　　　营业收入与销售成本对比　　　　　（单位：百万元，%）

指标		2013年	2014年	2015年	2016年	2017年
营业收入	金额	15814	18814	20738	22411	24315
	增长率	—	19.0	10.2	8.1	8.5
销售成本	金额	11118	13319	14405	15718	16732
	增长率	—	18.2	9.6	9.1	6.5

由图4-11可见，销售净利率云南白药虽高于白云山，但呈逐年下降趋势，从14.68%到12.88%。云南白药下降的原因是其净利润的增速慢于收入的增长，净利润的增速平均在6%左右，而营业收入的增速在8%左右，导致销售净利率逐年下降。可见企业的成本费用增长速度快于收入增速，说明企业还存在成本费用的控制问题。

	2013年	2014年	2015年	2016年	2017年
白云山	5.72	6.44	7.03	7.78	10.11
云南白药	14.68	13.27	13.29	13.08	12.88

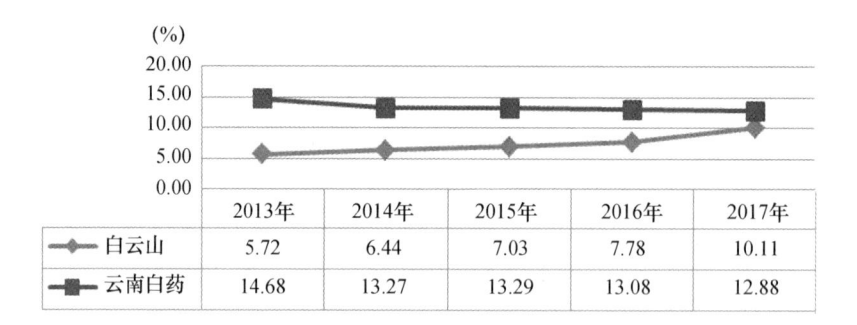

图4-11　销售净利率对比

表4-16　　　　　　净利润、资产及营业收入变化　　　　（单位：百万元，%）

指标		2013年	2014年	2015年	2016年	2017年
净利润	金额	2321	2497	2756	2931	3132
	增长率	—	7.6	10.4	6.3	6.9
资产平均总额	金额	11842	14611	17816	21938.5	26144.5
	增长率	—	23.4	21.9	23.1	19.2
营业收入	金额	15814	18814	20738	22411	24315
	增长率	—	19.0	10.2	8.1	8.5

从总资产净利率来看，见图4-12，相比白云山，云南白药的变动幅度较大。分析其原因，主要是由净利的增速低于资产的增速引起的，且净利的增速逐年降低。如表4-17所示。

	2013年	2014年	2015年	2016年	2017年
白云山	9.30	9.14	8.93	7.36	7.82
云南白药	19.60	17.09	15.47	13.36	11.98

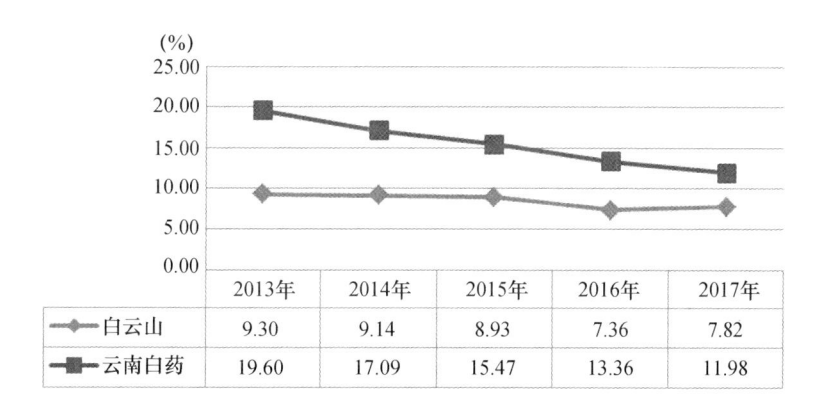

图4-12　总资产净利率对比

表4-17　　　　　净利率和资产平均总额变化　　　（单位：百万元，%）

指标		2012年	2013年	2014年	2015年	2016年	2017年
净利润	金额	1582	2321	2497	2755	2930	3132
	环比增长率	—	46.7	7.6	10.3	6.4	6.9
资产平均总额	金额	9568	11842	14610.5	17815.5	21938	26144
	环比增长率	—	19.2	26.9	18.0	27.5	12.7

5. 发展能力分析

由图4-13可见，销售增长率2014—2015年下降了8.74%，以后仍呈下降趋势，但增长率保持在8%以上。2015年由于销售不景气，销售收入只增长19亿元，远低于2014年30亿元的增长额。2015年以后，销售收入保持19亿元左右的增长额，增长速度放缓，但依旧保持稳定增长，企业发展势头良好，有稳定的市场份额。

资产增长率在2014—2016年虽有大幅度变动，但仍保持高速增长。2014年，云南白药增加了委托理财款、银行承兑票据和商业承兑票据的规模，应收票据增加10亿元，其他应收款增加15亿元，固定资产增加4亿元，导致2014年资产增长率提高。2017年资产增长率较2016年下降

10.99%，表明该企业在 2017 年资产经营规模扩张的速度放缓。以公允价值计量且其变动计入当期损益的金融资产增加了 47 亿元，存货增加了 16 亿元，但其他流动资产规模减少 35 亿元，导致 2017 年的资产增速下降。

近年来，市场竞争压力增大，利润增长率总体呈现下降趋势，2013 年利润总额较上年增长近 9 亿元，增幅达 47.54%。之后利润增长率保持相对稳定的状态，这说明企业基本进入了成熟期，利润增长稳定，但企业应寻找新的利润增长点，为企业的发展提供新的动力。

该企业五年来股东权益增长均在 23 亿左右，都是利润留存所致。但随着基数的不断增长，股权资本增长率呈相对降低的趋势。

	2013年	2014年	2015年	2016年	2017年
销售增长率	17.01	18.97	10.23	8.07	8.50
资产增长率	19.22	26.86	18.05	27.45	10.99
股权资本增长率	26.95	24.66	19.76	17.12	14.51
利润增长率	47.54	7.74	10.48	5.69	6.56

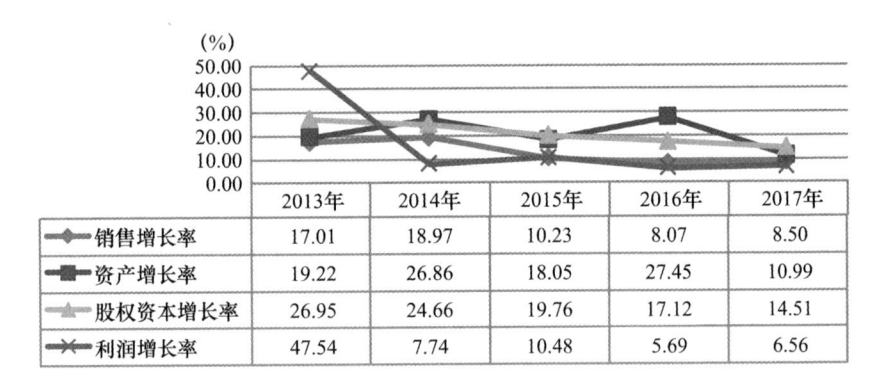

图 4-13 发展能力指标变化趋势

三 课堂讨论与教师点评

针对该组学生案例，课堂讨论问题及教师总结如下：

1. 偿债能力分析中没有考虑其他因素对偿债能力的影响，如何进行该部分的深入分析？

可以考虑报表及附注中对或有负债、担保责任、租赁业务及企业再融资行为的信息披露，进而分析其他因素对偿债能力的影响。

2. 营运能力分析深度不够，在周转率指标下降时，只是说明是由于收入变化率小于相应资产变化率导致的，但没有究其根本原因。那么，如何分析云南白药周转率下降的原因？

本着由果及因的分析思路，我们先看总资产周转率逐年下降，是由流动资产周转率逐年下降拖累导致的；而流动资产周转率逐年下降，是因为应收账款和存货的周转率也都出现下降，那么必然会带动流动资产周转率逐年下降。应收账款和存货的周转率分别出现下降是由公司放宽了信用政策和公司的存货积压、销售水平相对下降所致。另外还要具体结合应收账款和存货的相关附注进一步分析。

3. 获利能力分析中没有行业对比分析，会出现什么问题？没有营业利润率指标的分析，会让我们在对利润形成过程及形成原因的分析中产生怎样的缺失？

首先，没有行业对比分析，不能反映行业一般盈利水平。其次，如果该行业所属某公司获利水平下降，无法证明是行业整体盈利水平下降所致，还是公司自身原因所致。

没有营业利润率分析，则无法进行毛利率、营业利润率的对比分析，意味着期间费用对利润的影响分析缺失。而且，营业利润率、净利率的对比分析，可以反映非经常性损益对净利的影响，此案例分析者没有考虑到如此重要的营业利润率分析。

4. 发展能力分析的重点是企业增长率指标的趋势表现，还是产生趋势表现的原因分析？

显然我们的分析中不仅要表现企业增长的趋势，更重要的是增长原因的分析。如本案例中收入增长原因分析不明，可进一步根据附注、分部报告信息等分产品、分地区对收入增长原因进行分析。

5. 没有结论与对策，分析报告不完整。

第三节 LZ公司财务能力分析的学生作品

一 偿债能力分析

（一）短期偿债能力

我们采用流动比率和速动比率对公司短期偿债能力进行分析。其中，速动资产是流动资产减去存货的余额。由于医药制造业化学制剂类上市公司共有55家，LZ公司处于行业领先位置，所以本书选取与LZ公司规模相近（即总资产大于100亿元）的七家上市公司进行行业对比。

图4-14和图4-15分别为LZ公司流动比率和速动比率近5年的变动情况以及与行业内其他公司的比较分析。可以看出，从2012—2015年，

LZ 公司的流动比率和速动比率呈缓慢下降趋势，说明公司短期偿债能力有所减弱。到 2016 年流动比率和速动比率有了大幅度的增长，这主要是由 2016 年非公开发行 A 股股票，收到募集资金，导致货币资金同比增加了 158.29%。但通过行业对比发现，除了恒瑞医药之外，与其他公司的差距不是很大，处于中等偏上水平。

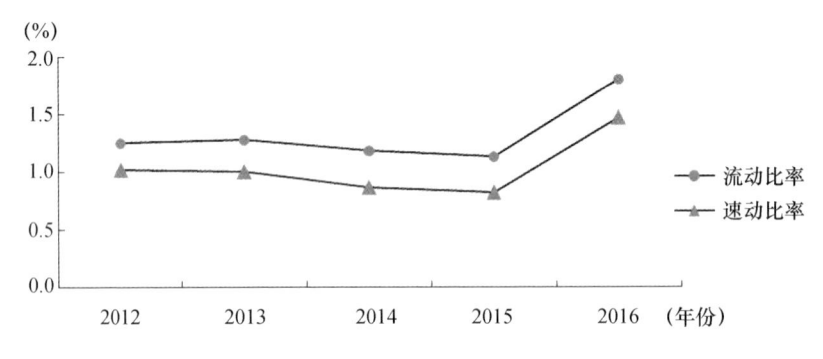

图 4-14　LZ 公司 2012—2016 年流动比率和速动比率

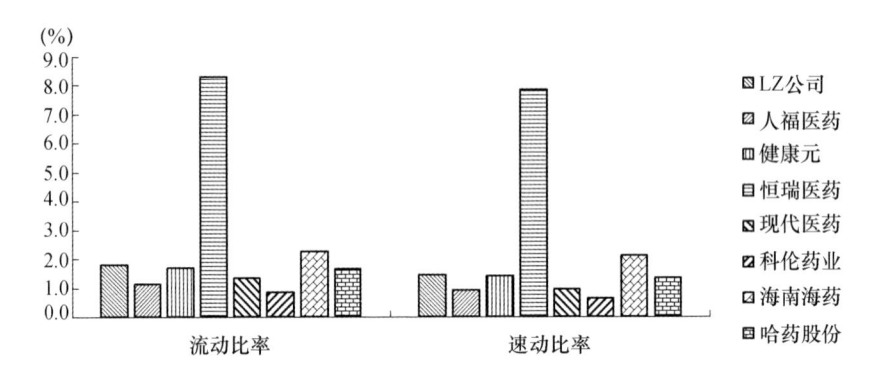

图 4-15　中国医药制造业化学制剂类上市公司 2016 年流动比率和速动比率

（二）长期偿债能力

通过对资产负债率和权益乘数的分析，进一步了解公司的资本结构。图 4-16 和图 4-17 分别为 LZ 公司资产负债率和权益乘数近五年的变动情况以及与行业内其他公司的比较分析。可以看出，公司资产负债率和权益乘数都在逐年递减，表明其财务风险正逐渐减小，长期偿债能力较强。到 2016 年下降幅度较大，查阅财务报表及附注发现，2016 年由于非公开发行股票产生股本溢价导致资本公积较年初增加了3.6倍。并且从行业对比看出，2016年，公司的资产负债率和权益乘数均低于行业内其他公司，只超过了恒瑞医药一家公司，说明公司开始降低债权筹资比例，主要依赖股权筹资。

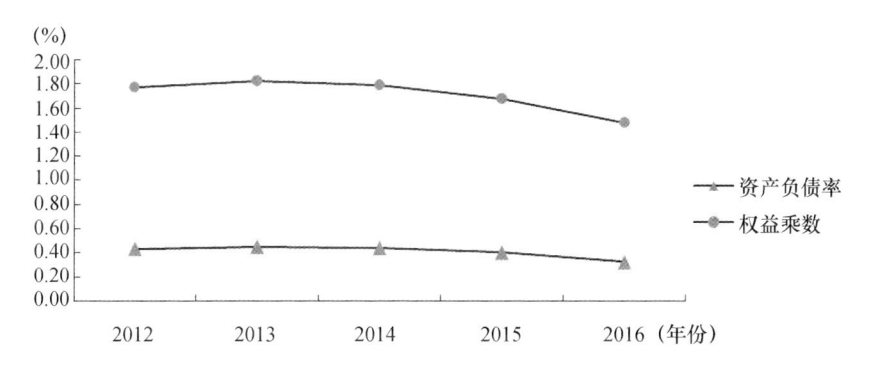

图4-16　LZ公司2012—2016年资产负债率和权益乘数

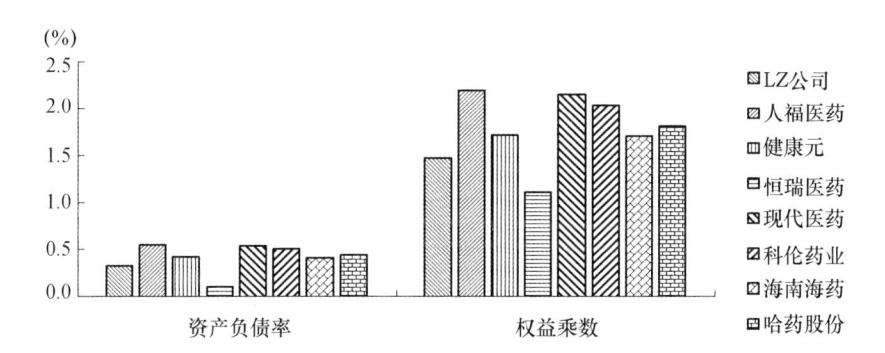

图4-17　中国医药制造业化学制剂类上市公司
2016年资产负债率和权益乘数

总体分析可知，公司2012—2015年的短期偿债能力在减弱，即使2016年有大幅度的增加，但是依然处于行业中等偏上位置。长期偿债指标表现较好，债权比例在逐年减弱，但这会导致公司资本成本的上升，未来公司可以适当加大对财务杠杆效应的利用，但是也要保证财务风险在可控范围内。

二　盈利能力分析

采用五个常用的盈利能力比率作为评价指标。从图4-18可以看出，LZ公司五年来除销售毛利率有缓慢上升的趋势之外，其余指标均保持稳定，甚至2016年的净资产收益率有明显的下降，说明LZ公司近几年的盈利能力较弱。但是跟行业内其他公司相比（见图4-19），各项盈利能力指标只低于恒瑞医药，表明LZ公司的盈利能力在行业内处于领先水平。而根据对LZ公司及可比公司的销售费用率和管理费用率的分析（见图4-20），发现LZ公司的销售费用占收入的比重过高，而管理费用控制较好，低于行业内其他公司。企业在未来制定发展策略时，应当合理控制成本及各项费用的支出，增强公司的盈利水平。

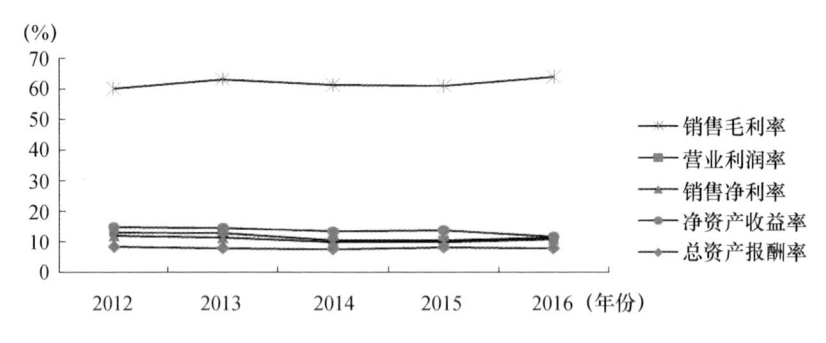

图4-18　LZ公司2012—2016年盈利能力分析

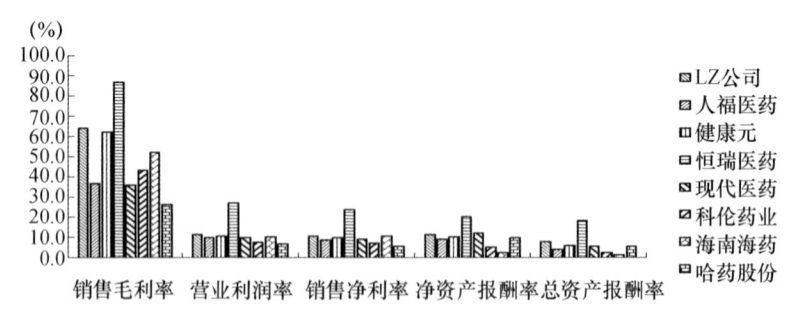

图4-19　中国医药制造业化学制剂类上市公司2016年盈利能力分析

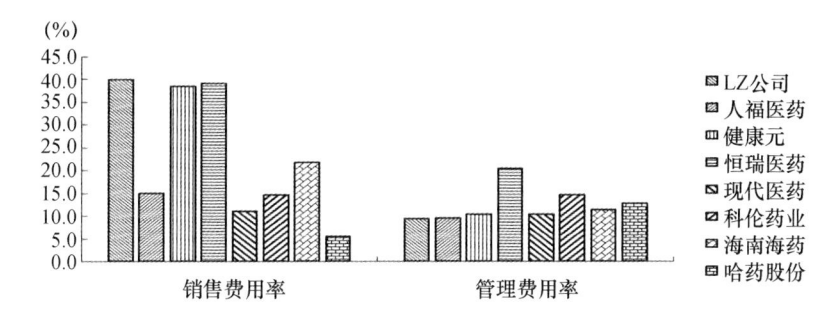

图 4-20 中国医药制造业化学制剂类上市公司 2016 年费用率分析

三 营运能力分析

图 4-21 为 LZ 公司的各项营运能力指标。可以看出，公司的应收账款周转率和固定资产周转率变动幅度较大，由于 2013 年公司进行销售渠道整合，加大与经销商的合作力度，现款客户减少，导致应收账款比 2012 年增长了 36.09%，之后公司加大了回款力度，营运能力逐渐好转。固定资产周转率持续下降，说明公司没有将固定资产很好地加以利用，没有创造更大的效益。流动资产周转率逐年上升，2016 年由于非公开发行股票，流动资产大幅增加，流动资产的利用效率降低，导致盈利能力有所减弱。

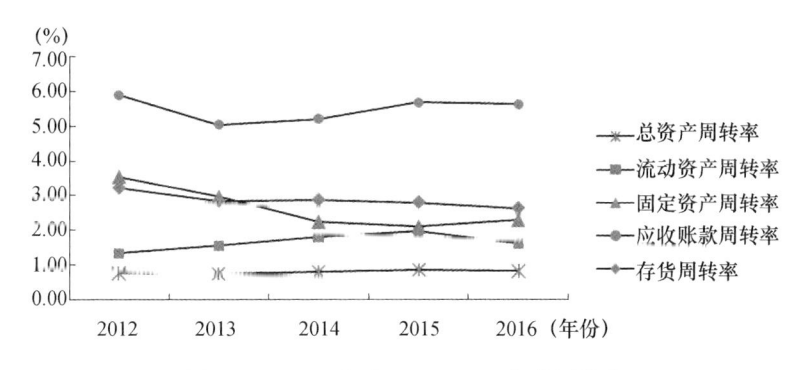

图 4-21 LZ 公司 2012—2016 年营运能力

根据图 4-22，将 2016 年的应收账款周转天数和存货周转天数跟行业内其他公司对比发现，LZ 公司的应收账款周转天数较低，处于行业领先水平，而存货周转率表现不太理想，与其他公司相比，处于中等水平。

另外，结合前文应收账款会计分析，可以看出，公司的应收账款管理水平较高，坏账率稳定。未来公司应当继续加强应收账款回收力度，并进一步完善存货周转管理。

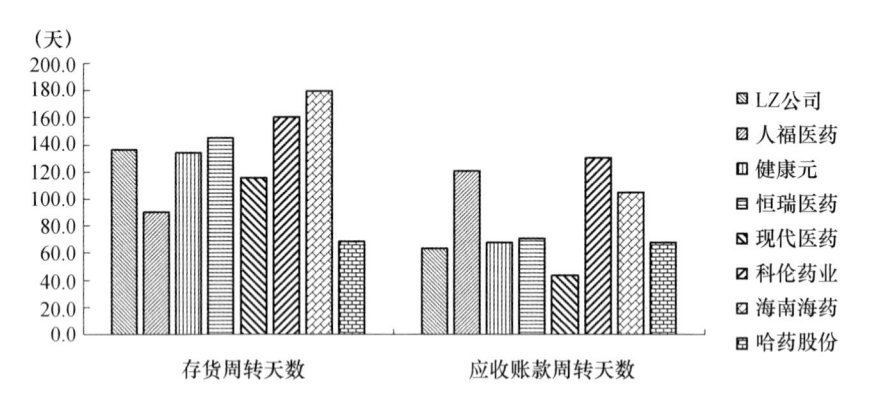

图 4-22 中国医药制造业化学制剂类上市公司 2016 年营运能力

四 成长能力分析

从销售增长、资本规模角度来分析企业的成长能力状况，进一步剖析企业价值的增长。

（一）销售增长分析

采用若干个增长率指标来分析销售的增长。由图 4-23 可以看出，近年来，公司的销售增长水平很不稳定，受到行业整体发展缓慢的影响，营业收入增长率整体呈下降趋势。2014 年，营业利润增长率和净利润增

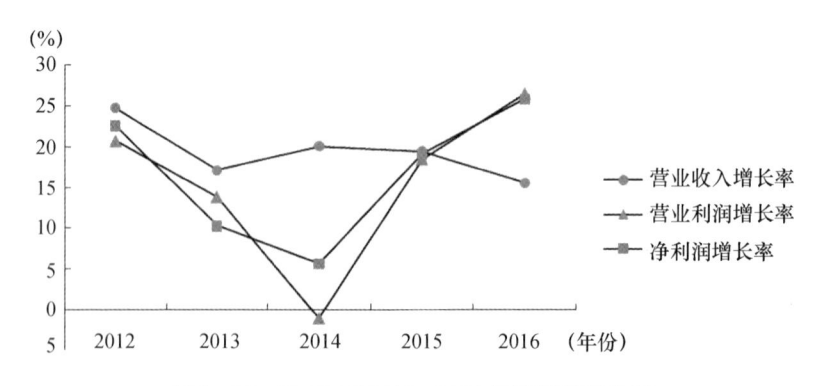

图 4-23 LZ 公司 2012—2016 年销售增长分析

长率大幅度的下降,主要是由于公司在建项目陆续达到转固条件导致资本化利息减少,费用化利息增加,以及汇率变动导致汇兑损失增加等因素的影响,财务费用比2013年上涨了236.84%,致使净利润呈负增长。而从2015年起,公司加强了成本控制,在营业收入增长率下降的情况下,依然能保持营业利润增长率和净利润增长率呈上升趋势。

在与行业内其他公司对比中(见图4-24)可以看出,LZ公司的营业利润增长率和净利润增长率都处于行业领先水平,进一步说明了管理层对成本费用管控相对比较成熟。未来公司应当加大销售渠道,拓宽市场,使营业收入增长率能够保持稳步上升。

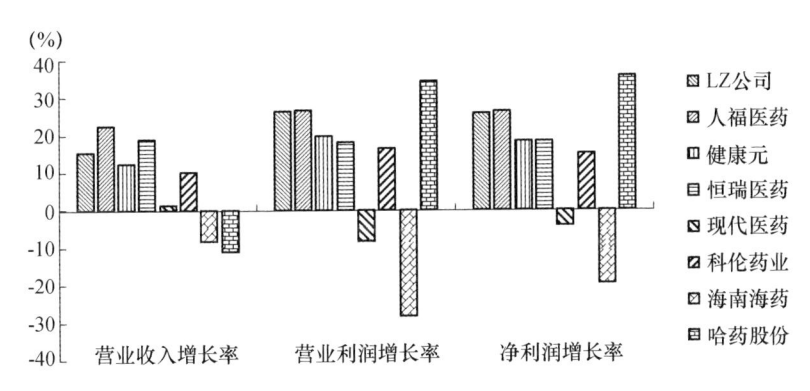

图 4-24 中国医药制造业化学制剂类上市公司 2016 年销售增长能力

(二) 资本增长分析

在研究资本增长时,用到总资产增长率和净资产增长率两个指标来分析。通过图4-25不难发现,2012—2015年公司的总资产增长率不断下降,说明企业近几年迫于行业压力,资本扩张的力度在减小,而净资产增长率在缓慢上升,表明公司这几年并没有采用举债方式满足生产经营活动,这在前文的偿债能力分析也提到过,公司开始降低债权筹资比例,主要依赖内生性融资方式。2016年总资产增长率和净资产增长率都有了大幅增长,主要是公司在2016年非公开发行股票所致。

从图4-26中可以看出,与行业内其他公司相比,LZ公司的净资产收益率表现较好,而总资产收益率处于中等偏上水平。未来企业应当加强资源整合优化,剔除掉盈利能力较差的资产,使公司的资产效用最大化。

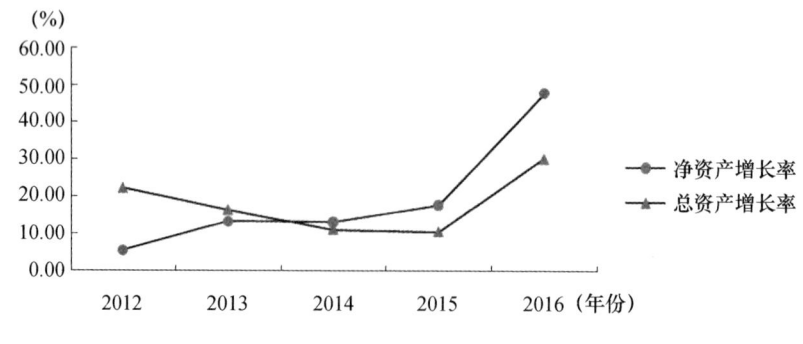

图 4-25　LZ 公司 2012—2016 年资本增长

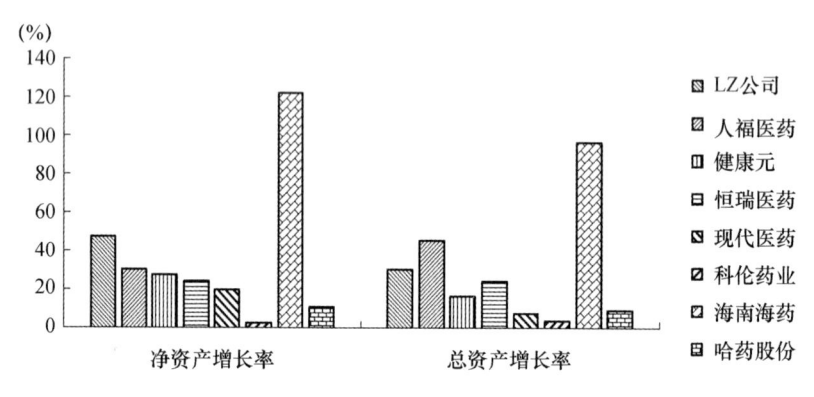

图 4-26　中国医药制造业化学制剂类上市公司 2016 年资本增长能力

第四节　光线传媒财务能力分析的学生作品

一　光线传媒概况

光线传媒（ENLIGHT MEDIA）于 1998 年在北京创建，创始人是王长田，2011 年 8 月 3 日在深交所创业板上市，股票代码为 300251。经过二十年的发展壮大，目前已经是中国最大的影视剧企业之一，在民营传媒公司中居首位，现已发展为国内最大的民营传媒企业，并且在成都和台北等地都开设了办公地。光线的主营业务有电视节目、电影投资、艺人经纪、游戏等，其中以影视节目的创作为核心。2006 年光线发行第一部电影《伤城》后，便大举进军电影业。2014 年，在民营传媒企业中票房最高。在电影制作上光线的定位是成为国内票房第一的电影制作公司的最重要因素。并且光线的优势较大,即它以传媒集团为依靠,这是其他传媒公司不具有的特征。

光线的发展中具有独一无二的优势:一是近20年的发展经验,使其积累了大量的影像资料,为以后的发展打下了坚实的基础;二是跟各大平台都有合作可以更好地推广自己的品牌;三是有稳定的群众基础,光线出台的作品内容新颖,紧跟时代潮流,能够吸引年轻的客户群,占有很大的市场优势;四是拥有一批专业的领军人才。光线凭借其核心竞争力,先进的管理理念,已经成为行业内优秀企业。

二 光线传媒财务能力分析

接下来将从偿债、盈利、营运和发展方面出发,对光线传媒2011—2016年间的财务现状进行研究。以下分析中所使用到的财务数据主要摘取光线年报中涉及的指标数据,数据来源于新浪财经网,并使用Excel软件进行了分析计算。行业数据来源于国资委统计评价局发布的《企业绩效评价标准值》。

(一)偿债能力

企业在对偿债能力分析时,会从短期和长期两方面分别进行,可以全面衡量企业的偿债能力大小。资产负债率越高,说明企业的长期偿债能力越弱,相反,长期偿债能力越强。但无论长期还是短期,财务比率都应该保持在一个正常的区间,不能太大也不能太小,超过正常范围都会引起企业的财务风险。本书在分析光线财务现状时,在短期偿债能力的衡量上,以速动比率和现金流动负债比为主;在长期偿债能力的衡量上,以资产负债率和已获利息倍数指标为主。

1. 短期偿债能力

由表4-18可见,光线传媒2011—2016年的速动比率分别为:16.13%、10.27%、3.12%、1.15%、3.37%、3.29%,现金流动负债比率分别为 -181.45%、-65%、203.16%、-5.53%、40.64%、87.71%。纵向看,光线传媒在2011—2016年这几年间速动比率的变化相对比较稳定,而现金流动负债比率却有很大的波动,2011年和2012年该指标出现负值,说明企业按期偿还债务的能力很差,企业面临较大的短期偿债风险,2013年该指标变大,反映企业的短期偿债能力逐渐变好,但现金流动负债比率变大，说明企业流动资金利用上不够充分，获利能力不强，从2014年该指标逐渐趋于平和，变动趋势相应变缓，2015年和2016年稳中有升，说明企业的短期偿债能力向好的方向发展。横向看，经过和同行业间的财务数据比对，不难看出，速动比率相对较低，整体在行业水平之下，现金流动负债比率在2011年与2012年间很低，基本位于行业较差水平，自2013年起又恢复了比较高的现金流动，2014年出现下降，但之后又逐步趋于行业较好水平。

表4-18　　　　2011—2016年光线传媒短期偿债能力分析表　　　（单位：%）

指标	2011年	2012年	2013年	2014年	2015年	2016年
速动比率	16.13	10.27	3.12	1.15	3.37	3.29
现金流动负债比率	-181.45	-65.00	203.16	-5.53	40.64	87.71

2. 长期偿债能力

由表4-19可见，光线传媒2011—2016年的资产负债率分别为：5.54%、7.79%、14.33%、34.85%、14.88%、22.21%，从以上的财务指标不难发现，光线传媒自上市以来资产负债率不断提升，于2014年成为近几年最高值，2015年出现快速下降，2016年又有一定程度增长。连续六年的资产负债率一直在35%以下，企业负债风险不高。光线传媒2011—2016年的已获利息保障倍数分别为：-2988.2、-1868.9、-2205.7、2064.32、2265.88、6612.52，从数据可以看出，光线自2011年上市直到2013年该指标特别小，反映出光线的获利能力比较差。自2014年开始，该指标上升，说明光线传媒随着获利能力提升，还本付息能力越来越强。

表4-19　　　　2011—2016年光线传媒长期偿债能力分析　　　（单位：%）

指标	2011年	2012年	2013年	2014年	2015年	2016年
资产负债率	5.54	7.79	14.33	34.85	14.88	22.21
已获利息保障倍数	-2988.20	-1868.90	-2205.70	2064.32	2265.88	6612.52

(二) 盈利能力

盈利能力高,则企业在偿债时有能力运用盈利所产生的资金流进行外债偿还,不需要由资金困难而出售、抵押自有资产而进行债务偿还。所以说,盈利能力的大小可以表现出企业是否增值,也表现出企业发挥杠杆作用的主观能动性。在分析光线传媒盈利能力时以总资产报酬率、成本费用利润率、净资产收益率和营业利润率为主。表 4-20 反映了光线传媒 2011—2016 年间上述指标的具体情况。

表 4-20　　　　2011—2016 年光线传媒盈利能力分析表　　（单位：%）

指标	2011 年	2012 年	2013 年	2014 年	2015 年	2016 年
净资产收益率	9.83	16.59	14.78	10.41	5.85	10.53
成本费用利润率	44.68	60.27	75.61	51.14	40.07	73.20
总资产报酬率	10.85	15.97	14.27	8.19	5.97	9.21

光线传媒 2011—2016 年间的净资产收益率依次为：9.83%、16.59%、14.78%、10.41%、5.85%、10.53%,该指标越大,则股权资本为企业带来收入越大。从以上数据不难发现,光线传媒的净资产收益率近几年一直处于正常范围,与行业对比发现位于行业的优秀值以上。光线传媒 2011—2016 年的成本费用利润率依次是：44.68%、60.27%、75.61%、51.14%、40.07%、73.20%,成本费用利润率可以反映资源消耗和获得利润之间的联系,即投入和产出之间的对比关系。从以上数据不难发现,光线传媒的成本费用利润率近几年呈下滑状态,但 2016 年明显回升。光线传媒 2011—2016 年的总资产报酬率依次是：10.85%、15.97%、14.27%、8.19%、5.97%、9.21%,总资产报酬率体现的是光线运用自身全部资产获取收益的大小,该值越高,说明光线的投入产出能力越高。由以上的指标数值可以发现,光线传媒的总资产报酬率近几年发展不太好,连年下滑,虽然在 2011—2013 年位于行业优秀值,然而 2014—2016 年下降,体现投入产出水平降低。通过分析不难得到,光线的盈利能力比较强,基本处于行业优秀发展水平,但纵向来看,处于整体下滑态势,至 2016 年有所回升。表 4-20 体现了光线盈利能力的变化。

(三) 营运能力

营运能力可以体现出光线传媒资金运营的能力，保持好的营运能力可以帮助企业稳定有序的成长，减少发展阻力，而营运能力的大小可以从流动资产周转率、总资产周转率以及资产现金回收率等几个财务比率中体现出来。从表4-21可见光线传媒2011—2016年间营运能力指标的具体数据。

表4-21　　　　　　2011—2016年光线传媒营运能力分析

指标	2011年	2012年	2013年	2014年	2015年	2016年
总资产周转率（次）	0.61	0.51	0.38	0.32	0.23	0.20
流动资产周转率（次）	0.66	0.57	0.57	0.69	0.52	0.50
资产现金回收率（%）	-0.10	-0.05	0.29	-0.02	0.05	0.08

光线传媒2011—2016年间流动资产周转率（次）依次是：0.66、0.57、0.57、0.69、0.52、0.50，一般来说，该比值越高，反映企业能合理利用流动资产，通过流动资产的加速运作使企业获得成长。和行业标准值比对得到，光线的流动资产周转率很低，位于行业均值以下，表明光线在流动资产的利用上效率低下，无法通过流动资产的高速流转获得企业的快速发展。2011—2016年光线传媒的总资产周转率（次）依次是：0.61、0.51、0.38、0.32、0.23、0.20，总资产周转率可以体现出光线运用总资产获取利润的能力，光线近六年的总资产周转率一直向良性方向发展，指标连续上升，总体的周转水平在行业均值上下浮动，反映光线总资产的营运能力发展还可以，属于一般水平。2011—2016年光线的资产现金回收率依次为：-0.10%、-0.05%、0.29%、-0.02%、0.05%、0.08%，资产现金回收率可以衡量某些经济活动所引发损失的多少，从以上数据中可以看到，指标数值很低，近几年一直在较差水平，说明企业发展运营中可能会发生损失。和同行业的数据对比中看到，近几年光线的资产现金回收率位于较低值以下，这个水平反映了光线有较大的损失，可能有一定的风险因子。通过分析可以发现，光线的营运能力不强。

（四）发展能力

发展能力是一个企业获得长久稳定发展的保证，具有高成长性的企业它的获利能力较强，周转速度快，对发展能力进行研究，可以找出阻碍企业成长性的相关指标，并有的放矢地增强企业整体的成长能力，使企业长久稳定地向前发展。表4-22表现了光线传媒2011—2016年发展能力的主要数据。

表4-22　　　　　2011—2016年光线传媒发展能力分析　　　（单位：%）

指标	2011年	2012年	2013年	2014年	2015年	2016年
主营业务收入增长率	45.52	48.13	-12.54	34.72	25.06	13.66
资本保值增值率	771.39	111.22	111.59	146.30	214.70	102.10
营业利润增长率	77.05	76.04	3.69	6.98	5.19	83.43
总资产增长率	364.56	13.93	20.11	92.38	64.32	11.73

光线传媒2011—2016年的主营业务收入增长率依次是：45.52%、48.13%、-12.54%、34.72%、25.06%、13.66%，体现了企业有较强的发展势头，并且不需要更新现有主营业务。近几年的资本保值增值率分别为771.39%、111.22%、111.59%、146.30%、214.70%、102.10%，从数据可以看到，该企业的资本保全状况比较好，该项指标较高，也反映出债权人的债务有保障，企业发展后劲较强，但近几年该指标逐年下降，也反映出其成长能力有所下降。营业利润增长率分别为77.05%、76.04%、3.69%、6.98%、5.19%、83.43%，总资产增长率分别为：364.56%、13.93%、20.11%、92.38%、64.32%、11.73%，从行业水平进行分析，光线传媒的主营业务收入增长率、营业利润增长率以及总资产增长率都在正常范围之内，且都低于行业均值，说明光线传媒要想更进一步的发展，还需要继续努力。

第五章

现金流量分析的参与式教学实施

第一节 现金流量表分析的理论知识

一 现金流量表项目分析

（一）经营活动现金流量分析

正常情况下的经营活动现金流量除了要维护企业经营活动的正常周转外，还应该有足够的补偿经营性长期资产折旧与摊销，以及支付利息和现金股利的能力。

对于那些商品经营活动和劳务提供活动在企业各类活动中占有较大比重的企业来说，经营活动的现金流量是企业短期内最稳定、最主动、最可以寄予希望维持企业经常性资金流转和扩大再生产的现金流量。在投资收益所对应的现金流入量经常表现为具有较强的波动性的情况下，企业经营活动的现金流量净额主要将用于下列用途：

1. 补偿本年度固定资产折旧和无形资产摊销等摊销性费用

从企业现金流转的基本情况来看，企业在固定资产、无形资产等长期经营性资产方面产生的现金流出量，将会通过两种途径得到补偿。

（1）固定资产、无形资产使用一定时期以后，通过"处置"的方式，补偿一部分现金。显然，对于相当多的固定资产（如机器设备、办公设备）而言，这种未来的现金流入量将很难全部补偿企业在固定资产投入使用以前对特定固定资产的现金流出量，而对于无形资产而言，由于无形资产未来价值走向的不确定性，我们很难判断这种未来处置所引起的现金流量的规模，因而也就不能期待通过此种方式全部补偿企业在无形资产投入使用以前对特定无形资产的现金流出量。

(2) 在固定资产、无形资产的未来经营性使用中，通过"固定资产折旧、无形资产摊销和长期资产摊销"的方式，分期补偿。补偿速度取决于折旧速度和摊销速度。从企业三类基本活动的状况来看，经营性长期资产为企业的未来经营活动奠定了必要的基础。因此，经营性长期资产在取得过程中的现金流出量的正常补偿途径应该是其在未来经营性使用中，通过"固定资产折旧、无形资产摊销和长期资产摊销"的方式，来分期补偿。但是，必须强调的是，企业通过此方式补偿的经营性资产现金流出量的速度取决于企业的折旧速度和摊销速度。折旧速度主要取决于企业所选择的折旧政策，长期资产的摊销速度则主要取决于企业取得相应资产时的预计取得时间（如企业外购无形资产的约定期限等）。

2. 支付利息费用

企业所发生的利息费用，按照主要用途可以分为经营性使用（在利润表中计入当期财务费用）、对外股权投资、债权投资使用（在利润表中也计入当期财务费用）和购建固定资产费用（在固定资产达到预计可使用状态以前的利息计入固定资产成本，在固定资产达到预计可使用状态以后的利息计入当期财务费用）。在现金流量表上，上述不同用途的利息费用所引起的现金流出量均归于筹资活动现金流出量。但是，从根本上来说，处于正常持续经营期间的企业不能指望通过筹资活动的现金流入量（主要是股东投资和借款）来支付利息。因此，尽管上述不同用途的利息费用虽然由于其费用归属不同而被归入了不同的利润表项目和资产负债表项目，所引起的现金流出量也被归于筹资活动，但是，从良性发展的角度来看，企业的经营活动应该对其利息支付有足够的能力。

3. 支付本年现金股利

企业宣布发放的现金股利，一般应以本年度净利润和累计可供股东分配的利润为基础，在以经营活动为主体的企业，其当年的营业利润应该对当年的净利润及对当年的现金股利分配有重要贡献。这就要求企业当期经营活动产生的现金流量对当期的现金股利支付有较强的保障能力。

4. 补偿本年度已经计提但应由以后年度支付的应计性费用

企业在本年度已经计提但应由以后年度支付的应计性费用，尽管所引起的现金流出量在未来，但由于其用途在本期，因此，其补偿也应由在本会计期间的经营活动现金流入量来解决。

5. 为企业对内扩大再生产、对外进行股权和债权投资提供额外的资金支持

在企业经营活动现金流量用于上述用途还有富余的情况下，企业经营活动剩余的现金流量可用于企业对内扩大再生产、对外进行股权和债权投资提供资金支持。但是，必须注意的是，企业以此种方式积累货币资金主要取决于经营活动状况，因而其速度和力度通常难以满足企业由于对内扩大再生产、对外进行股权和债权投资所引起的对现金的集中支付要求。

这就产生了一个问题：投资收益也会产生现金流量，也可以用于上述各个用途。为什么对经营活动的现金流量提出如此高的要求？

确实，投资收益也会产生现金流量，也可以用于上述各个用途。但是，除了投资的出售价格高于买入价格所引起的投资收益（主要发生在短期投资和对长期投资的处置上）企业可以直接获得现金流量以外，不论是债权投资收益（利息收益），还是股权投资收益（既可以权益法确认，也可以成本法确认），其所引起的现金流量均取决于被投资者的现金支付能力。对投资者而言，完全不像经营活动的现金流量那样有直接的控制能力，因此，在正常的分析中，对投资收益所引起的现金流入量宜作为"意外的惊喜"来处理，不宜对投资收益带来的现金流量寄予太大的希望。这样分析更审慎，有利于企业掌握对现金流量规划的主动性。

（二）投资活动现金流量分析

投资活动中的对外投资现金流量和经营性长期资产现金流量的补偿机制不同，在整体上反映了企业利用现金资源的扩张状况。

企业投资活动的现金流量可以分成两类：对外投资现金流量和经营性长期资产现金流量，两类现金流出量的补偿机制并不相同。

1. 对外投资现金流出量的补偿机制

企业某会计期间的对外投资现金流出量的补偿状况，均会在投资活动现金流量的有关项目中反映出来。主要的补偿方式和表现如下。

（1）将本会计期间取得的投资对外出售变现。这种情况的现金流入量将反映在本会计期间的投资活动现金流入量中。企业所进行的经常性

短期投资交易属于此类。对于大多数较少从事短期投资的企业而言，此种业务并不多见。

（2）本会计期间取得的投资在未来会计期间对外出售变现。这种情况的现金流入量将反映在未来会计期间的投资活动现金流入量中。企业跨会计期间从事股权和债权的购销交易时所进行的投资就属于此类，我国现阶段大多数企业的对外投资或长期持有，或跨年度变现，因而采用此种现金流转模式的企业较多。

（3）本会计期间取得的投资长期持有，其现金流出主要靠投资收益来补偿。在这种情况下，企业对外投资的未来补偿，主要靠股权投资的现金股利和债权投资的利息所引起的现金来补偿。

在上述补偿方式中，除了第一种情况外，其他两种方式或者未来收回现金引起的现金流入的时间与原投资间隔较长，或者未来取得投资收益的规模远远小于原投资的现金流出量。因此，在特定会计期间，如果上述对外投资所引起的现金流出量大于对外投资产生的现金流入量，则说明当期企业的对外投资呈现出扩张的主流，反之，如果上述对外投资所引起的现金流出量小于对外投资产生的现金流入量，则说明当期企业的对外投资呈现出回收的主流。

2. 经营性长期资产现金流出量的补偿机制

前已述及，经营性长期资产现金流出量的补偿机制的特点是：第一，经营性长期资产（固定资产、无形资产等）在使用一定时期以后，通过"处置"的方式，补偿一部分现金。第二，在经营性长期资产的未来经营性使用中，通过"固定资产折旧、无形资产摊销和长期资产摊销"的方式，分期补偿。这就是说，在特定会计期间，如果上述经营性长期资产所引起的现金流出量大于处置经营性长期资产所产生的现金流入量，则说明当期企业的经营性长期资产呈现出增加的主流。反之，如果上述经营性长期资产所引起的现金流出量小于经营性长期资产所产生的现金流入量，则说明当期企业的经营性长期资产的变化主流是收缩或调整当期经营性长期资产的结构与规模。

（三）筹资活动的现金流量分析

筹资活动的现金流量应该适应企业经营活动、投资活动的需要，在整体上反映企业融资状况及其成效。

筹资活动的现金流量,既是企业经营活动、投资活动的发动机,又可能因投资活动、经营活动之需而引起。但其运作状况,从总体上看应该是适应性的——应该适应企业经营活动、投资活动的需要,在企业经营活动、投资活动需要现金支持时,筹资活动应该及时足额地筹到相应资金;在企业经营活动、投资活动产生大量现金时,筹资活动应该及时地清偿相应贷款,避免不必要的利息支出。

因此,企业筹资活动的现金流量与经营活动、投资活动的适应状况,或者反映了企业在一定融资环境条件下的融资状况,或者反映了企业的融资能力。

二 现金流量净额的类型分析

由于特定时期的现金收支很容易大起大落,如企业能满足支付且可以通过在会计期末变卖资产或者举债增加现金存量,则现金流量净额并不重要,重要的是现金流量要素的趋势和各要素之间的关系。

经营活动、投资活动以及筹资活动产生的现金流量之间的关系,因企业的行业和各个要素之间的关系特点、企业的成熟度等而异。按照各个活动分类产生的现金流量净额是正数还是负数,企业的现金流量状态呈八种类型,如表5-1所示。

表5-1　　　　　　　　现金流量的类型

活动类型	1	2	3	4	5	6	7	8
经营活动	正	正	正	正	负	负	负	负
投资活动	正	负	正	负	正	负	正	负
筹资活动	正	负	负	正	正	正	负	负
现金流量净额	正	—	—	—	—	—	—	负

表5-1给出了八种现金流量关系的类型。

类型1,该类企业的流动性非常强。它通过经营活动,投资活动和筹资活动多方收拢现金。这种现象通常出现在计划收购其他企业的报表中。

类型2,该类企业非常安定。它的经营活动产生了大量的现金。这些现金除了用于新增固定资产外还有剩余可用来归还以前的借款。

类型3，该类企业的经营现金流量净额和投资现金流量净额均为正数，而筹资现金流量净额为负数。这说明企业在缩小现金流量的规模。一般情况下，经济不景气、企业在整顿清理时，如缩减员工、收缩资本规模时可能出现这种情况。

类型4，该类企业尽管经营活动产生了正的现金流量净额，但不足以满足固定资产投资，还要从外部筹措资金以满足需要。

类型5，该类企业的经营现金流量净额为负数。经营现金流量的不足，依靠类似于出售固定资产以及从外部筹措资金等方法予以补充。

类型6，该类企业的经营现金流量净额和投资现金流量净额均为负数，而筹资现金流量净额为正数，与类型3正好相反。这种现象一般出现在高度成长企业。该类企业尽管取得了利润，但由于应收账款、存货等的增加，经营现金流量净额为负数。同时，为了满足高度成长不得不进行大量的固定资产投资。现金的不足则通过外部筹资和动用以前的现金予以弥补。

类型7，该类企业除了投资现金流量净额为正数外，其余均为负数。这种现象可能反映为了弥补经营现金流量的不足和还债或偿还股本，不得不变卖资产的情况。这种情况多见于由于负债和所有者权益的减少以及不健全的经营活动，规模也随之缩小的企业。

类型8，该类企业的所有现金流量净额均为负数。这种状况极为异常。出现这种情况往往和企业的持续经营能力有关。

上述分类可以作为现金流量分析、判断的一般性的参考。"一般性的"内涵是有关的分类说明建立在固定资产投资是投资现金的主要用途这一假设上。

如果投资现金流量的主要内容是证券投资，则企业的状况将不同于上述分类所示。如类型3的投资现金流内容为证券投资，不反映企业经营状况的不良；类型6的投资内容为证券投资，不反映企业将来的创造能力高下。总之，具体分析时应该参考其他财务数据和信息综合评价现金流量的变动，绝不可以生搬硬套。表5-2为四川长虹电器股份公司的现金流量类型。

表5-2　　　　四川长虹电器股份公司的现金流量类型　　　（单位：百万元）

活动分类	2000年	2001年	2002年	合计
经营活动	2275	1373	-2988	660
投资活动（剔除后）	-1062	-1023	-256	-2341
筹资活动	8	-222	1445	1231
现金流量净额	1221	122	-1799	-456
类型	类型4	类型2	类型6	类型4

从上述四川长虹连续三年的现金流可以看出，这三年，长虹现金流量发生了巨额的变化。2000年时，该企业现金流非常充裕，经营活动创造大量的现金流，完全可以满足投资活动的现金流需求。12.21亿元的现金流量净额反映在资产负债表上，会发现该企业资产负债表中，货币资金从年初到年末增量巨大。2001年，虽然经营活动现金流量只有2000年的一半多，但是依然有近14亿元的经营活动现金流量，能够满足投资活动的需要。因此，作为适应性活动的筹资活动所表现的是很低的现金流量净额。但是在2002年，事情产生了大反转，2002年经营活动的现金流下降极其迅猛，经营活动现金净流量为负的近30亿元，意味着当年经营活动现金流出量比经营活动现金流入量多了近30亿元。那么如此大的缺口该如何弥补呢？只有通过两种方式：第一，投资活动满足经营活动的现金不足，如大量变卖固定资产、无形资产；或是大量撤回原有的对外投资。但是企业并没有这样做，因为投资活动的现金流仍然为负。企业没有采取这种措施的原因可能是要么是企业其他方式可以满足企业现有的经营活动的资金短缺，要么是以投资活动的处置与撤回解决资金不足时总会让企业"伤筋动骨"。第二，筹资活动满足经营活动的现金不足，大举负债或筹集股权资金。显然，该企业通过债务筹资，解决了14.45亿元的资金需求。第三，动用现有现金存量。从表5-2可以看出，该企业2000年与2001年经营活动现金流量都较充裕，除满足投资现金需求外，分别形成12.21亿元与1.22亿元的现金积累，在2002年便将前两年所积攒的现金流消耗殆尽，三年合计现金流量实际是下降了4.56亿元。

如果我们再进一步去看该企业的附注，就会发现2002年，企业为了扩大对外销售，找到了美国的 APEX 公司。但是该公司实际信用信誉水平并不好，企业在未做好信用调查时，盲目出口给美国的销售额达 50.38 亿元，而当年的总营收只有 121 亿元，对 APEX 公司应收账款达到了 38.29 亿元，虽然在当年的利润表上仍表现出高额利润，但现金流量表已表现出大额的经营活动现金净流出。事实证明对 APEX 公司 38.29 亿元的应收账款最后形成了大量的坏账，2004 年该企业被迫对此笔应收账款计提了 25.97 亿元的坏账准备，导致企业巨亏。

三 现金流量表的结构分析

（一）经营活动现金流量结构分析

经营活动现金流量结构分析是在现金流量表相关数据的基础上，进一步明确经营活动现金流入、现金流出和现金余额的构成，以揭示各项数额在其所属的总额中的相对意义。

（1）经营活动产生现金净流量比重

$$经营活动产生现金净流量比重 = \frac{经营活动产生的现金净流量}{现金及现金等价物净增加额}$$

（2）经营活动产生的现金流入占现金总流入的比重

$$\frac{经营活动产生的现金流入}{占现金总流入的比重} = \frac{经营活动产生的现金流入}{现金流入总计}$$

（3）经营活动产生的现金流入结构比率

$$\frac{经营活动产生的现金}{流入结构比率} = \frac{经营活动产生的现金流入明细项目}{经营活动现金流入量小计}$$

（4）经营活动产生的现金流出占现金总流出的比重

$$\frac{经营活动产生的现金流出}{占现金总流出的比重} = \frac{经营活动产生的现金流出}{现金流出总计}$$

（5）经营活动产生的现金流出结构比率

$$\frac{经营活动产生的现金}{流出结构比率} = \frac{经营活动产生的现金流出各明细项目}{经营活动现金流出量计}$$

（二）投资活动现金流量结构分析

投资活动现金流量结构分析是在现金流量表相关数据的基础上，进一步明确投资活动现金流入、现金流出和现金余额的构成，以揭示各项数额在其所属的总额中的相对意义。

(1) 投资活动产生现金净流量比重

$$投资活动产生现金净流量比重 = \frac{投资活动产生的现金净流量}{现金及现金等价物净增加额}$$

(2) 投资活动产生的现金流入占现金总流入的比重

$$\frac{投资活动产生的现金流入}{占现金总流入的比重} = \frac{投资活动产生的现金流入}{现金流入总计}$$

(3) 投资活动产生的现金流入结构比率

$$\frac{投资活动产生的现金}{流入结构比率} = \frac{投资活动产生的现金流入明细项目}{投资活动现金流入量小计}$$

(4) 投资活动产生的现金流出占现金总流出的比重

$$\frac{投资活动产生的现金流出}{占现金总流出的比重} = \frac{投资活动产生的现金流出}{现金流出总计}$$

(5) 投资活动产生的现金流出结构比率

$$\frac{投资活动产生的现金}{流出结构比率} = \frac{投资活动产生的现金流出各明细项目}{投资活动现金流出量小计}$$

(三) 筹资活动现金流量结构分析

筹资活动现金流量结构分析是在现金流量表相关数据的基础上，进一步明确筹资活动现金流入、现金流出和现金余额的构成，以揭示各项数额在其所属的总额中的相对意义。

(1) 筹资活动产生现金净流量比重

$$筹资活动产生现金净流量比重 = \frac{筹资活动产生的现金净流量}{现金及现金等价物净增加额}$$

(2) 筹资活动产生的现金流入占现金总流入的比重

$$\frac{筹资活动产生的现金流入}{占现金总流入的比重} = \frac{筹资活动产生的现金流入}{现金流入总计}$$

(3) 筹资活动产生的现金流入结构比率

$$\frac{筹资活动产生的现金}{流入结构比率} = \frac{筹资活动产生的现金流入明细项目}{筹资活动现金流入量小计}$$

(4) 筹资活动产生的现金流出占现金总流出的比重

$$\frac{筹资活动产生的现金流出}{占现金总流出的比重} = \frac{筹资活动产生的现金流出}{现金流出总计}$$

(5) 筹资活动产生的现金流出结构比率

$$筹资活动产生的现金流出结构比率 = \frac{筹资活动产生的现金流出各明细项目}{筹资活动现金流出量小计}$$

四　现金流量表的比率分析

(一) 现金流量的比率分析

现金流量比率分析是通过计算现金流量与相关项目数据的比值来揭示企业财务运行的特征、规律和状况。运用比率分析可以将企业的现金流量表数据与资产负债表、利润表相关数据结合起来，综合判断企业的财务状况、经营成果以及收益质量。通过现金流动性和支付能力的分析，可以对企业的偿债能力做出更稳健的判断和评价；通过财务弹性和收益质量的分析，可以对企业以权责发生制为基础的净收益的质量做出准确的判断和评价。

(二) 现金流动性分析

现金流动性是指企业将资产迅速转换为现金的能力，现金流动性分析主要考察企业经营活动产生的现金流量与债务之间的关系。主要指标包括：负债保障率、到期债务本期偿付比率等。

1. 负债保障率

负债保障率是以年度经营活动所产生的现金净流量与全部债务总额相比较，表明企业现金流量对其全部债务偿还的满足程度。其计算公式为：

$$负债保障率 = \frac{经营活动现金净流量}{流动负债 + 长期负债}$$

负债保障率是债权人所关心的一种现金流量分析指标，一般来讲，经营活动现金净流量与债务总额之比的数值越高，债务偿还能力越强。另外，在债务成本已知时，该指标可以表现企业可承担的最大债务总额；或债务总额既定时，企业可承担的最高债务成本。如企业债务成本6%，经营活动现金净流量600万元，则企业若以全部经营活动现金净流量偿还债务利息，保证债务利息不违约，企业的负债总额应在 600÷6% =10000 万元的水平。同理，企业的负债总额10000万元，经营活动现金净流量600万元，则企业可承担的最高债务成本为6%。

2. 到期债务现金比率

到期债务现金比率是反映企业现金流量对到期债务本金及利息满足程度的指标。计算公式为：

$$到期债务现金比率 = \frac{经营活动现金净流量}{本期到期债务本金 + 现金利息支出}$$

一般而言，到期债务现金比率越高，说明企业偿付到期债务的能力越强。反之则弱。

（三）获取现金能力分析

企业获取现金的能力是指资金流入与获取资金所投入资源的比值。获取现金能力分析的指标主要有：销售现金比率、每股经营现金流量和全部资产现金回收率。

1. 销售现金比率

销售现金比率是指企业经营活动净现金流入与营业收入的比值，它反映企业通过销售获取现金的能力。计算公式为：

$$销售现金比率 = \frac{经营活动现金净流量}{营业收入}$$

该比率反映每一元销售获得的净现金流量，其比值越大则销售获取现金的能力越强。可以将该指标和销售净利率比较分析企业可能的获利质量。

2. 每股经营现金流量

每股经营现金流量是反映每股发行在外的普通股股票所平均占有的现金流量，或者说是反映公司为每一普通股获取的现金流入量的指标。其计算公式为：

$$每股经营现金流量 = \frac{经营活动现金净流量 - 优先股股利}{发行在外的普通股股数}$$

该指标所表达的实际上是每份股份所具有的现金流量，如果说每股股利表达了权责发生制时每份股份获得的盈利，每股经营现金流量则表达了收付实现制时每份股份获得的经营利润。我们可以将每股经营现金流量与每股股利比较分析企业可能的获利质量，因而每股经营现金流量指标越高，发放现金股利的可能性越大，现金股利的支付保障程度越高，股东们越乐意接受。

3. 全部资产现金回收率

全部资产现金回收率，是指企业经营活动现金净流量与全部资产的比值，反映企业运用全部资产获取现金的能力。计算公式为：

$$全部资产现金回收率 = \frac{经营活动现金净流量}{全部资产}$$

该指标越高则企业运用资产获取现金的能力越强，利用该比率与同行业的平均指标对比分析，还可以辅助判断企业获利能力的高低。还可以将该指标和资产净利率比较分析企业可能的获利质量。

（四）财务弹性分析

所谓财务弹性，是指企业自身产生的现金与现金需求之间的适合程度。反映财务弹性的财务比率主要有现金满足投资比率和现金股利保障倍数。

1. 现金满足投资比

现金满足投资比，是指经营活动现金净流量减去股利和利息支出后的余额，与企业总投资之间的比率。总投资是指固定资产总额、对外投资、其他长期资产和营运资金之和，即长期资产与营运资金之和。该比率反映企业总投资中有多大部分是当年经营活动现金净流量再投资形成的。计算公式为：

$$现金满足投资比 = \frac{经营活动现金净流量 - 股利和利息支出}{固定资产总额 + 对外投资 + 其他长期资产 + 营运资金}$$

现金满足投资比越高说明现金再投资形成的资产占总资产的比越高，同时企业资产的更新资金相对越充裕。企业在不同年份现金满足投资比有区别，高速扩张的年份由于经营活动现金净流量相对不足，而投资需求大，导致现金满足投资比低一些，稳定发展的年份则相反。一般认为，现金满足投资比在10%左右较为理想。

2. 现金股利保障倍数

现金股利保障倍数，是指经营活动净现金流量与现金股利支付额之比。反映企业用年度正常经营活动所产生的现金净流量来支付股利的能力。比率越高，说明企业的现金股利占结余现金流量的比重越小，企业支付现金股利的能力越强。其计算公式如下：

$$现金股利保障倍数 = \frac{经营活动现金净流量}{现金股利支付额}$$

（五）收益质量分析

由于会计利润是会计人员采用权责发生制原则，折旧费用、待摊预提费用采用一定标准和方法进行分配后于当期收入配比的结果，存在被操纵的可能性和现实性。分析企业的收益质量乃至会计报表质量成为当今财务分析不可缺少的环节。

收益质量是企业盈利能力评价的一个重要方面。收益质量主要表现在收益的可持续性和现金保障性两个方面。体现收益可持续性的指标，一般用净收益营运指数表示，也可用扣除非经常损益后的净资产收益率来表示。体现净利润现金保障性的指标主要有现金营运指数等。

1. 净收益营运指数

净收益营运指数是指经营净收益与净利润的比值，说明净利润中来自基本经营业务的利润所占的比重，是从净利润的稳定性或可持续性的角度评价收益质量的指标。

$$净收益营运指数 = \frac{经营净收益}{净利润}$$

$$经营净收益 = 净利润 - 非经营收益$$

非经营收益是指非经营性项目形成的收益，非经营收益的计算可以根据现金流量表补充资料中有关数据计算，主要包括：

（1）处置固定资产、无形资产和其他长期资产的收益。正常情况下资产处置不是企业的主要业务，具有偶然性，其收益不反映企业的核心竞争力，也不具有可持续性。

（2）投资收益。投资收益包括证券投资收益和不具有控制权的直接投资收益。投资收益的多少对于企业来说，可控性较差，因此不具有稳定性。

（3）利息净收入（减利息净支出，即财务费用）、递延税款贷项。

2. 现金营运指数

经营活动现金净流量与净利润实际上不具有可比性，经营活动现金净流量是经营活动现金流入与流出的差额，而净利润是企业一定时期全部收入与全部支出的差额，包含着非经营活动的收入和支出，所以，直接把经营活动现金净流量同净利润相比较，不一定能够准确说明收益质量，把净利润按照与经营活动现金净流量相同的口径进行调整，然后再进行比较，有利于准确说明收益质量。现金营运指数就是把经营活动现金净流量同按照与之可比口径将净利润调整而来的经营应得现金之比，反映营业利润收现程度的指标。

$$现金营运指数 = \frac{经营活动现金净流量}{经营应得现金}$$

经营应得现金是在净利润的基础上按照与经营活动现金净流量相同的口径进行调整计算的经营活动应得的现金净额。经营应得现金的计算可以在经营活动净收益的基础上加上非付现费用计算。非付现费用是指当期不需要用现金支付的成本费用，包括计提的资产减值准备、转销的坏账、固定资产折旧、无形资产摊销、待摊费用减少、长期待摊费用摊销等。

经营应得现金＝净利润＋非付现费用－非经营收益
＝经营活动净收益＋非付现费用

现金营运指数等于或大于1时，一般认为收益质量是好的，说明净收益全部收到了现金；现金营运指数小于1，说明收益质量不高，账面上的利润并没有收到现金，当现金营运指数为负值时，说明收益质量存在严重的问题，甚至应当怀疑利润的真实性。

但是，在根据现金营运指数评价收益质量时，必须注意经营应得现金同经营活动现金净流量差异的具体原因。经营应得现金与经营活动现金净流量差异的原因包括：

第一，经营应得现金未考虑存货的变动，也可能是由于经营活动现金收入有较大部分被用于增加存货，而且有足够的理由说明存货的增加是合理的，由于这种原因导致经营活动现金净流量小于经营应得现金，从而使现金营运指数小于1，此时，不应当认为收益质量不好。

第二，货款预付。同样道理，经营应得现金还未考虑预付货款的变动情况。也可能是由于经营活动现金收入有较大部分被用于货款预付，而且有理由说明货款预付的增加是必要的，由于这种原因导致经营活动现金净流量小于经营应得现金，从而使现金营运指数小于1，此时，也不应当认为收益质量不好。

第三，应付账款。经营应得现金也未考虑应付账款变动的情况。如果由于应付账款较少导致经营活动现金净流量小于经营应得现金，从而使现金营运指数小于1，此时，也不应当认为收益质量不好。

表5-3　　　　　　　　　ABC企业现金流量表　　　　　　　（单位：万元）

年份 项　　目	20×6年	20×5年
一、经营活动产生的现金流量		
销售商品、提供劳务收到的现金	28710.75	28219.75
其他收到的现金	1036.00	
经营活动流入现金小计	29746.75	29844.75
购买商品、接受劳务支付的现金	20949.50	19111.00
支付给职工及为职工支付的现金	2170.25	283.75
其他支付的现金	4499.00	9521.50
经营活动流出现金小计	27618.50	28916.25
经营活动产生的现金净流量	2128.25	928.50
二、投资活动产生的现金流量		
投资活动流入现金小计	758.25	0.50
投资活动流出现金小计	1783.75	9408.75
投资活动产生的现金净流量	-1025.50	-9408.25
三、筹资活动产生的现金流量		
筹资活动流入现金小计	22249.00	37579.25
筹资活动流出现金小计	24295.75	19421.75
筹资活动产生的现金净流量	-2046.75	18157.50
四、汇率变动对现金的影响		
五、现金及现金等价物净增额	-944.00	9677.75

表5-4　　　　　　　　ABC企业现金流量补充资料表　　　　　　（单位：万元）

项目	20×6年	20×5年	说明
净利润	483.00	3635.25	
加：计提的坏账准备或转销的坏账	0	0	非付现费用：2006年 2952.5万元；2005年 2274.25万元
固定资产折旧	2726.50	2174.00	
无形资产及其他资产摊销	51.25	21.25	
待摊费用摊销	174.75	79.00	
处置固定资产等长期资产的损失（减收益）	-75.25	0	非经营收益 2006年：2014万元 2005年：2219.25万元
固定资产盘亏损失	0	0	
财务费用	1174.50	1749.25	
投资损失（减收益）	914.75	470.00	

续表

项目	20×6年	20×5年	说明
存货减少（减增加）	-622.25	-2847.50	经营性资产、负债净增（减）额
经营性应收项目减少（减增加）	-9701.00	-9034.00	
经营性应付项目增加（减减少）	7002.00	4681.25	
经营活动现金净流量	2128.25	928.50	

[例5-1] 根据表5-3、表5-4的资料，ABC企业收益质量指标计算结果如下：

$$20\times6\text{年净收益营运指数} = \frac{483+2014}{483} = 5.17$$

$$20\times5\text{年净收益营运指数} = \frac{3635.25+2219.25}{3635.25} = 1.61$$

$$20\times4\text{年现金营运指数} = \frac{2128.25}{483+2014+2952.5} = 0.39$$

$$20\times3\text{年现金营运指数} = \frac{928.5}{3635.25+2219.25+2274.25} = 0.11$$

从收益的构成上看，企业的净利润全部来自基本经营业务，非经常性项目主要是非经常性损失，导致净收益营运指数远远地大于1，从收益稳定性上看收益质量较好；从现金保证性上看，净利润的收现程度不足40%，虽较上年的收益质量有所提高，但收益质量仍存在较大的问题。

具体原因主要是存货持续增加，通过前面的分析可知，存货增加是由于销售不畅而形成积压，由此而抵减经营现金净流入，不能认为是合理的现象，因此不能改善对收益质量的评价；经营性应收项目大量存在且持续增加，说明收益质量不好；经营性应付项目增加对提高本期营运指数起了积极的影响，但对以后的支付能力产生不利影响，应调低对收益质量的评价。也就是说考虑到经营性应付项目持续大幅增长，企业的收益质量比现金营运指数所反映的收益质量更差。

五　教学任务发布

根据上次所发布任务，学生已完成相应上市公司财务能力分析。但传统的财务能力分析基本沿用比率分析法，且常规财务能力分析大多缺少现金流量分析指标,因此,我们专门做了现金流量表分析的理论知识的介绍。本章要求学生:①运用不同的现金流量分析方法对所选公司进行分析、评价。(至少用到我们讲述的方法,另外,欢迎同学们自学其他可能的方法并应用到你们的案例中)。②分析要有深度,根据公司在现金流量上的表现,发现可能的问题及原因,并给出你们的解决方案。

第二节 现金流量分析的学生作品

一 酒钢宏兴现金流量分析

以下是酒钢宏兴现金流量表使用现金流量项目分析、现金流量净额的类型分析和比率分析等方法进行的报表分析。

(一)现金流量项目分析

该方法主要是对经营活动现金流量、投资活动现金流量、筹资活动现金流量这三个方面分别进行了现金流量表分析。

1. 经营活动现金流量

经营活动现金流主要包括销售商品提供劳务、经营性租赁等收到的现金和购买商品、接受劳务、广告宣传、缴纳税款等支付的现金。酒钢宏兴的经营活动产生的现金流量如表5-5所示:

表5-5　2013—2017年酒钢宏兴的经营活动产生的现金流量

(单位:千万元)

指标	2013年	2014年	2015年	2016年	2017年
销售商品、提供劳务收到的现金	7132	928	5290	3342	3970
客户存款和同业存放款项净增加额	119	0	0	0	0
收到的税费返还	0	0	11	20	502
收到其他与经营活动有关的现金	26	44	47	48	32
经营活动现金流入小计	7159	9328	5338	3390	4003
购买商品、接受劳务支付的现金	6881	8091	4892	2482	3312
支付给职工以及为职工支付的现金	271	254	246	248	278
支付的各项税费	174	163	143	158	130
支付其他与经营活动有关的现金	128	143	88	67	79
经营活动现金流出小计	7454	8653	5370	2956	3800
经营活动产生的现金流量净额	-295	674	-32	434	203

分析表 5-5 可知，酒钢宏兴近几年经营活动产生的现金流入的主要来源是通过销售商品、提供劳务收到的现金。经营活动产生的现金流出主要是通过购买商品、接受劳务支付的现金。酒钢宏兴在 2013 年、2015 年经营活动产生的现金流量净额为负，说明企业在这两年的经营状况不好，经营活动产生的现金流量不能维持企业正常的经营活动，需要其他活动补偿。在 2014、2016、2017 年，企业经营活动产生的现金流量净额大于 0，说明企业在这几年产生的现金流量可以满足自身经营状况的需求，经营状况好转。

表 5-6　　　　　2013—2017 年折旧摊销性费用数据　　　（单位：千万元）

指标	2013 年	2014 年	2015 年	2016 年	2017 年
经营活动产生的现金流量净额	-295	674	-32	434	203
减：累计折旧	2203	2291	2399	2502	2617
无形资产摊销	7	8	8	8	8
小计	-2507	-1624	-2439	-2076	-2422

根据经营活动产生的现金流量净额与折旧摊销性费用进行比较（见表 5-6），得出以下结论：企业经营活动产生的现金流量净额减去累计折旧和无形资产摊销后，净值都为负，说明企业不能补偿这些摊销性费用。虽然 2014、2016、2017 年，经营活动产生的现金流量净额都为正值，但是减去累计折旧和无形资产摊销后都小于零。说明企业在这些年度能维持正常经营活动，而且能补偿部分摊销和折旧费用，但当固定资产更新等情况发生时，企业仍旧不能维持正常经营活动，需要其他活动来补偿。

2. 投资活动现金流量

投资活动现金流是指企业长期资产的构建和处置、不包括在现金等价物范围内的投资以及其他与投资活动有关的现金流量。酒钢宏兴投资活动产生的现金流如表 5-7 所示：

表 5-7　　　　2013—2017 年酒钢宏兴投资活动产生的现金流　　（单位：千万元）

指标	2013 年	2014 年	2015 年	2016 年	2017 年
收回投资收到的现金	1	2	—	—	—
取得投资收益收到的现金	—	7	—	—	—

续表

指标	2013年	2014年	2015年	2016年	2017年
处置固定资产、无形资产和其他长期资产收回的现金净额	—	1	—	0.1	—
处置子公司及其他营业单位收到的现金净额	—	—	—	—	—
收到其他与投资活动有关的现金					
投资活动现金流入小计	1	10	0	0.1	0
购建固定资产、无形资产和其他长期资产支付的现金	346	87	50	33	60
投资支付的现金	459	1	1	0.4	40
取得子公司及其他营业单位支付的现金净额	—	—	—	—	1
支付其他与投资活动有关的现金	3				
投资活动现金流出小计	808	88	51	33.4	100
投资活动产生的现金流量净额	-807	-78	-51	-33.3	-101

分析表5-7可见，企业在对内投资中，购建固定资产、无形资产和其他长期资产支付的现金大于处置固定资产、无形资产和其他长期资产收回的现金。企业只有在2016年处置了少量资产，说明对内投资的购建大于处置。企业对现有业务比较满意，正在对内扩大生产规模。企业对外投资所支付的现金远大于投资收到的现金，导致企业投资活动产生的现金流量净额为负。其中2013年对外投资规模较大，而2015、2016年，行业不景气时，减小了投资规模。

3. 筹资活动现金流量

筹资活动产生的现金流主要有吸收投资、收到借款、收到其他与筹资活动相关的现金，以及偿还债务、分配股利支付的现金。酒钢宏兴筹资活动产生的现金流分析如表5-8所示。

表5-8　　2013—2017年酒钢宏兴筹资活动产生的现金流量

（单位：千万元）

指标	2013年	2014年	2015年	2016年	2017年
吸收投资收到的现金	797	0	0	0	0
其中：子公司吸收少数股东投资收到的现金	0	0	0	0	0

续表

指标	2013年	2014年	2015年	2016年	2017年
取得借款收到的现金	3382	3410	2467	2992	2762
发行债券收到的现金	0	0	0	0	0
收到其他与筹资活动有关的现金	67	61	54	17	19
筹资活动现金流入小计	4247	3472	2522	3009	2782
偿还债务支付的现金	2785	3753	3125	3203	2760
分配股利、利润或偿付利息所支付的现金	139	149	120	91	91
其中：子公司支付给少数股东的股利、利润	60	0	0	0	0
支付其他与筹资活动有关的现金	61	54	18	19	108
筹资活动现金流出小计	2986	3958	3264	3313	2960
筹资活动产生的现金流量净额	1260	-486	-742	-304	-178

企业的筹资活动现金流量在整体上反映企业融资状况及成效，由分析表5-8可见，在筹资活动现金流入中，占比较大的是取得借款收到的现金，在筹资活动现金流出中占比较大的是偿还债务支付的现金。说明在筹资活动中，主要发生的业务是借款和还款业务。结合筹资活动的现金流和投资活动的现金流分析，筹资活动的现金主要是用来补偿筹资活动和投资活动的需求，并且偿还部分债务。

（二）现金流量净额的类型分析

酒钢宏兴2013—2017年筹资、投资、筹资活动现金流量净额如表5-9所示：

表5-9　　2013—2017年筹资、投资、筹资活动现金流量　　（单位：万元）

指标	2013年	2014年	2015年	2016年	2017年
筹资活动产生的现金流量净额	-295823	674678	-32430	434682	203268
	(-)	(+)	(-)	(+)	(+)
投资活动产生的现金流量净额	-806826	-77832	-50989	-33343	-100911
	(-)	(-)	(-)	(-)	(-)
筹资活动产生的现金流量净额	1260523	-486232	-742647	-304463	-178801
	(+)	(-)	(-)	(-)	(-)

分析表 5-9 数据可知，酒钢宏兴的现金流量趋势不稳定，但经营活动产生的现金流量在大多数年份里基本能维持投资活动的需求。从投资活动产生的现金流来看，酒钢宏兴购入固定资产支付的现金大于处置固定资产收到的现金，是处于扩张期的企业。酒钢宏兴通过偿还部分债务，筹资弹性在逐渐增强。

（三）比率分析

1. 结构分析

现金流量结构分析是指同一时期现金流量中不同项目的比较与分析，以揭示各部分在企业现金流量中的相对意义。包括流入结构分析、流出结构分析和流入流出比分析。流入结构分析分总流入结构和三项（经营、投资和筹资）活动流入的内部结构分析，通过流入结构分析可以得出各种现金流入项目的相对重要程度；流出结构分析也分为总流出结构和三项活动流出的内部结构分析。通过流出结构分析可以得出各种流出项目的相对重要程度；流入流出比表明公司每 1 元的现金流出可以为企业换回多少现金流入，该比值越大越好，比值越大反映收回现金的能力越强。

（1）流入结构分析

表 5-10　　2013—2017 年经营、投资、筹资活动现金流入量　　（单位：万元）

指标	2013 年	2014 年	2015 年	2016 年	2017 年
经营活动现金流入总额	7159055	9328387	5338121	3390927	4003674
投资活动现金流入总额	1295	10139	0	105	0
筹资活动现金流入总额	5044331	3472037	2522131	3009370	2782030
现金流入合计	12204681	12810563	7860252	6400401	6785704

由表 5-10 可以看出，酒钢宏兴在 2013—2017 年中现金流入的主要来源为经营活动，大约占其现金总流入的 61.85%，其次是筹资活动，大约占其现金总流入的 35.83%，只有少部分的流入来源于投资活动，其百分比只有 2.35%。其中，经营活动的现金流入主要来源于销售商品提供劳务收到的现金，筹资活动的主要现金流入主要来源于取得借款收到的现金。

（2）流出结构分析

表5-11　　2013—2017年经营、投资、筹资活动现金流出量　　（单位：万元）

指标	2013年	2014年	2015年	2016年	2017年
经营活动现金流出总额	7481675	8698690	5418408	3004438	3832775
投资活动现金流出总额	808121	87971	50989	33448	100911
筹资活动现金流出总额	2986856	3958269	3264778	3313833	2960831
现金流出总额	11276652	12744930	8734175	6351719	6894517

由表5-11可以看出酒钢宏兴在2013—2017年现金总流出中经营活动现金的流出最多，占现金总流出的63.44%，其次流出量较多的筹资活动，占现金总流出的36.44%，投资活动现金流出量极少。经营活动现金的流出主要用于购买商品支付劳务，筹资活动的现金流出主要是用于偿还债务。

（3）流入流出比分析

表5-12　　2013—2017年经营、投资、筹资活动现金流入流出比　　（单位：%）

指标	2013年	2014年	2015年	2016年	2017年
经营活动现金流入流出比	95.69	107.24	98.52	112.86	104.46
投资活动现金流入流出比	0.16	11.53	0.00	0.31	0.00
筹资活动现金流入流出比	168.88	87.72	77.25	90.81	93.96

由表5-12可以看出，经营活动的现金流入流出比在2013年和2015年小于100%，说明酒钢宏兴经营活动产生的现金流不能满足其现金支出，也不能维持货币运行，其他几年中经营活动现金流入流出比都大于100%，说明其经营活动的现金流量能够维持其经营活动，并且还可以补偿应计和摊销部分。筹资活动只有在2013年的时候现金流入流出比大于100%，借款增多，用来弥补其筹资活动所需用的现金。投资活动的现金流入流出比在五年当中一直是小于100%，说明企业一直在投资扩张状态中。

2. 偿债能力分析

表5-13　　　　　　2013—2017年现金债务比数据表　　　（单位：万元，%）

指标	2013年	2014年	2015年	2016年	2017年
经营活动现金流量净额	-295822	674677	-32430	434682	203267
债务总额	4081474	3658792	2962610	2865178	3031412
现金债务总额比	-7.25	18.44	-1.09	15.17	6.71

由表5-13可以看出，酒钢宏兴的现金债务总额比极其不稳定，债务总额在持续的下降，而经营活动产生的净现金流量却不断地波动变化。说明酒钢宏兴承担债务的能力波动不定，长期偿债能力较弱，没有可靠的偿债保障能力，企业财务的灵活性差。2014年有所好转，2015年由于受到市场的冲击，虽然总债务下降19.3%，但经营活动产生的净现金流量降为负数，不能满足经营活动自身需要，更无法满足债务契约。2016年有所回转，最大支付能力达到15.17%，2017年酒钢宏兴在购买商品、接受劳务支付的现金和支付与其他筹资活动相关的现金方面明显增加，导致现金净额大幅度下降，从而现金债务比下降，偿还债务的能力也下降。

3. 获取现金能力分析

获取现金的能力是指经营活动现金净流入和投入资源的比值，弥补了根据利润表分析获利能力指标的不足。酒钢宏兴获取现金能力分析如表5-14所示：

表5-14　　　　　　2013—2017年资产现金回收率数据表

指标	2013年	2014年	2015年	2016年	2017年
经营现金流净额（单位：万元）	-295822	674677	-32430	434682	203267
销售收入（单位：万元）	9456976	9575319	5477679	3509385	4098735
股份数	626335.74	626335.74	626335.74	626335.74	626335.74
资产平均总额（单位：万元）	5175959	5528056	4596366	3830773	3884739
销售现金比	-3.13%	7.05%	-0.59%	12.39%	4.96%
每股现金	-0.47	1.08	-0.05	0.69	0.32

续表

指标	2013年	2014年	2015年	2016年	2017年
每股收益	0.04	0.01	-1.18	0.01	0.07
资产现金回收率（%）	-5.72	12.20	-0.71	11.35	5.23

由表5-14可以看出，2013—2014年销售现金比上升的较多，说明这两年酒钢宏兴销售质量在升高，资金利用效果好，而在2015年钢铁行业市场低迷，导致酒钢宏兴销售质量差，2016年以后逐渐好转。

2013年每股现金小于每股收益，公司大量采用赊销方式，应收款项明显增加，派发现金股利的压力较大；2014年后，每股现金和每股收益都不稳定，但是每股现金均大于每股收益，说明营业收入回款力度在逐渐回升。

资产现金回收率在2013—2014年处于上升阶段，说明2014年资产利用效果比2013年好，损失小，利用资产创造的现金流入较多，企业获取现金能力增强。2015年由于钢铁市场的影响，资产现金回收率大幅度下降，2016年以后资产现金回收率回升。

4. 利润质量分析

表5-15　　　　　　2013—2017年现金营运指数数据

指标	2013年	2014年	2015年	2016年	2017年
经营活动现金流净额（单位：万元）	-295822	674677	-32430	434682	203267
经营净收益（单位：万元）	-2933340	3643	-738568	67228	34494
非付现费用（单位：万元）	2933349.27	-3642.54	737154.99	-67225.19	-34490.96
经营应得现金（单位：万元）	9.27	0.46	-1413.01	2.81	3.04
现金营运指数（%）	3168.99	780.19	5.23	239.32	113.16

理想的现金营运指数应为100%，从表5-15可以看出，酒钢宏兴在2013年现金营运指数为负数，说明该公司资金流出或归还大于资金流入、借贷或投资，企业资金链很紧张，没有筹资活动现金流入或流入较低，净利润质量较差，并且2013年该公司大量计提折旧和摊销，导致非付现费用大幅度的增加以致现金营运指数出现了非正常情况。2014、2016和

2017年经营活动现金流净额与经营应得现金均大于零，现金营运指数大于1，说明企业应得现金也全部收回。2015年该指数虽然大于1，但是在经营活动现金流净额与经营应得现金均为负数时所得，说明公司该年度收益质量很差。

5. 财务弹性分析

表5-16　　　　2013—2017年现金满足投资比数据分析　　（单位：万元）

指标	2013年	2014年	2015年	2016年	2017年
经营净流入	-295822	674677	-32430	434682	203267
利息、现金股利	139990	149683	120871	91664	91719
资本支出	346020	87171	50989	33448	60911
现金满足投资比	-1.26	6.02	-3.01	10.26	1.83

由表5-16可以看出，酒钢宏兴在2013年到2017年的现金满足投资比呈波动变化，2016年比率最高说明酒钢宏兴资金自给率较高，企业的发展能力在增强；而2013年和2015年该比率小于1并且为负数，是因为经营活动产生的现金净流量为负值，2014年和2017年的比率大于1，说明酒钢宏兴筹资活动所形成的现金流量足以应付各项资本性支出。

（四）现金流量表总体情况总结

通过上面的分析可以看出，酒钢宏兴的经营活动现金流量主要来源于销售商品提供劳务收到的现金，现金流量的流出主要是购买商品接受劳务支付的现金；企业在对内投资中，购建固定资产、无形资产和其他长期资产所支付的现金大于处置固定资产和无形资产收回的现金。企业对外投资所支付的现金远大于投资收到的现金，导致企业投资活动产生的现金流量净额为负；筹资活动中主要是取得借款和归还部分债务。酒钢宏兴在近五年里，虽然个别年度由于经营活动发生的现金净流量为负，使企业现金流运转困难，但从五年平均水平看，酒钢宏兴基本能维持现金流的正常运转。

二　LZ公司现金流量分析

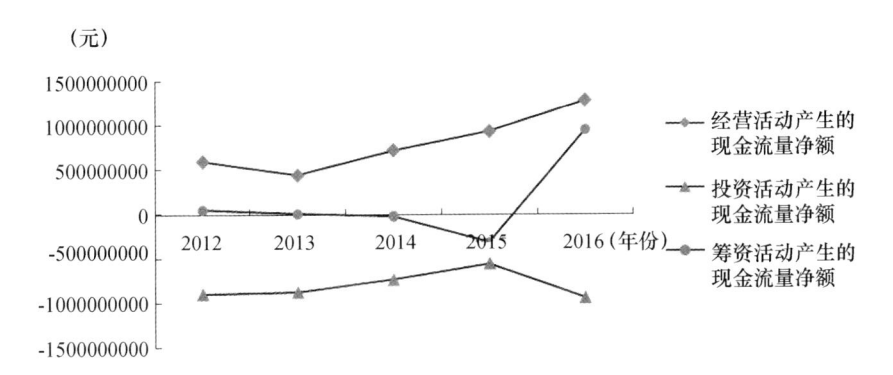

图5-5　LZ公司2012—2016年现金流量分析

（一）现金流量结构分析

通过对图5-5的分析可以看出，公司的经营活动产生的现金流量净额不断增加，主要是由于公司强大的营销团队，依托其核心竞争力，使得销售商品、提供劳务收到的现金增幅明显。

筹资活动产生的现金流量净额在2015年以前一直在减少，2014年和2015年降到负值，主要是公司偿还借款，减少了债务融资。2016年大幅度增长是由于非公开发行股票吸收投资导致大量的现金流入。

投资活动产生的现金流量净额五年来一直为负值，原因在于近年来不断扩大投资，加大研发投入、购买生产线，导致大量现金流出。

从现金流量结构来看，公司用于投资的现金大部分来源于经营活动产生的现金流量净额，公司现阶段的生产经营活动主要依赖内源性融资方式。

（二）现金流量比率

销售现金比率体现了企业的获现能力，而债务保障倍数则反映了企业是否有足够的现金能够偿还债务。从图5-6中可以看出，LZ公司的销售现金比率和债务保障倍数都处在行业内中等偏上位置。虽然销售现金比率表现一般，但是公司的获现能力达到98.8%，说明公司一个年度的销售收入基本可以全部收回，再次证明了公司良好的应收账款管理制度。

而公司的债务保障倍数只有37.36%，如果按目前的财务状况分析，公司未来的偿债能力比较低，财务风险较大。从图5-7可以发现，公司的现金再投资比率仍旧处于行业中等地位，但其现金再投资比率达到347.18%，表明公司现金利用效率不高，还是有大量的资金可以满足经营投资需要、扩大生产规模。

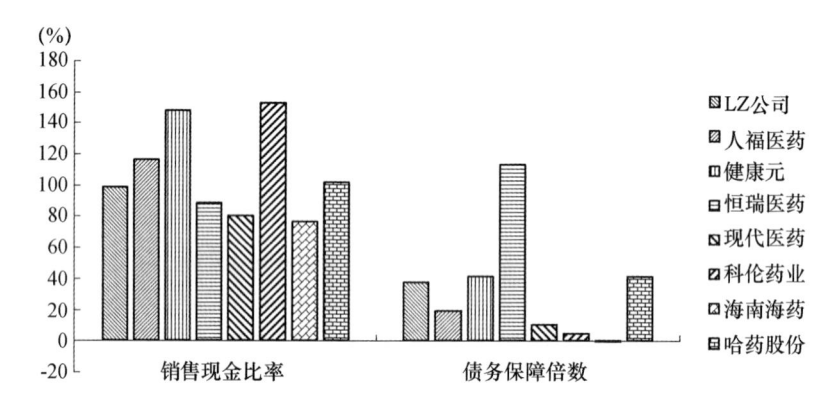

图5-6 中国医药制造业化学制剂类上市公司2016年现金流量比率分析

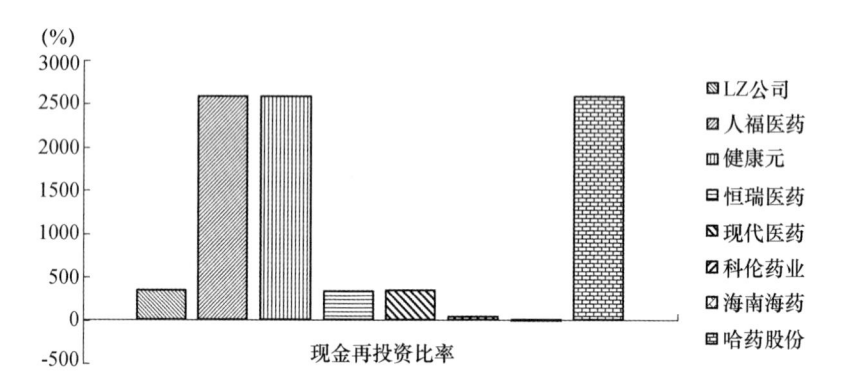

图5-7 中国医药制造业化学制剂类上市公司2016年现金再投资比率分析

第六章

综合财务分析的参与式教学实施

第一节 综合分析的理论知识

企业的偿债能力、获利能力、发展能力并不是均衡发展的。我们对企业财务状况和经营成果的不同方面进行了分析,通过上述分析可以了解企业某一方面的能力。但是如何综合评价企业的整体能力还依然是一个较为棘手的问题。其困难在于在综合评价中如何认识各方面在综合评价中的地位,即如何确定各方面在综合评价中的权重。如一个企业可能长期偿债能力不好,但短期偿债能力还可以,而另一个企业则相反;一个企业的获利能力强一些,而另一个企业的偿债能力强一些。存在类似问题的企业之间的综合对比,并没有一个统一的标准答案。一方面人们对各方面重要程度的认识可能存在差异;另一方面人们对风险的偏好存在差异。这里介绍常用的综合分析方法:沃尔综合评分法和杜邦分析法。

一 沃尔综合评分法

沃尔综合评分法是由美国银行家亚历山大·沃尔在 20 世纪初提出并使用的方法。沃尔选择了七项财务比率,并分别给定了各项指标在总分中的权重,根据各项指标实际值与该项指标标准值(行业平均水平或理想值)的比值确定各项指标的得分,最后根据各项指标的得分和各该项指标的权重确定综合得分,用以对企业的信用水平进行评分。沃尔综合评分法一般遵循如下程序:

第一,选定评价企业财务状况的财务比率。

第二,确定重要性系数。重要性系数是指某项指标达到其标准值

（行业平均水平或理想值）时可以得到的分数，或称标准评分值，也就是各项指标得分的权数比重，各项财务比率的标准评分值之和应等于100分。

重要性系数的确定是财务比率综合评分法的一个重要问题，它直接影响到对企业财务状况的评分多少。重要性系数应根据各项财务比率的重要程度加以确定。某项指标的重要性程度，应根据企业的经营活动的性质、企业的生产经营规模、市场形象和分析者的分析目的等因素来确定。

第三，确定各项财务比率的标准值。财务比率的标准值是指各项财务比率在本企业现时条件下最理想的数值，亦即最优值。财务比率的标准值，通常可以参照同行业的平均水平，并经过调整后确定。

第四，计算企业在一定时期各项财务比率的实际值。

第五，计算出各项财务比率实际值与标准值的比率，即关系比率。关系比率等于财务比率的实际值除以标准值的比值。

第六，计算出各项财务比率的实际得分。各项财务比率的实际得分是关系比率和标准评分值（权数）的乘积，每项财务比率的得分都不得超过上限或下限，所有各项财务比率实际得分的合计数就是企业财务状况的综合得分。如果综合得分接近或大于100分，说明企业财务状况良好，符合或高于行业平均水平。如果综合得分低于100分，说明企业财务状况存在问题，各项财务能力较差。以 ABC 企业为例，采用财务比率综合分析法对财务状况评分，如表 6-1 所示。

表6-1　　　　　　　ABC 企业财务状况评分结果

指标	评分值	标准值	实际值	关系比率	得分值
	1	2	3	4 = 3/2	5 = 1×4
流动比率	15	2	1.09	0.55	8.25
速动比率	10	1	0.96	0.96	9.6
资产负债率	10	50%	54.4%	1.09	10.9
应收账款周转率	5	6	1.16	0.19	0.95
存货周转率	10	5	3.56	0.71	7.1
资产周转率	15	1	0.27	0.27	4.05

续表

指标	评分值	标准值	实际值	关系比率	得分值
	1	2	3	4 = 3/2	5 = 1×4
销售利润率	10	20%	1.6%	0.08	0.8
资产收益率	10	5%	1.73%	0.35	3.5
净资产收益率	15	18%	0.91%	0.05	0.75
合计	100				45.9

从综合得分上明显看出 ABC 企业整体状况较差。

二 杜邦分析法

(一) 杜邦分析法的概念

沃尔综合评分法主要用于综合财务评价，它只能说明企业综合财务状况是否达到标准财务比率的水平及其程度，在综合评价上是一种科学有效的方法，但它不能很好地说明企业财务状况好与不好的原因，所以综合评分法是外部综合评价的一种方法。作为企业内部对自身财务状况的综合评价，其目的除了了解企业综合财务状况好与不好外，更重要的是了解企业综合财务状况好与不好的原因是什么，以便发现问题，采取措施，改善企业的财务状况，提高企业的盈利能力。为此，企业内部综合财务状况的评价一般采用杜邦分析法。

杜邦分析法是根据各项财务比率中核心指标进行综合评价，利用各项主要财务比率与核心指标之间的内在联系，分析财务状况变化原因的一种综合分析评价的方法。杜邦分析法是由美国杜邦企业首先创造的，故称杜邦分析法。

杜邦分析法以股东权益报酬率为核心，其目标在于具体追踪影响股东权益报酬率的因素。杜邦系统主要反映了以下关系：

股东权益报酬率 = 总资产净利率 × 权益乘数

总资产净利率 = 销售净利率 × 总资产周转率

销售净利率 = 净利润 ÷ 销售收入

总资产周转率 = 销售收入 ÷ 资产平均总额

根据上述对股东权益报酬率的分解，股东权益报酬率与各项指标的关系如图6-1所示。

```
                        股东权益报酬率
                             │
          ┌──────────────────┴──────────────────┐
        总资产净利率            ×              权益乘数
          │                                      │
    ┌─────┴─────┐                         ┌──────┴──────┐
  销售净利率  ×  总资产周转率           资产平均总额  ÷  平均净资产
    │              │                         │
净利润÷销售收入  销售收入÷资产平均总额   平均净资产 + 平均负债
    │
┌───┴────────────────────────────┐
销售收入净额 -  成本总额  + 其他利润 - 所得税
                  │
        销售成本 + 销售税金及附加+营业费用 + 管理费用+财务费用
```

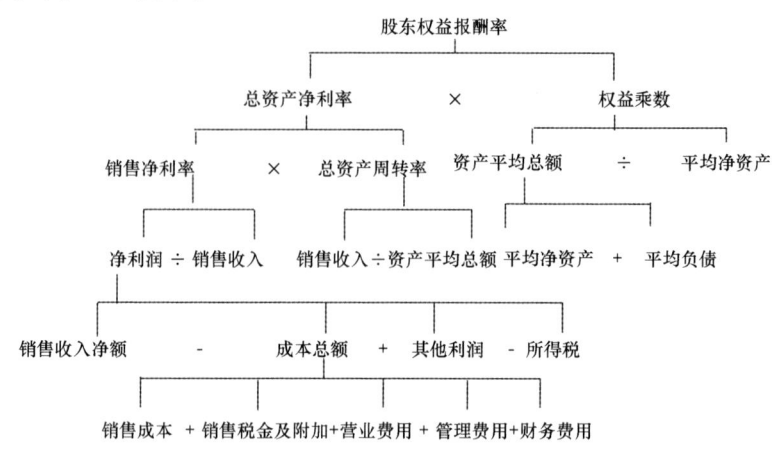

图6-1 杜邦分析法图解

（二）杜邦分析系统中的财务信息

从杜邦分析系统可以了解到下面的财务信息：

第一，股东权益报酬率是一个综合性最强的财务比率，是杜邦分析系统的核心指标。其他各项指标都是围绕这一核心，通过研究彼此间的依存制约关系，揭示企业的获利能力及其前因后果。财务管理的目标是所有者财富最大化，净资产收益率反映所有者投入资金的获利能力，反映筹资、投资、经营等活动的效率，提高股东权益报酬率是实现财务管理目标的基本保证。股东权益报酬率取决于企业总资产净利率和权益乘数。总资产净利率主要反映企业在运用资产进行生产经营活动的效率如何，而权益乘数则主要反映了企业的资金来源结构如何。

第二，总资产净利率是反映企业获利能力的一个重要财务比率，它揭示了企业生产经营活动的效率，综合性也极强。企业的销售收入、成本费用、资产结构、资产周转速度以及资金占用量等各种因素，都直接影响到总资产净利率的高低。总资产净利率是销售净利率与总资产周转率的乘积。因此，可以从企业的销售活动与资产管理两个方面来进行分析。

第三，从企业的销售方面看，销售净利率反映了净利润与主营业务收入之间的关系。一般来说，主营业务收入增加，企业的净利润也会随之增加，但是，要想提高销售净利率，必须一方面提高营业收入，另一方面降低各种成本费用。因此在杜邦分析图的最后一个层次中，可以分析企业的成本费用结构是否合理，以便发现企业在成本费用管理方面存在的问题，为加强成本费用管理提供依据。同时，要严格控制企业的管理费用、财务费用等各种期间费用，降低耗费，增加利润。这里尤其要研究分析企业的利息费用与利润总额之间的关系，如果企业所承担的利息费用太多，就应当进一步分析企业的资金结构是否合理，负债比率是否过高，不合理的资金结构当然会影响到企业所有者的收益。

第四，在企业资产方面，主要应该分析以下两个方面。

一是分析企业的资产结构是否合理，即流动资产与非流动资产的比例是否合理。资产结构实际上反映了企业资产的流动性，它不仅关系到企业的偿债能力，也会影响企业的获利能力。一般说来，如果企业流动资产中货币资金占的比重过大，就应当分析企业现金持有量是否合理，有无现金闲置现象，因为过量的现金会影响企业的获利能力；如果流动资产中的存货与应收账款过多，就会占用大量的资金，影响企业的资金周转。

二是结合营业收入，分析企业的资产周转情况。资产周转速度直接影响到企业的获利能力，如果企业资产周转较慢，就会占用大量资金，增加资金成本，减少企业的利润。资产周转情况的分析，不仅要分析企业总资产周转率，更要分析企业的存货周转率与应收账款周转率，并将其周转情况与资金占用情况结合分析。

从上述两方面分析，可以发现企业资产管理方面存在的问题，以便加强管理，提高资产的利用效率。

总之，从杜邦分析系统可以看出，企业的获利能力涉及生产经营活动的方方面面。净资产收益率与企业的筹资结构、销售规模、成本水平、资产管理等因素密切相关，这些因素构成一个完整的系统，系统内部各因素之间相互作用。只有协调好系统内部各个因素之间的关系，才能使净资产收益率得到提高，从而实现企业价值最大化的理财目标。

三 教学任务发布

根据上次所发布任务，学生已完成相应上市公司财务能力的纵向与横向分析及现金流量表的不同方式不同角度的分析，本章要求学生：①运用不同的综合分析方法对所选公司进行分析、评价。（至少两种方法，同时要考虑不同综合分析方法的局限性，找到可能的改进方法，尽量利用改进的综合分析方法进行分析、评价）。②分析要有深度，发现公司在财务综合表现，可能的问题及原因，并给出你们的解决方案。

第二节 传统杜邦体系的综合绩效分析

根据传统的杜邦分析体系对云南白药进行综合绩效分析。

表6-2　　　　　　　　云南白药杜邦分析分解表1

项目	2013年	2014年	2015年	2016年	2017年
股东权益报酬率（%）	32.62	28.88	25.81	24.01	21.19
资产净利率（%）	22.81	19.92	18.05	15.49	13.85
平均权益乘数	1.43	1.45	1.43	1.55	1.53

由表6-2可以看出：平均权益乘数基本不变，而股东权益报酬率的下降主要由资产净利率下降引起的。

表6-3　　　　　　　　云南白药杜邦分析分解表2

项目	2013年	2014年	2015年	2016年	2017年
资产净利率（%）	22.81	19.92	18.05	15.49	13.85
销售净利率（%）	14.68	13.27	13.29	13.08	12.88
总资产周转率	1.34	1.29	1.16	1.02	0.93

由表6-3可以看出：销售净利率降幅很小，因此资产净利率的下降主要由总资产周转率的下降引起。

表6-4　　　　　　　　云南白药杜邦分析分解表3

项目	2013年	2014年	2015年	2016年	2017年
总资产周转率	1.34	1.29	1.16	1.02	0.93
营业收入	15814	18814	20738	22411	24315
资产平均余额	11842	14611	17816	21939	26145

表6-5　　　　　云南白药杜邦分析分解表4　　　　（单位：%）

项目	2014年	2015年	2016年	2017年
营业收入增长百分比	18.97	10.23	8.07	8.50
资产平均余额增长百分比	23.38	21.94	23.14	19.17

由表6-4、表6-5可以看出：总资产周转率的下降是因为销售收入和资产平均余额增幅逐年下降，而销售收入增幅下降得更为明显。具体如下表6-6所示。

表6-6　　　　　云南白药杜邦分析分解表5　　　　（单位：%）

项目	2014年 占收入比重	2014年 同比增减	2015年 占收入比重	2015年 同比增减	2016年 占收入比重	2016年 同比增减	2017年 占收入比重	2017年 同比增减
工业收入	43.53	19.69	44.27	12.10	40.51	-1.09	40.97	9.71
商业收入	56.28	18.55	55.58	8.87	59.24	15.17	58.74	7.59
其他收入	0.19	80.05	0.15	-20.62	0.25	120.4	0.29	-27.21

总体来看，收入增幅变缓主要由一系列外部因素引起，我国经济发展增速放缓；医药企业也进入转型升级的关键期。国内药企正在通过符合商业伦理和商业价值的营销模式变革引发新一轮的自我营销革命。另外，新医改以来，公立医院改革流于表象，"医改"变成"药改"，药价不断承压。异化的招标、屡屡的降价和高频次的飞检，迫使医药企业经营困扰于政策环境激荡中。

第三节　帕利普模型的综合绩效分析

一　帕利普财务分析体系相关概念

帕利普财务分析体系是2001年美国哈佛大学帕利普教授和希利教授对传统的杜邦体系进行变形建立起来的，其核心指标为"可持续增长率"，并通过众多财务指标层层展开，探究其发生变化的根本原因。可持续增长率在体现企业运用资产获利的能力的同时也体现了管理层对收益和风险的权衡,从长远来看,企业增长的快慢总是受到可持续增长率的制约,但要发展一定要保持合适的增长速度。如此,本来作为预测企业将来所需资金的可持续增长率,因为同企业实际增长率相关联,成了财务诊断的有效工具。

其体系框架如图6-2所示:

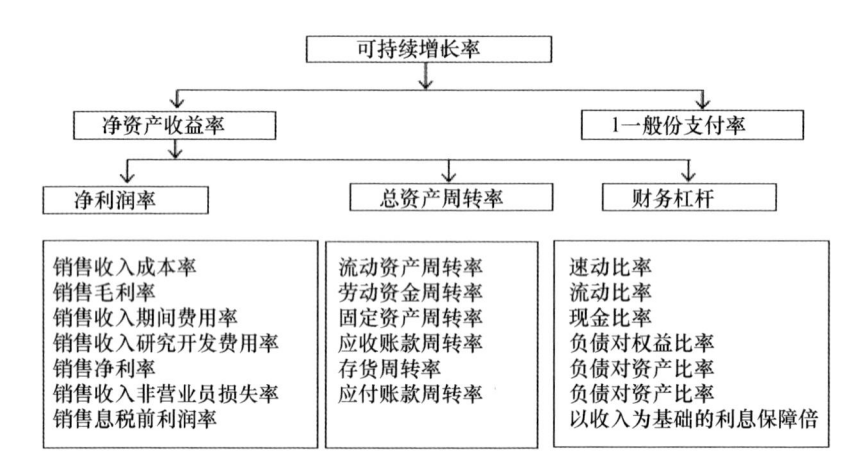

图6-2 帕利普财务分析框架

二 兰州三毛帕利普分析

根据报表数据,兰州三毛2011—2016年可持续增长率计算表6-7如下:

表6-7　　　　兰州三毛2011—2016年可持续增长率

会计年度	2011年	2012年	2013年	2014年	2015年	2016年
净利润率（%）	2.91	-4.90	-14.64	4.18	-38.21	5.28
总资产周转率	0.57	0.63	0.57	0.44	0.29	0.34
权益乘数	1.34	1.33	1.41	2.48	3.53	3.28
留存收益比率	1	1	1	1	1	1
可持续增长率	2.20	-4.08	-11.78	4.56	-38.96	5.97

(一) 2011—2012 年可持续增长率变化情况分析

根据兰州三毛 2011 年财务数据计算的 2012 年的可持续增长率为 2.20%, 即 2012 年营业收入的增长率应该等于 2.20%, 但其 2012 年营业收入的实际增长率为 1.78%, 表明 2012 年度公司增长缓慢。从影响可持续增长的四个因素来看, 2011—2012 年, 净利润变化幅度最大, 对可持续增长率的影响程度最高, 因此对 2011 年和 2012 年公司净利润率分析, 如表 6-8 所示。

表 6-8　　　　兰州三毛 2011—2012 年净利润率相关指标　　　（单位: %）

项目	2011 年	2012 年
销售收入成本率	86.61	86.66
销售毛利率	13.39	13.34
销售收入期间费用率	22.04	17.23
销售净利率	2.91	-4.90

从表 6-8 中可以看出, 2012 年相比 2011 年销售收入成本率变化不大, 在销售收入期间费用率下降 4.81% 的情况下, 销售净利率不升反降, 低于零点, 蚕食股东财富。经分析 2011 年、2012 年财务报表, 发现其实 2012 年的营业利润由于期间费用、资产减值损失的下降反而比 2011 年高 50% 左右, 然而 2011 年公司将减免的前期确认的预计负债利息 31568228.77 元及收到的担保损失赔偿款 6219351.55 元确认为营业外收入, 因此 2011 年的净利润扭亏为盈。实质上, 2012 年的经营营运能力反而比 2011 年有所增强。

(二) 2012—2013 年可持续增长率变化情况分析

整理兰州三毛 2012 年报表中的数据得到 2013 年公司可持续增长率是 -4.08%, 即理论上 2013 年营业收入的增长率是 -4.08%, 但 2013 年实际为 -13.53%, 说明公司的实际增长率低于可持续增长率。2012—2013 年影响可持续增长率发生巨大变化的主要因素仍然是销售净利率从 -4.9% 降至 -14.64%, 因此对 2012 年和 2013 年公司净利润率分析:

表6-9　　　　兰州三毛2012—2013年净利润率相关指标　　　　（单位：%）

项目	2012年	2013年
销售收入成本率	86.66	92.37
销售毛利率	13.34	7.63
销售收入期间费用率	17.23	21.68
销售净利率	-4.90	-14.64

分析表6-9中的数据可以知道，销售收入成本率的相对上升和销售收入期间费用率上涨是造成利润下降的重要因素。

另外，兰州三毛2012年和2013权益乘数从1.33升至1.41，分析表6-10可以看出，公司资产的流动性提高和负债过多是影响公司财务杠杆的重要因素。

表6-10　　　　兰州三毛2012—2013年财务杠杆相关指标

项目	2012年	2013年
速动比率	1.16	1.53
流动比率	1.08	1.63
现金比率	0.57	0.74
负债对权益比率	0.33	0.41
负债对资产比率	0.25	0.29

（三）2013—2014年可持续增长率变化情况分析

整理2013年的报表数据，计算出2014年公司可持续增长率是-11.78%，理论上2014年公司营业收入的实际增长率应该为-11.78%，但现实是公司2014年营业收入的实际增长率是5.83%，比可持续增长率要高。2013—2014年，影响可持续增长率的主要因素有二：一是净利润率从2013年的-14.64%到2014年的4.18%；二是权益乘数从2013年的1.41到2014年的2.48，可见企业在这一年里大幅度提高了财务杠杆。分别对2013年和2014年净利润率和财务杠杆效应进行分析。

表6-11　　　兰州三毛2013—2014年净利润率相关指标　　　（单位：%）

项目	2013年	2014年
销售收入成本率	92.37	80.35
销售毛利率	7.63	19.65
销售收入期间费用率	21.68	20.23
销售净利率	-14.64	4.18

从表6-11可以看出，兰州三毛2014年销售净利率上升的原因有销售收入成本率、销售收入期间费用率的下降，但通过分析2014年的财务报表，更为主要的原因是其收到了与收益相关的政府补助17600000元，使得其从营业利润-8715726.25元变为10050925.28元的净利润。

表6-12　　　兰州三毛2013—2014年财务杠杆相关指标

项目	2013年	2014年
速动比率	1.53	0.72
流动比率	1.63	0.98
现金比率	0.74	0.39
负债对权益比率	0.41	1.48
负债对资产比率	0.29	0.60

通过表6-12可以看出，负债过多是影响公司财务杠杆的重要因素。

（四）2014—2015年可持续增长率变化情况分析

整理2014年报表中的数据后，可以得到2015年公司可持续增长率是4.56%，即理论上2015年营业收入的增长率应该达到4.56%，这与2015年得到的真实数据-13.91%有很大差别，说明公司的实际增长率低于可持续增长率。2014—2015年可持续增长率发生巨大变化，变化的主要因素是净利润率从2014年的4.18%降至2015年的-38.21%，因此对2014年和2015年净利润率分析：

表6-13　兰州三毛2014—2015年净利润率相关指标计算结果　（单位：%）

项目	2014年	2015年
销售收入成本率	80.35	92.23
销售毛利率	19.65	7.77
销售收入期间费用率	20.23	41.20
销售净利率	4.18	-38.21

通过表6-13可以看出，产品成本上升，导致销售收入成本率上升，从而销售毛利率大幅度下降；同时销售收入期间费用率的上升幅度也非常之大，因此导致2015年销售净利率大幅下降。

（五）2015—2016年可持续增长率变化情况分析

整理2015年报表中的数据后，可以得到2016年公司可持续增长率是-38.96%，即理论上2016年营业收入的增长率应该达到-38.96%，这与2016年得到的真实数据20.29%有很大差别，说明公司的实际增长率高于可持续增长率。2015—2016年引起可持续增长率发生变化的主因仍是净利润率，从2015年的-38.96%上升至2016年的5.28%。因此对2015年和2016年净利润率分析：

表6-14　兰州三毛2015—2016年净利润率相关指标计算结果　（单位：%）

项目	2015年	2016年
销售收入成本率	92.23	92.18
销售毛利率	7.77	7.82
销售收入期间费用率	41.20	21.03
销售净利率	-38.21	5.28

通过表6-14的分析可以看出，销售收入期间费用率的下降是导致2016年净利润率上升的主要原因。同时，通过分析2016年的财务报表，公司收到处置位于西固区的土地使用权获取处置利得72774316.89元，收到兰州市国土资源局西固分局拨付的原址地上附着物征收补偿款转收入11508175.20元，从而扭亏为盈。

通过帕利普分析可以发现,目前影响公司可持续发展的三个因素里面,净利润率排第一位,权益乘数排第二位,总资产周转率排第三位。而在影响净利润率的因素里面,主要是销售收入成本率及销售收入期间费用率的影响。从帕利普模型中得出的结论是除去非经常性损益,公司产品的盈利能力相对较差,而在公司销售收入下降时,没有合理地控制期间费用以及调整资本结构。

第四节 基于改进杜邦体系的综合绩效分析

一 杜邦分析体系

(一) 传统杜邦分析体系的缺憾

杜邦分析体系是由美国杜邦公司的皮埃尔·杜邦和唐纳森·布朗于1919年创造并使用的。该体系是以净资产收益率为核心,将相互关联的指标串联起来,揭示了指标之间的内在联系,从而综合性的分析评价企业总体财务能力。近百年来,杜邦分析体系凭借其经典的分析思想,一直被人们在实践中广泛地应用着。但是,作为工业时代的产物,杜邦财务分析体系带有鲜明的工业时代特点。而现代企业所处的经济环境远比工业时代复杂得多,影响财务状况和经营成果的因素也越来越多,越来越微观和隐蔽。复杂多变的经济环境要求必须获得更多更准确的信息才能对企业有一个全面的了解。传统的杜邦财务分析体系在这种条件下暴露出许多"先天"的缺陷,具体体现在以下几方面。

一是忽视了对现金流量的分析。传统的杜邦分析体系是以利润为核心的分析指标,没有现金流量的分析指标。在市场经济条件下,企业现金流量在很大程度上决定着企业的生存和发展,如果企业的现金流量不足,现金周转不畅,现金调配不灵,将会影响企业的生存和发展。

二是不能反映上市公司的经济技术指标,不利于对上市公司进行分析。上市公司公开披露的财务信息很多,财务报表分析者要想通过众多的信息正确地把握企业的财务现状和未来,没有其他任何工具比正确使用财务比率更重要。对于上市公司来说,最重要的财务指标有:每股收益、每股净资产、净资产收益率等。

三是重视企业的短期财务成果,不利于企业的可持续发展。对以权责发生制为基础计算的利润指标的片面追求会导致管理层的短视行为。他们可能会放弃那些短期内无法给企业带来盈利却是有利可图的投资项目，不利于企业长期价值的创造。

(二) 改进的杜邦分析体系

基于传统的杜邦财务分析体系的各种缺憾，运用杜邦财务分析原理，我们重新构建了一个杜邦财务分析体系。改造后的杜邦财务分析体系能更加全面、真实地反映上市公司的财务状况、经营成果和现金流量，更加符合上市公司的特点，在一定程度上弥补了现有杜邦体系对上市公司综合财务分析的不足。

1. 选取了更能反映上市公司特点的"每股收益"作为分析体系的核心指标

对于上市公司来说，最重要的财务指标是每股收益。这是因为每股收益是衡量上市公司盈利能力的最重要的财务指标，它反映普通股的获利水平。对投资者来说，每股收益被看作企业管理水平、盈利能力的显示器，并成为影响企业股票市场价格的重要因素。通过公司不同时期每股收益的比较，可以评价公司盈利能力的变化趋势；通过对公司纵向、横向的比较，可以认识到公司的管理能力与前期或同行业企业间的差异，从而便于作出更细致的分析。一般情况下，如果实现的每股收益最大，也就意味着实现的股东财富最大，因此，每股收益符合企业股东财富最大化的财务管理目标。

2. 引入每股净资产及现金流量指标

它反映企业保值增值的现有状态，同时也是上市公司股票的最低价值。如果公司的股票价格低于净资产成本，成本又接近变现价值，说明公司已无存在价值。在改进后的杜邦财务分析体系中，每股净资产由3个指标构成：每股营业现金净流量、债务总额现金比及权益负债比。每股营业现金净流量既反映了企业通过经营活动获取现金流量的能力又反映了企业最大的分派股利的能力，超过此限度，就要借款分红。债务总额与经营活动现金净流量比反映企业承担债务能力的指标，指标越小，说明企业偿还债务的能力越强。权益负债比是计算资金来源的结构状况，是对公司资本结构准确反映的财务指标。可见，由于引入了现金流量指标，使企业偿债能力、获利能力的分析更加直观，分析结果更具有说服力，同时也便于公司对未来发展趋势做出正确判断。通过这 3 个指标的结合，可以更好地理解资本的增值，即每股净资产相对于普通股上市的增加要在合理的资本结构、良好的资产运营和获利能力及由此产生的良好的偿债能力的条件下得以持续的实现。

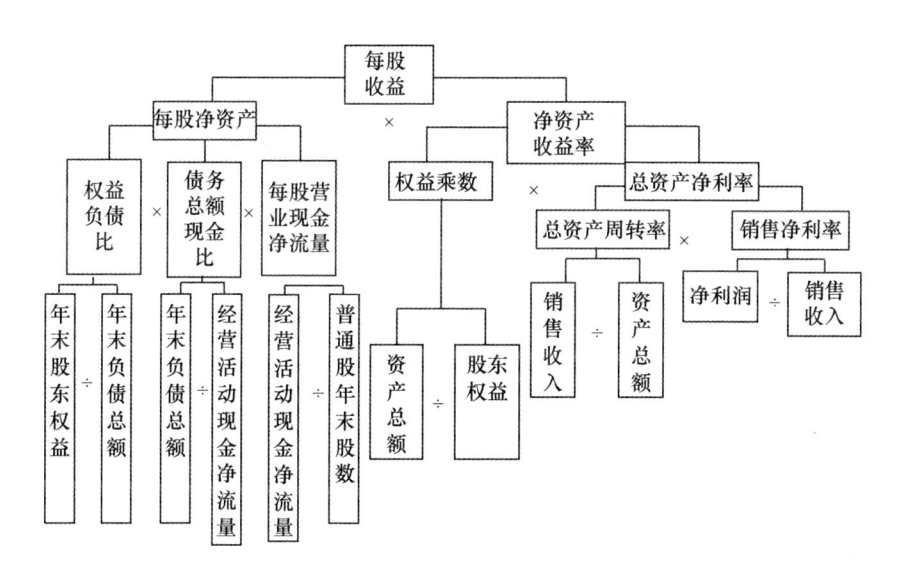

图 6-3 改进的杜邦分析体系

二 甘肃上市公司财务现状

运用改进的杜邦分析体系，笔者将 20×5—20×7 年全部 A 股与甘肃上市公司以横向比较及趋势分析的方法来分析说明甘肃上市公司财务现状。如表 6-15 所示。

表 6-15　　20×5—20×7 年全部 A 股与甘肃上市公司杜邦分析各指标对比

指标	每股收益	每股净资产	权益负债比	债务总额现金比	每股营业现金净流量	净资产收益率（％）	权益乘数	总资产净利率（％）	总资产周转率	销售净利率（％）
20×7 年末：全部 A 股	0.4556	3.5563	0.93	8.83	0.433	12.81	2.07	6.19	0.81	7.64
甘肃上市公司	0.1532	2.5623	0.93	6.05	0.4554	5.98	2.07	2.89	0.63	4.59

续表

指标	每股收益	每股净资产	权益负债比	债务总额现金比	每股营业现金净流量	净资产收益率（%）	权益乘数	总资产净利率（%）	总资产周转率	销售净利率（%）
20×6年末：全部A股	0.2024	2.5829	0.83	6.68	0.4657	7.84	2.20	3.54	0.77	4.6
甘肃上市公司	0.0582	2.3010	0.86	7.03	0.3806	2.53	2.17	1.17	0.51	2.3
20×5年末：全部A股	0.1280	2.6085	0.62	9.15	0.4598	4.91	2.61	1.92	0.74	2.6
甘肃上市公司	-0.135	2.3471	0.83	9.74	0.2903	-5.9	2.21	-2.67	0.47	-5.68

资料来源：Wind 资讯。

  从改进的杜邦分析体系核心指标每股收益上看，甘肃上市公司的每股收益明显低于全国 A 股的平均水平，说明甘肃上市公司在完成股东财富最大化的财务目标上是远差于全国上市公司的平均水平的。而每股收益受两个因素影响：每股净资产和净资产收益率。甘肃上市公司的每股净资产水平连续三年变化不大且基本与全国上市公司的平均水平接近，说明甘肃上市公司基本完成了资本的保值，而资本增值不明显，全国上市公司平均每股净资产水平在 20×7 年却有一个大幅度提升，从中可以看出甘肃省上市公司的差距。这种差距产生的原因经进一步分析主要来源于甘肃上市公司负债总额现金比较低，体现甘肃省上市公司较差的偿债能力及再借贷能力。每股收益水平低下的更主要的因素在于净资产收益率。甘肃省上市公司连续三年的净资产收益率从未到达全国平均水平的一半，如此之差的盈利状况到底是什么原因造成的？我们知道，净资产收益率受两个因素影响：权益乘数和总资产净利率。权益乘数反映了公司资本结构，一般认为保持行业平均数较好，否则不是发挥不了财务杠杆效应就是财务风险较大。令人欣喜的是甘肃上市公司的权益乘数基本保持在全国平均水平上。那么，净资产收益率水平很差的原因只能是总资产净利率。我们从表 6-15 上也清晰地看到了这一点。同时我们看到影响总资产净利率的两个因素：总资产周转率和销售净利率，甘肃上市公司都表现出了差于全国平均水平的态势。归根结底，我们终于发现了甘肃省上市公司财务现状，与全国 A 股平均水平的差距及我们的问题之所在。

(一) 经营获利能力差

销售净利率是反映经营获利能力的综合指标，从表 6-15 可以看出，甘肃省上市公司在该指标上的表现差强人意。究其原因可以发现，甘肃省上市公司的主营业务利润率并未低于全国 A 股的平均水平，甚至连续两年均高于全国 A 股的平均水平。及至营业利润率则是个大逆转，全国 A 股的平均水平不仅高于甘肃省上市公司，而且差距在扩大（甘肃省上市公司的营业利润率从 20×6 年到 20×7 年提升了 35%，全国 A 股的平均水平却提升了 62%）。全国 A 股在营业利润率上的优势进一步传递给销售净利率，并最终反映为甘肃省较差的经营获利能力。那么营业利润率的大逆转在哪里发生的？我们的问题在哪里？再查寻相关报告资料，发现甘肃省上市公司的期间费用占收入的比重均远高于全国平均数。从而，我们找到了问题的症结：期间费用控制差就是产生逆转的原因，并带来较差的经营获利能力。

表 6-16　　20×6—20×7 年全部 A 股与甘肃上市公司相关利润指标对比

指标	销售净利率	营业利润率	主营业务利润率
20×7 年末：全部 A 股	7.64	8.3	13.6
甘肃上市公司	4.59	5.8	16.8
20×6 年末：全部股	4.6	5.1	11.6
甘肃上市公司	2.3	4.3	12.5

资料来源：Wind 资讯，20×5 年数据异常，因此被排除。

(二) 资产使用效率低

资产使用效率指标反映为一系列周转率指标，用来说明每一元不同类型的资产能带来的收入。我们希望各种资产的周转率指标越高越好。而通过表 6-17 可以看出，甘肃省上市公司的总资产周转率明显低于全国平均水平。到底是哪种资产使用效率低下带动总资产周转率明显偏低呢？逐一分析，问题出现在应收账款周转率和固定资产周转率上。应收账款周转率低可能的原因主要在于信用政策（施信政策、折扣期限、收账政策、折扣政策等）；固定资产周转率低可能的原因有固定资产使用状况与固定资产更新状况，限于资料我们无从得知。

表 6-17　20×5—20×7 全部 A 股与甘肃上市公司资产使用效率指标对比

指标	总资产周转率	流动资产周转率	存货周转率	应收账款周转率	应收账款增长率（%）	固定资产周转率	固定资产增长率（%）	收入增长率（%）
20×7 年末：全部 A 股	0.81	2.28	5.05	16.49	22	2.08	13	26
甘肃上市公司	0.63	2.37	5.69	10.66	3	1.51	7	37
20×6 年末：全部 A 股	0.77	2.08	5.15	15.6	18	1.86	17	25
甘肃上市公司	0.51	1.82	4.63	7.93	36	1.16	45	34
20×5 年末：全部 A 股	0.74	1.28	5.08	14.54	—	1.79	—	—
甘肃上市公司	0.47	1.54	4.25	7.79	—	1.15	—	—

注：周转率指标直接来源于 Wind 资讯，增长率指标为环比增长率，根据 Wind 资讯相关指标计算获得。

（三）甘肃上市公司财务状况全面、逐年转好

无论是反映盈利能力的每股收益、净资产收益率、总资产净利率、销售净利率、营业利润率、主营业务利润率等，还是反映周转状况的各种资产周转率，以及偿债指标债务总额现金比、资本保值增值指标每股净资产等甘肃省上市公司均全面、逐年转好，说明甘肃上市公司正走在快速健康的发展轨道上，让我们看到了陇股的希望。

（四）建议

1. 严格控制成本费用

要提高公司的销售净利率，扩大销售固然是一个途径，但严格控制好成本费用显得更为重要。对于甘肃上市公司来说，应在扩大销售的同时，严格控制生产成本和期间费用以扩大公司利润增长空间。

2. 提高资产使用效率

应加强对上市公司的监督和管理，提高资金使用效率。如加强对应收账款的管理，指定恰当的信用政策；提高固定资产使用水平，减少闲置资产的资金占用，合理确定资本结构、资产结构等。在必要的时候，还可以采取资产重组、资产置换、并购等手段开拓一些新的、有潜力的项目，努力提高上市公司的业绩。

3. 培育企业的核心竞争力

随着市场成熟度越来越高，中国企业已经进入"微利时代"，每个企业都在面对不断增加的成本压力，因此培育企业核心竞争力才是提高经营业绩的根本途径，更是企业可持续发展的客观需要。我省应抓住西部大开发的历史机遇，不断加强技术创新与管理创新、提高产品与服务的质量，发挥我省的比较优势、企业的竞争优势，转变过去的粗放式经营方式，这样才能在纷繁复杂的市场经济环境中立于不败之地。

第五节 基于改进的沃尔评分法的综合绩效分析

一 改进的沃尔分析法

沃尔评分法的做法是，选取若干反映企业财务绩效的评价指标，分别依据不同的标准设定标准数值，把实际数值与标准数值进行比较，结合该指标的权重，最终确定分值以评价企业的财务绩效。

由沃尔评分法的基本设计思路，我们可以发现沃尔分析法的关键点有三项：①指标的选取；②标准值的选定；③权重的确定。我们没有沿用100年前沃尔的"信用晴雨表"，而是结合要分析的对象公司（安踏体育）的行业特点选择指标，使用熵值法计算权重，标准值采用行业均值。

（一）指标选取

根据我们对体育用品行业发展现状与发展特点的分析，安踏体育所适用的绩效指标如表6—18所示：

表6-18　　　　　　体育用品沃尔绩效评价体系

一级指标	二级指标
盈利能力	销售利润率
	盈余现金保障倍数
	成本费用利润率
	资本收益率
资产质量	流动资产周转率
	资产现金回收率

续表

一级指标	二级指标
债务风险	速动比率
	现金流动负债比率
	带息负债比率
经营增长	销售利润增长率
	总资产增长率
	资本积累率
非财务能力	社会贡献率
	科研投入比率

（二）熵值法

熵反映了系统无序化程度。我们可以通过计算熵值，来判断一个事件的随机性及无序程度，也可以用熵值来判断某个指标的离散程度。对于财务评价，如果某一财务指标对于不同的企业其差异程度较小，这说明该财务指标区分和评价企业财务状况优劣的作用也较小，差异系数小，相应的信息熵较大；反之，相应的信息熵较小。可见，某一指标下，不同评价对象差异程度的大小，反映了该指标在整个财务评价指标体系中的评价地位的高低。因此，可以根据财务指标差异程度，以信息熵为工具，给各财务指标赋予恰当的权重。

熵值法的基本步骤如下：

1. 指标预处理

对于该指标体系中，除了带息负债比率指标，其他的都是越大越理想的指标。对带息负债比率指标做以下处理，转化成越大越理想的指标。

$$X' = \begin{cases} 2 \times (X - m), & m \leqslant X \leqslant (m+M)/2 \\ 2 \times (M - X), & (m+M)/2 \leqslant X \leqslant M \end{cases}$$

其中，m 为 X 所在列中的最小值；M 为 X 所在列中的最大值。

2. 无量纲化处理

运用极差变化法，对经预处理后的指标进行无量纲化处理。处理公式为：

$$X'_{ij} = (X_{ij} - \min X_j) / (\max X_j - \min X_j)$$

$$i = 1, 2, 3, \cdots, m; j = 1, 2, 3, \cdots, n$$

3. 比重计算

计算第 i 个对象在第 j 个指标下的权重，根据公式：

$$P_{ij} = X'_{ij} / \sum X'_{ij}$$

$$i = 1, 2, 3, \cdots, m; j = 1, 2, 3, \cdots, n$$

4. 熵值计算

计算第 j 项的熵值：

$$e_j = -k \sum P_{ij} \ln P_{ij}; k = 1/\ln(m); e_j \geq 0$$

5. 差异数及权重计算

$g_j = 1 - e_j$；第 j 项指标的权重：$w_j = g_j / \sum g_j$

（三）沃尔评价过程

选取我国体育用品行业9家上市公司在2016年财务报表数据（资料来源：巨潮资讯），依据上文提出的5个层次的14个指标，进行基于熵值法确定权重的沃尔评分法财务绩效评价。

（1）依据上文的方法步骤，对数据表1进行预处理，无量纲化处理后的指标数据如表6-19所示。

表6-19　　　　　　　　无量纲预处理的指标数据　　　　　　　　（单位：%）

公司	销售利润率	盈余现金保障倍数	成本费用利润率	资本收益率	流动资产周转率	资产现金回收率	速动比率	现金流动负债比率	带息负债比率	销售利润增长率	总资产增长率	资本积累率	社会贡献率
李宁	0.089	1.548	0.180	3.421	1.720	0.146	1.38	0.372	0.376	3.556	0.983	0.256	0.005
安踏体育	0.248	1.034	0.481	9.829	1.235	0.185	2.38	0.578	0.729	0.171	1.138	0.113	0.065
特步	0.160	0.655	0.282	26.970	0.756	0.042	2.23	0.114	0.284	-0.031	1.007	0.021	0.036
361°	0.152	2.810	0.262	2.209	0.613	0.117	3.62	0.483	0.012	-0.034	1.194	0.004	0.030
宝胜国际	0.051	-0.020	0.134	81.777	2.333	-0.001	0.85	-0.003	0.073	0.543	1.164	0.063	0.015
裕元集团	0.077	0.931	0.103	10.046	2.203	0.067	1.59	0.293	0.177	0.347	1.048	0.054	0.010
中国动向	0.698	0.121	1.618	16.230	0.259	0.010	4.05	0.078	0.111	0.026	1.053	0.013	0.016
美克	-0.207	0.158	-0.245	-3.150	0.259	-0.012	3.04	-0.035	0.045	-0.633	1.571	0.666	0.000
探路者	0.046	2.533	0.065	0.189	1.329	0.091	3.19	0.389	0.248	-0.545	1.382	0.829	0.007

表 6-20　　　　　　　　　无量纲处理后的指标数据　　　　　　　　(单位: %)

公司	销售利润率	盈余现金保障倍数	成本费用利润率	资本收益率	流动资产周转率	资产现金回收率	速动比率	现金流动负债比率	带息负债比率	销售利润增长率	总资产增长率	资本积累率	社会贡献率	科研投入比率
李宁	0.3268	0.5539	0.2280	0.0774	0.7047	0.8013	0.1656	0.6647	0.7060	1.0000	0.0000	0.3057	0.0732	0.1267
安踏体育	0.5031	0.3726	0.3898	0.1528	0.4709	1.0000	0.4781	1.0000	0.0000	0.1920	0.2632	0.1321	1.0000	0.1397
特步	0.4059	0.2386	0.2831	0.3547	0.2401	0.2772	0.4313	0.2431	0.5440	0.1438	0.0414	0.0206	0.5542	1.0000
361°	0.3965	1.0000	0.2721	0.0631	0.1708	0.6582	0.8656	0.8455	0.0000	0.1432	0.3588	0.0000	0.4586	0.0000
宝胜国际	0.2854	0.0000	0.2035	1.0000	1.0000	0.0552	0.0000	0.0517	0.1220	0.2809	0.2670	0.0715	0.2285	0.0213
裕元集团	0.3136	0.3361	0.1868	0.1554	0.9375	0.4016	0.2313	0.5349	0.3300	0.2340	0.1102	0.0607	0.1578	0.0407
中国动向	1.0000	0.0501	1.0000	0.2282	0.0000	0.1108	1.0000	0.1841	0.1980	0.1575	0.1196	0.0113	0.2529	0.5959
美克	0.0000	0.0631	0.0000	0.0000	0.0000	0.0000	0.6844	0.0000	0.0660	0.0000	0.0000	0.8027	0.0000	0.0000
探路者	0.2796	0.9019	0.1666	0.0393	0.5161	0.5232	0.7313	0.6925	0.4720	0.0210	0.6792	1.0000	0.1012	0.0000

(2) 坐标平移求权重, 得表 6-21。

表 6-21　　　　　　　　　沃尔评价体系权重表　　　　　　　　(单位: %)

一级指标	权重	二级指标	权重
盈利能力	32.86	销售利润率	17.6
		盈余现金保障倍数	5.9
		成本费用利润率	4.76
		资本收益率	4.6
资产质量	18.87	流动资产周转率	10.18
		资产现金回收率	8.69
债务风险	24.6	速动比率	8.29
		现金流动负债比率	10.67
		带息负债比率	5.64
经营增长	14.95	销售利润增长率	9.84
		总资产增长率	3.47
		资本积累率	1.64
非财务能力	8.72	社会贡献率	2.01
		科研投入比率	6.71

各个评价指标的权重计算结果如表 6-21 所示。由表 6-21 可知，反映体育用品企业盈利能力的指标所占权重最大，反映资产质量、债务风险、经营增长能力的指标所占权重差异不大，其中，销售利润率、流动资产周转率、现金流动负债比率、销售利润增长率权重比较大，非财务能力中，社会贡献率以及科研投入比率权重比较小，因此盈利能力维度对于上市体育用品企业的财务绩效贡献最大。

（3）依据沃尔评分法及熵值法确定的权重，对体育用品上市公司安踏体育进行评价，最终评价结果如表 6-22 所示。

表 6-22　　　　　2016 年安踏体育财务绩效评价计算表

一级指标	二级指标	标准得分	实际值	行业均值	调整分	综合得分	上限得分	下限得分	最终得分
盈利能力	销售利润率	17.6	0.248	0.146	1.63	19.23	26.4	8.8	19.23
	盈余现金保障倍数	5.9	1.034	1.086	-0.09	5.81	8.85	2.95	5.81
	成本费用利润率	4.76	0.481	0.32	0.30	5.06	7.14	2.38	5.06
	资本收益率	4.6	9.829	16.39	-0.23	4.37	6.9	2.3	4.37
资产质量	流动资产周转率	10.18	1.235	1.189	0.20	10.38	15.27	5.09	10.38
	资产现金回收率	8.69	0.185	0.072	4.34	13.03	13.035	4.345	13.03
债务风险	速动比率	8.29	2.38	2.4811	-0.27	8.02	12.435	4.145	8.02
	现金流动负债比率	10.67	0.578	0.252	5.35	16.02	16.005	5.335	16.02
	带息负债比率	5.64	0.729	0.228	2.82	8.46	8.46	2.82	8.46
经营增长	销售利润增长率	9.84	0.171	0.378	-0.32	9.52	14.76	4.92	9.52
	总资产增长率	3.47	1.138	1.171	-0.14	3.33	5.205	1.735	3.33
	资本积累率	1.64	0.113	0.224	-0.15	1.49	2.46	0.82	1.49
非财务能力	社会贡献率	2.01	0.065	0.02	1.02	3.03	3.015	1.005	3.02
	科研投入比率	6.71	0.036	0.054	-0.30	6.41	10.065	3.355	6.41

根据以上计算，可对各二级指标进行加总求出相应的一级指标得分，继而得出综合财务绩效得分。从该评价结果可看出，安踏体育总体财务绩效良好，总体得分 114.15，高于标准得分，其中，销售利润率、流动资产周转率、资产现金回收率、现金流动负债比率、社会贡献率都高于行业标准得分，表明安踏体育在盈利、资产质量和债务风险、非财务能

力方面都领先于行业水平,保持着良好的竞争优势;经营增长方面则略低于标准得分,表明安踏体育有可能面临着一定的发展压力,应给予关注,包括一些指标的反映,比如盈余现金保障倍数、资本收益率、销售利润增长率、科研投入率。

(4)对体育用品公司进行沃尔评分排名,以便更直观的评价安踏体育在宏观环境下的绩效情况,排名结果如表6-23所示。

表6-23 上市体育用品公司沃尔得分结果及排序

公司	沃尔得分	综合排名
安踏体育	114.15	1
李宁	109.05	2
361°	106.45	3
探路者	105.84	4
中国动向	104.95	5
裕元集团	99.83	6
特步	96.85	7
宝胜国际	91.67	8
美克	80.31	9

由上市体育用品公司沃尔得分结果可以看出,我国体育用品行业上市公司财务绩效差异较大,有五家企业沃尔分值高于标准分值,整体水平参差不齐,通过行业排名也相应证实了绩效评价体系的合理性。

安踏体育因为其在盈利、资产质量、偿债、贡献方面的良好表现,在体育用品行业中排名第一,李宁在经过重新定位以及制定市场战略后,出现了回升的良好势头,排名第二,361°与探路者、中国动向紧随其后,也表现出不错的企业发展。裕元集团、特步、宝胜国际、美克的沃尔分值低于标准分值,财务绩效情况不是很乐观,尤其是美克,其营业收入、利润基本为亏损,需要企业自身重视。

企业财务绩效较好的公司,并不一定是规模较大的公司。相反,公司规模较大的宝胜国际等公司,反而排名比较靠后。大公司可能存在着机构效率低下、适应市场变化能力较差、经营政策不灵活、资源配置不合理等现象。体育用品企业提高财务绩效，应从合理调整自身产业结构、合理扩展产业链着手，而非盲目扩大规模和粗放型扩张。

第六节 雷达图综合绩效分析

雷达图分析法是日本企业界在综合实力评估中采用的一种财务状况综合评价方法。按这种方法所绘制的财务比率综合图状似雷达，因此被称为雷达图法。使用雷达图对企业综合分析，一般是从企业收益性、成长性、流动性、安全性及生产性等五方面进行财务比率指标选取的。具体使用雷达图分析时，可以将企业的财务比率与行业标准作横向比较分析，也可以将企业报告期的财务比率与基期作纵向比较。

一 江中药业雷达图

表6-24　　　　江中药业雷达图数据　　　　（单位：%）

		江中	行业均值	对比值	单位圆半径
安全性	流动比率	4.24	2.7	1.57	1
	速动比率	3.75	0.82	4.57	1
	资产负债率	0.12	0.402	0.3	1
流动性	应收账款周转率	42.15	5.6	7.53	1
	存货周转率	5.46	3.3	1.65	1
	总资产周转率	0.87	0.5	1.74	1
收益性	净资产收益率	0.164	0.176	0.93	1
	销售净利率	0.142	0.13	1.09	1
	每股收益（元）	1.22	0.55	2.22	1
成长性	净利润增长率	0.38	0.146	2.6	1
	总资产增长率	-0.2	0.07	-2.86	1
	销售收入增长率	-0.08	0.099	-0.81	1

图6-4 江中药业雷达图

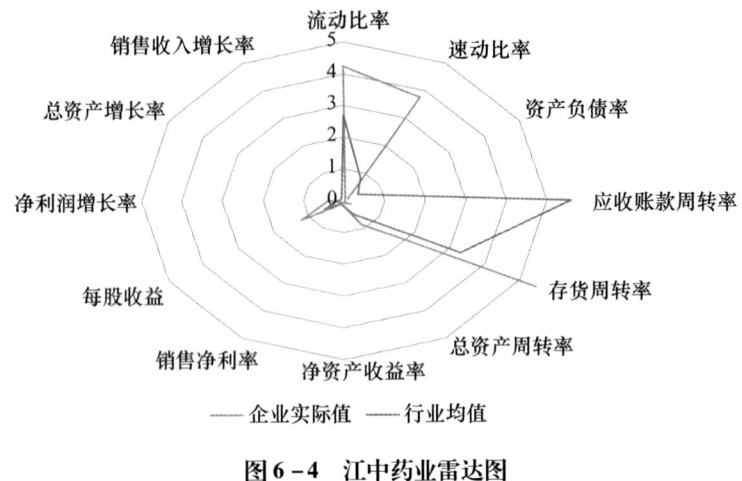

二 基于雷达图的综合分析

（一）安全性指标

安全性指标均优于行业均值，说明其流动资金充裕，偿债能力强；

（二）成长性指标

成长性指标比行业均值低，原因是2016年非处方药类主要受两票制、降药比等医药行业政策以及公司上年末对外转让子公司江西九州通，加之主导产品均进入成熟期而增长乏力，导致销售不理想，实施了渠道精控策略，渠道经销商数量进一步减少，也说明医药制造行业竞争进一步加剧。

（三）收益性指标

收益性指标基本高于行业均值，表明该公司对于成本费用的控制能力较强，但仍需提高净资产收益率，即在加强成本费用控制的同时改善资产结构，合理配置资源，加速资产周转，提高净资产收益率。

（四）流动性指标

江中药业流动性指标高于行业平均水平，其资金和资产的使用效率较高，有助于企业未来发展。

第七章

上市公司估值的参与式教学实施

第一节 上市公司估值方法的理论知识

通过对上市公司财务报告披露的经营数据的全面分析,来评估公司内在价值及股票的估值,已经成为上市公司财务分析的一项重要内容。不同的分析者分析公司股票估值的目的各有不同。比如证券分析师分析上市公司股票估值,是为了寻找价值被低估的股票,帮助股票投资者进行买卖决策,利用股票价值与市场价格之间的差价获利。投资银行家分析上市公司股票估值,是为了向客户提出财务方面的建议,例如资产重组、购并,购买以及撤回投资等。就股票首次公开发行来说,投资银行家要做大量的分析以帮助股票的推介与销售。独立投资者通过股票估值的分析来决策购买哪些股票以及购买的合理价格。享受公司股权激励的公司高管及员工进行股票估值的分析,则是为了决策是否行使认股权来购买公司的股票。

一 绝对估值法的应用

绝对估值法是指通过对历史及当前的公司基本面的分析和对未来反映公司经营情况的财务数据的预测,估算出上市公司股票的内在价值的方法。绝对估值法有两大类模型:现金流量折现模型和经济利润模型。

(一)现金流量折现模型(DCF法)

现金流量折现模型由 J. B. 威廉提出,它直接由公司股票内在价值的定义推出,简单直观,非常容易理解。现金流量是指各期的预期现金流量,不同资产的未来现金流量表现形式不同:譬如债券的现金流量是利息和本金，投资项目的现金流量是项目引起的增量现金流量，股票现金流量就是股东未来取得的股利收入和出售时的售价，如果股东永远持有股票，则其获得的现金流量就是未来的股利。企业任何资产都可以使用现金流量模型来估价。

现金流量折现模型的一般形式如下：

$$股票内在价值 = \sum_{n}^{\infty} \frac{现金流量_t}{(1+资本成本率)^t}$$

其中，"现金流量"是指未来各期流入的净现金流，"资本成本率"则是对现金流量折现时采用的适合折现率，即必要收益率。进行价值评估时，按照归属的不同，现金流量可分为实体现金流、股权现金流和股利现金流三类。对应不同类型的现金流，折现率为加权资本成本率或股权资本成本率，现金流折现模型也可分为股利现金流量模型、股权现金流量模型和实体现金流量模型三类。需要指出的是，折现率是现金流量风险的函数，风险越大则折现率越大，折现率还需要与现金流量相匹配，股权或股利现金流量只能用股权资本成本折现，而实体现金流量只能用企业的加权资本成本折现。

1. 股利现金流量模型（DDM 模型）

股利现金流量模型是用股利贴现评估普通股内在价值的方法，即股票的价值等于公司在不同时期向股东派发现金股利（不包括股票股利等）的净现值的总和。它的一般模型是：

$$股票价值 = \sum_{t=1}^{\infty} \frac{股利现金流量_t}{(1+股权资本成本率)^t}$$

其中，股利现金流量是各期企业分配给股东的现金股利（不包括股票股利），t 为折现期数。

未来各年股利的数额取决于公司未来每股盈余及公司的股利分配政策，预测每股盈余可以利用公司历史资料，采用如回归分析、时间序列趋势分析等方法。股利政策则可以通过公司规定获得，如固定股利支付、固定股利支付率、低股利支付等多种股利支付政策。股权资本成本率，即所谓的股东的必要报酬率，则是公司风险及利息率等多种因素共同作用的结果，也称股东预期报酬，可以根据无风险收益率与额外风险报酬率之和计算而得。贴现期限一般可以选择无穷年。股票估值的基本模型要求无限期地预测未来各年股利,这实际上是不可能做到的,在实际应用中需要对基本模型作简化处理,根据对未来股利增长率的不同假设,人们构造出了几种不同的股利贴现模型。

(1)零增长模型。该模型假定股利增长率等于零,也就是说,未来的股利按一个固定数量支付,其支付过程其实相当于是一个永续年金。股票价值为:

$$P_0 = \frac{D}{R_s}$$

其中:P_0为股票价值;D为每年支付的股利;R_s为股东要求的必要报酬率(到期收益率)。

(2)永续增长模型。零增长模型是基于假定公司每年的股利都为D,但考虑到经济持续发展以及公司成长等原因,公司的股利不可能恒定不变,而应当是不断增长的。永续增长模型是用来估计处于"稳定增长状态"公司的股票,它假定公司的现金股利预计在未来一段很长的时间内以某一固定的速度 g 增长,股票价值为:

$$P_0 = \sum \frac{D_0(1+g)^t}{(1+r)^t}$$

当 r > g 时,上式可推导为:

$$P_0 = \frac{D_0(1+g)}{r-g} = \frac{D_1}{r-g}$$

其中:D_1为第一年的预期股利;r 为股东的必要报酬率;g 为永续股利增长率。

永续增长模型的适用条件是企业必须处于永续状态,即企业有永续的增长率和净投资回报率。永续增长模型中,股票价值对增长率的估计值很敏感,当增长率接近折现率时,股票价值趋向无限大,所以对 g 与 r 的预测质量要求很高。

永续增长模型假定对某一种股票永远支付固定增长比率的股利,它的应用受到相当大的限制。该模型是多元增长模型的基础,反映了宏观经济与微观经济是不断增长的,但由于现实中很少存在每年派发现金股利能维持一个恒定增长比率的上市公司,该模型与现实同样存在较大差距。

(3) 二元增长模型。由于零增长模型和不变增长模型共同的特征是对于增长比率给予了严格的限制条件,但在许多情况下采用不变的增长模式显然是不现实的,为了更好地描述实际情况,人们又提出了多元增长模型。但由于多元增长模型比较复杂,这里主要对可变增长模型中的二元增长模型进行介绍。二元增长模型也称两阶段增长模型,该模型假设增长率经历了持续 n 年的超常增长时期和随后的稳定增长时期这样两个时期,在稳定阶段,公司的增长率平稳,并预期长期保持不变。股票的价值等于超常增长股票股利的现值与期末股票价格的现值之和,即股票价格 = 预测期股权现金流量现值 + 后续期价值的现值。

若假设预测期为 n,在时间 n 之前股利以一个 g_1 的不变增长速度增长,在时间 n 后,股利以一个 g_2 的不变增长速度增长。在此假定下,可以建立二元可变增长模型为:

$$P_0 = \sum_{t=1}^{n} \frac{D_0(1+g_1)^t}{(1+r)^t} + \frac{D_{n+1}}{r-g_2} \times \frac{1}{(1+r)^n}$$

其中,$D_{n+1} = D_0(1+g_1)^n(1+g_2)$

该模型适用于公司当前处于高速增长阶段,并预期在今后一段时期内仍保持这一较高的增长率,在此之后,支持高增长率的因素消失,他们的增长机会缓慢下降直至稳定增长率水平。

相对于零增长模型和不变增长模型而言,二元增长模型较为接近实际情况。然而,对于股票的增长形态,我们可以给予更细的分析,以更贴近实际情况。与二元增长模型相类似,我们还可以建立三元等多元增长模型,其原理、方法和应用方式与二元增长模型相同。

2. 自由现金流量折现模型(DCF 模型)

自由现金流量就是在支付经营费用和所得税之后,企业权益人可享受的全部现金流量。其计算方法有两种:一种是把企业不同权益人的现金流量加总在一起,包括股东、债权人和优先股股东,他们在企业的现金流量要求表现为:

股权资本投资者现金流量 = 股权现金流量 = 净收益 + 折旧 − 资本性支出 − 营运资本追加额 + 新债发行额 − 偿还本金

债权人现金流量 = 利息费用 ×(1 − 税率)+ 偿还本金 − 新债发行额

优先股股东现金流量 = 优先股股利

所以，全部权利人的现金流量所构成的自由现金流量为：

自由现金流量（FCF）＝净收益＋折旧－资本性支出－营运资本追加额＋新债发行额偿还本金＋利息费用×（1－税率）＋偿还本金－新发行债务＋优先股股利＝EBIT×（1－税率）＋折旧和摊销－资本性支出－营运资本追加额

另一种方法是从息税前利润率（EBIT）开始计算，其计算公式如下：

自由现金流量（FCF）＝EBIT×（1－税率）＋折旧和摊销－资本性支出－营运资本追加额

自由现金流量（FCF）的含义是，一定时期内产生的潜在的可供股东和债权人支配的现金，其中包括可以支付给投资者的现金股利或股票回购现金，可以支付给债权人的利息或本金。

自由现金流量仅指可供股东和债权人支配的现金，是因为多数企业实际支付的股利（和股票回购）金额都低于他们能够支付的金额。原因是管理者为了实现将来大量资本投入而保留资金，因为使用内部融资进行投资的成本比发行有价证券等资本成本更低。因此，很多企业常常通过购买诸如国库券等短期投资来保留部分自由现金流量。

自由现金流量折现模型（DCF）认为企业价值应该等于企业的未来自由现金流量按适当的资本成本率折现后的现值。模型中的资本成本，通常是指加权平均资本成本（WACC），即权益资本成本与债务资本成本的加权平均数。

企业价值由企业未来的自由现金流量按照加权平均成本折现现金流量模型的计算公式如下：

$$V_0 = \sum \frac{FCF_t}{(1+k)^t}$$

式中，V_0 为企业投入资本的现时价值，即企业价值；FCF_t 为未来第 t 年的自由现金流量；k 为加权平均资本成本。用加权平均成本（WACC）对自由现金流（FCF）进行折现可以得到企业的价值。

与股利折现模型一样，这个 DFC 折现模型也是建立在关于企业未来增长的假设基础之上。根据对自由现金流量未来增长率的不同假设而构造出了以下几种不同形式的自由现金流量折现模型。

（1）FCF 稳定增长模型。FCF 稳定增长企业的现金流以固定的 g 增长率增长时，可以使用稳定增长的 FCF 模型对其进行评估。FCF 稳定增长的企业估价模型如下：

$$V_0 = \frac{FCF_1}{k - g}$$

（2）两阶段 FCF 模型。如果企业 n 年内，表现为自由现金流量不稳定增长但可预期的初始阶段；n 年后达到稳定增长状态，稳定增长率为 g，可采用两阶段的自由现金流量模型，此时企业的价值可以表示为企业价值 = 不稳定增长阶段 FCF 的现值 + 稳定增长阶段 FCF 的现值，即

$$V_0 = \sum_{t=1}^{n} \frac{FCF_t}{(1+k)^t} + \frac{FCF_{n+1}}{k-g} \times \left[\frac{1}{(1+k)}\right]^{n+1}$$

（3）三阶段 FCF 模型。与两阶段折现模型一样，三阶段模型分三个阶段，表现企业的增长。即初始阶段、稳定增长阶段和零增长阶段。三阶段模型企业价值在两阶段 FCF 模型基础上加上零增长阶段的现值（相当于永续年金现值）。

（二）经济利润模型（EVA 法）

经济利润是经济学视角下的利润。虽然它也是收入扣除成本后的差额，但经济收入不同于会计收入，经济成本也不同于会计成本，因而经济利润也就不同于会计利润。从经济学角度来看，企业价值的增加取决于企业超额收益的增加。企业超额收益是企业投入的资本所产生的利润超过资本成本的剩余收益，即息前税后利润扣除全部资本成本后的余额。全部资本成本不仅包括使用债权人资本所花费的代价——债务资本成本（简称债务成本），而且还包括使用所有者资本（股权资本）所花费的代价——股权资本成本（简称股权成本）。由于企业超额收益真实反映了企业价值的增加，经济利润就是指从超过投资者要求的报酬率中得来的价值，因此经济利润又被称作经济增加值（Economic Value Added，EVA）。

EVA 一般用税后净营业利润（NOPAT）扣除企业全部投入资本成本后的余额计算。具体计算过程如下：

$$EVA = NOPAT - C \times WACC$$

式中，NOPAT 为税后净营业利润；C 为全部投入资本（包括债务资本与股权资本）；WACC 是企业加权平均资本成本。

经济利润法与现金流量折现法的企业价值计算步骤基本一致。现金

流量法以现金流量为基础折现；经济利润法以 EVA 为基础折现，他们均可能使用永续模型、二阶段模型或三阶段模型。

经济利润法要求企业在经营期间所创造的价值增值不仅要考虑到企业所占用资本的机会成本，还要考虑到会计项目中记录的费用支出，因此，它不适用于周期性企业和新设公司的价值评估。

综上所述，绝对估值法主要有现金流量折现法和经济利润法，它在概念上比较健全，容易理解，将公司未来收益体现到当前的股价之中，利用绝对估值法可以估计出股票的内在价值。但是由于企业现金流量和折现率受到诸如市场环境、评估人对风险的厌恶程度等多种因素影响，很难准确预测公司未来盈利的波动性，这些不确定因素就使得绝对估值方法在实际中的应用受到很大限制。但是绝对估值模型为我们评价股票的内在价值提供了一个分析框架，未来现金流、各种资金成本、投资者预期报酬率等因素影响了股票的内在价值，而且未来现金流与股票的内在价值是呈正向关系的，投资者预期报酬率或资金成本率与股票的内在价值一般是呈反向关系的。实际工作中使用更多的是下面要介绍的相对简单的相对估值法。

二　相对估值法的应用

相对估值法也称可比交易价值法或价格乘数法，它的假设前提是存在一个支配公司市场价值的关键变量（如净利润每股收益等），被评估企业利用该变量的比值能推断出自己的市场价值。相对估值法主要使用市盈率、市净率、收入比等价格指标与其他多个同类公司股票（可比公司）进行对比，如果低于可比公司的相应的指标值的平均值，表明相对于同类型公司，该公司股票价格被低估，股价上涨的可能性较大。相对价值法估算出来的只是一种相对价值，而不是目标企业的内在价值。如一家公司股票市场价格为 10 元，用相对估值法计算出来的价值为 15 元，那么可能有两种原因：该公司股票市场价值偏低，或者是类似公司的股价本身存在高估现象。因此，相对估值法的实际应用是受市场环境、公司特质等因素制约的。

相对估值法与绝对估值法相比，主要有三点不同：（1）使用相对估值法估值时不需要计算企业未来的现金流量；（2）它采用的是企业短期的数据，估算的年限一般为1—2年，绝对估值法估算的年限一般为5—10年或者更长；（3）绝对估值法计算的是股票的内在价值，而相对估值法计算的是股票的相对价值，容易受可比公司的股票价格波动影响。

使用相对估值法进行股票价值评估，其主要步骤为：首先，找出和目标企业可比的企业；其次，计算该可比企业的相对价值比率；再次，用该可比企业的相对价值比率（或者投资者认可的可比企业的有关比率）乘以目标企业的相关变量（如每股净利、每股净资产、每股收入等），得到目标企业股票价值。

计算目标企业股票价值时，需要注意可比企业的选择。可比企业是指与目标企业规模、产品定位、盈利模式、财务指标等类似的企业，它与同行业企业是两个不同的概念，如一家小型钢铁公司和一家大型钢铁公司虽然属于同行业，但因为规模不同，两家企业很可能不是可比企业。

常用的相对估值法主要有市盈率法、市净率法、市销率法（市价/收入法）、企业价值倍数法等。

（一）市盈率法（PE法）

市盈率是每股价格与每股收益之间的比率，如果我们能分别估计出股票的市盈率和每股收益，那么我们就能估计出股票价格。这种评价股票价格的方法就是市盈率估值方法。其计算公式为：

目标企业股票价值 = 可比企业市盈率 × 目标企业每股净利

市盈率法中净利润可以从利润表的净利润项目直接取得，而普通股股数就是资产负债表中的股本除以股票面值。由于我国绝大多数股票的票面值为1元，所以绝大多数公司的股本就是普通股股份数量。净利润除以普通股数量即可得到每股收益，每股市价除以每股收益便是市盈率。

市盈率模型的优点主要表现在：一是计算市盈率的数据容易取得，并且计算简单；二是市盈率把价格和收益联系起来，直观地反映投入和产出的关系；三是市盈率涵盖了风险补偿率、增长率、股利支付率的影响，具有很高的综合性。

市盈率模型的缺点和不足表现在：如果利润是负值，市盈率就失去了意义；市盈率除了受企业本身基本面的影响之外，还受到整个经济景气程度的影响。在整个经济繁荣时期，市盈率上涨；整个经济衰退时，市盈率下降。另外，收益容易变动，会计数据可能失实。

（二）市净率法（PB 法）

市净率又称净资产倍率，是每股市场价格与每股净资产之间的比率。

市净率法假设股权价值是净资产的函数，可比企业有相似的市净率，净资产越大则股权价值越大，股权价值是净资产的一定倍数，目标企业的价值可以用每股净资产乘以可比企业平均市净率计算。

目标企业股票价值 = 可比企业平均市净率 × 目标企业净资产

公式中的每股净资产用公司的股东权益除以普通股股数得到，又称每股账面价值，是指每股股票所含的实际净资产价值，是支撑股票市场价格的物质基础，也代表着公司解散时股东可分得的权益，通常被认为是股票价格下跌的底线。每股净资产的数额越大，表明公司内部积累越雄厚，抵御外来因素影响的能力越强。正因为如此，市净率反映的是相对于净资产，股票当前市场价格是处于较高水平还是较低水平。市净率越大，说明股价处于较高水平；反之，市净率越小，说明股价处于较低水平。

市净率估值模型的优点表现在：一是净利为负值的企业不能用市盈率估价，而市净率极少为负值，可用于大多数企业；二是净资产账面价值的数据容易取得，并且容易理解；三是净资产账面价值比净利润稳定，也不像净利润那样经常被人为地大幅度操纵；四是如果会计标准合理并且各企业会计政策一致，市净率的变化可以反映企业价值的变化。

市净率的缺点和不足表现在：一是账面价值受会计政策选择的影响，如果各企业执行不同的会计标准或会计政策，市净率可能会失去可比性；二是固定资产很少的服务性企业和高科技企业，净资产与企业价值的关系不大，以市净率估值没有实际意义；三是少数企业的净资产是负值，市净率没有意义，无法用于比较。

三 教学任务发布

根据之前所发布任务，学生已完成相应上市公司财务能力分析、现金流量分析，并在此基础上完成了相应公司综合能力分析，对公司整体情况有了一定了解。本章要求学生根据上市公司估值的理论知识：①运用不同的估值方法对所选公司进行估值。（至少用到我们讲述的方法，另外，欢迎同学们自学其他可能的方法并应用到你们的案例中）。②估值计算过程要逻辑清晰，并能对估值结果进行相关解释分析。

第二节　上市公司估值的学生作品

一　相对估值法的应用

以下是江中药业应用相对估值法计算的企业价值。

首先选择可比公司。先查找和江中药业同行业，且在 OTC 市场中所占市场份额相差不多的上市公司，然后结合江中药业在年报中选择的可比公司，最终确定了 5 家公司，分别为哈药股份、华润三九、云南白药、同仁堂、葵花药业，如下表 7-1 所示。

表 7-1　　　　2017 年医药行业 5 家上市公司财务指标表

公司名称	每股净资产（元）	每股收益（元）	市净率（%）	市盈率（%）
哈药股份	2.76	0.16	1.46	22.14
华润三九	10.05	1.33	2.2	15.97
云南白药	17.32	3.02	3.81	20.08
同仁堂	6.14	0.74	4.33	35.88
葵花药业	10.25	1.45	3.56	24
平均值	—	—	3.072	26.44

表 7-2　　　　江中药业 2013—2017 年每股净资产　　　（单位：元）

项目	2013 年	2014 年	2015 年	2016 年	2017 年
每股净资产	6.68	6.92	7.85	8.72	9.72
增加额	—	0.24	0.93	0.87	1
增长率（%）	—	3.59	13.447	11.08	11.47

如表 7-2 所示：根据江中药业 2013—2017 年的每股净资产变动情况，按其平均增长率可大概估计，该公司 2018 年的每股净资产约为 10.85 元。由此可知，在市净率法下，该公司的每股市价 = 3.072 × 10.85 = 33.33 元。

表7-3 江中药业2013—2017年每股收益 （单位：元）

项目	2013年	2014年	2015年	2016年	2017年
每股收益	0.55	0.87	1.22	1.27	1.39
增加额	—	0.32	0.35	0.05	0.12
增长率（%）	—	58.18	28.69	4.1	9.45

如表7-3所示：根据江中药业2013—2017年的每股收益变动情况，按其平均增长率可大概估计出该公司2018年的每股收益约为1.52元。由此可知，在市盈率法下，该公司的每股市价＝26.44×1.52＝40.19元。

二　自由现金流量折现模型估值应用

LZ公司创建于1985年1月，注册资本为4.25亿元，是我国知名的化学制剂医药生产企业。1993年先后在A、B股成功上市。以下是该企业价值应用自由现金流量模型的估值过程及结果。

医药行业在我国占据着非常重要的地位，而LZ公司又是化学制剂行业的龙头企业，其发展战略必然会涉及国家经济政策和行业政策。据统计数据显示，"十二五"计划期间（2011—2015年），国内医药工业销售收入整体规模呈上涨趋势，复合增长率平均为15.3%，到2016年增速进入稳定期。因此，使用两阶段模型，假设第一阶段（2017—2021年）为预测期，第二阶段（2021年以后）将进入永续期，企业进入稳定状态。

（一）自由现金流预测

1. 预测营业收入

通过对LZ公司2012—2016年营业收入增长率变动情况进行分析（见表7-4）的营业收入增长率呈下降趋势。LZ公司在五年间营业收入增长率保持在20%左右，通过计算得出，2012—2016年营业收入年均复合增长率为19.33%，而医药行业整体营业收入复合增长率为15.3%。由于医药产业规模不断扩大，医药工业总产值占GDP的比重也不断上升，国内和国际市场对药品需求和消费持续增加，医药行业将持续稳步发展。因此，结合行业宏观环境和LZ公司自身的战略政策，我们预计LZ公司2017—2021年的营业收入可保持25%左右的增长率，而永续增长阶段增速会接近我国GDP的增长速度，维持在7%左右。

表7-4　　LZ公司2012—2016年销售收入增长率变动情况　　（单位：%）

项目	2012年	2013年	2014年	2015年	2016年	平均值
营业收入增长率	24.68	17.12	20.04	19.41	15.58	19.37

由于在预测的过程中，营业收入是预测其他财务数据的基础，如所得税、各项费用支出等，因此，在计算自由现金流的过程中，需要通过营业收入和其他财务数据的比值关系来进一步预测。

2. 预测营业成本

LZ公司的销售毛利率五年来缓慢增长，且处于行业领先位置，2016年营业成本占营业收入的比重下降了3个百分点（见表7-5），这主要是因为公司制定重点品种攻关目标，加强项目成本考核，推进产品核心技术的升级改造，精进工艺，降低成本。因此，预计LZ公司未来的营业成本占营业收入的比重将进一步下降，维持在33%左右。

表7-5　　LZ公司2012—2016年营业成本与营业收入的比值　　（单位：%）

项目	2012年	2013年	2014年	2015年	2016年
营业成本/营业收入	39.80	36.69	38.65	38.90	35.91

3. 预测税金及附加

LZ公司税金及附加中涉及的税种有城建税、教育费附加、堤围防护费和营业税。根据财政部《增值税会计处理规定》（财会〔2016〕22号）的通知，税金及附加科目中新增土地使用税、房产税、车船使用税及印花税，因此2016年税金及附加与营业收入的比率较高（见表7-6）。根据表7-6，我们预测税金及附加与营业收入的比率将维持在1.55%左右。

表7-6　　LZ公司2012—2016年税金及附加与营业收入的比值　　（单位：%）

项目	2012年	2013年	2014年	2015年	2016年
税金及附加/营业收入	1.38	1.27	1.25	1.22	1.57

4. 销售费用率和管理费用率预测

根据对 LZ 公司 2012—2016 年利润表以及表 7-7 对销售费用、管理费用的分析可知，销售费用每年都有上升且比重较大，甚至超过营业成本占比，与行业内其他公司相比销售费用占比最高，根据报表附注中销售费用明细可知，市场宣传及推广费占到销售费用的 90% 以上，主要是由于公司的营销网络覆盖全国各地，这是公司的核心竞争力之一。因此，预计未来随着收入的不断增长，销售费用占比将维持在 40% 左右。

近年来管理费用占比比较稳定，且与行业内其他公司相比处于较低水平，管理费用中占比较大的是研发费用，未来随着公司规模的不断扩大，研发费用也会不断增加，因此，预计管理费用占比将维持在 9.4% 左右。

表 7-7　　LZ 公司 2012—2016 年成本费用占比情况表　　（单位：%）

项目	2012 年	2013 年	2014 年	2015 年	2016 年
营业收入	100.00	100.00	100.00	100.00	100.00
营业成本	39.80	36.69	38.65	38.90	35.91
税金及附加	1.38	1.27	1.25	1.22	1.57
销售费用	36.56	39.20	39.83	38.39	40.13
管理费用	8.90	9.47	8.38	9.16	9.47

资料来源：公司公开财务报表数据整理所得。

5. 资产减值损失预测

从表 7-8 中可以看出，2012—2016 年资产减值损失占营业收入的比重逐渐增大，其中，坏账损失、存货跌价损失以及可供出售金融资产减值损失占比较大，随着公司资产规模的扩张，投资力度加大，资产减值损失必然增大，而其中可供出售金融资产减值损失是部分海外权益性投资项目公允价值低于成本而计提减值所造成，不具有可持续性。因此，预计未来公司的资产减值损失占营业收入的比重为五年来的平均值 1.23%。

表 7-8　　LZ 公司 2012—2016 年资产减值损失分析　　（单位：%）

项目	2012 年	2013 年	2014 年	2015 年	2016 年	平均值
资产减值损失/营业收入	1.15	0.98	1.04	1.55	1.40	1.23

6. 所得税预测

在自由现金流量折现模型中，计算加权平均资本成本时需要考虑到利息的抵税效用。因此，在预测所得税费用时，需要将损益表中的所得税转换成为基于EBIT的所得税。

通过对LZ公司近年来的财务报表分析，公司享受了15%的税收优惠政策，根据表7-9，预计未来公司基于EBIT的所得税与营业收入的比值将维持在五年来的平均值2.30%左右。

表7-9　LZ公司2012—2016年基于EBIT的所得税与营业收入的比值（单位：%）

项目	2012年	2013年	2014年	2015年	2016年
基于EBIT的所得税/营业收入	2.09	2.22	1.83	2.30	2.30

7. 税后净营业利润预测

表7-10为预测的2017—2021年各经营费用项目与营业收入的比值。

表7-10　LZ公司2017—2021年各经营费用项目与营业收入的比值（单位：%）

项目	2017年	2018年	2019年	2020年	2021年
营业成本/营业收入	33	33	33	33	33
税金及附加/营业收入	1.55	1.55	1.55	1.55	1.55
销售费用/营业收入	40	40	40	40	40
管理费用/营业收入	9.4	9.4	9.4	9.4	9.4
资产减值损失/营业收入	1.23	1.23	1.23	1.23	1.23
基于EBIT的所得税/营业收入	2.09	2.22	1.83	2.30	2.30

根据表7-11的预测，我们得出2017—2021年税后净营业利润预测表（见表7-11）。

表7-11　LZ公司2017—2021年税后净营业利润预测　　（单位：元）

项目	2017年	2018年	2019年	2020年	2021年
营业收入	9564719107	11955898884	14944873604	18681092006	23351365007
营业成本	3156357305	3945446632	4931808289	6164760362	7705950452

续表

项目	2017年	2018年	2019年	2020年	2021年
税金及附加	148253146	185316433	231645541	289556926	361946158
销售费用	3825887643	4782359553	5977949442	7472436802	9340546003
管理费用	899083596	1123854495	1404818119	1756022649	2195028311
EBIT	1535137417	1918921771	2398652214	2998315267	3747894084
所得税	219988539	274985674	343732093	429665116	537081395
税后营业净利润	1315148877	1643936096	2054920121	2568650151	3210812688

8. 折旧与摊销预测

根据对表7-12的分析，折旧占营业收入的比值五年来呈上升趋势，因此，预测随着固定资产的增加，折旧费用也会继续上升，未来折旧占营业收入的比值将维持在4.5%左右。

通过表7-12可以看出，随着无形资产在营业收入中的占比下降，摊销额也随之减少。因此，预测公司未来摊销占营业收入的比重将维持在0.48%左右。

表7-12　　　2012—2016年折旧、摊销与营业收入比值　　（单位：%）

项目	2012年	2013年	2014年	2015年	2016年	平均值
折旧/营业收入	3.34	3.24	4.11	4.33	4.39	3.88
摊销/营业收入	0.72	0.65	0.53	0.51	0.50	0.58

9. 经营性流动资产预测

表7-13是LZ公司2012—2016年经营性流动资产各项目与营业收入的比值分析。

表7-13　　2012—2016年经营性流动资产各项目与营业收入的比值　　（单位：%）

项目	2012年	2013年	2014年	2015年	2016年	平均值
货币资金/营业收入	30.97	16.48	12.91	12.06	26.95	19.87
应收票据/营业收入	2.85	5.88	5.51	5.18	6.70	5.22
应收账款/营业收入	19.63	22.81	19.35	18.97	19.14	19.98

续表

项目	2012年	2013年	2014年	2015年	2016年	平均值
预付款项/营业收入	5.25	4.38	2.99	1.85	1.15	3.12
其他应收款/营业收入	1.34	0.85	0.94	1.02	0.64	0.96
存货/营业收入	13.86	13.89	15.29	14.86	14.37	14.45
经营性流动资产/营业收入	73.91	64.29	56.99	53.94	68.94	63.61

第一，预测货币资金。根据表7-13以及公司年报分析，2013年货币资金占营业收入的比重大幅减少系工程建设以及设备投资所致，考虑由于经营规模扩大及资本结构的转变，公司对货币资金的需求会不断增加。因此，预计未来货币资金占营业收入的比重为30%。

第二，预测应收账款。近几年来，公司加大了应收账款回收力度，管理水平较高，坏账率稳定，应收账款周转率逐年加快。因此，预测未来应收账款占营业收入的比重将维持在19%左右。

第三，预测存货。从表7-13中可以看出，存货周转率近几年来逐渐下降，存货管理水平不够。因此，预计未来存货占营业收入的比重将维持在14.5%左右。

由于经营性流动资产中其余各项目占营业收入的比重较小，因此，将其余项目五年来占比的平均值作为未来预测基准。根据上文预测，得出LZ公司2017—2021年经营性流动资产预测表（见表7-14）。

表7-14　　LZ公司2017—2021年经营性流动资产预测　　（单位：元）

项目	2017年	2018年	2019年	2020年	2021年
货币资金	2869415732	3586769665	4483462081	5604327602	7005409502
应收票据	499693859	624617323	780771654	975964568	1219955710
应收账款	1817296630	2271620788	2839525985	3549407481	4436759351
预付款项	298868587	373585733	466982167	583727709	729659636
其他应收款	91815920	114769900	143462375	179327969	224159961
存货	1386884270	1733605338	2167006673	2708758341	3385947926
经营性流动资产	6963974999	8704968748	10881210935	13601513669	17001892086

10. 经营性流动负债预测

采用经营性流动负债各项目占营业收入比值作为预测基准（见表7-15）。随着公司规模扩大，应付账款也会相应增加，因此预计应付账款占营业收入的比重为9.5%；而且其他应付款也会随着营业收入的增长而呈上升趋势，预计其他应付款占营业收入的比重为21.5%；同时，受到税收政策变化的影响，应交税费也会相应增长，将未来应交税费占营业收入的比重定为3.9%；其余项目由于占比较小，因此，将其余项目五年来占比的平均值作为未来预测基准。故得出LZ公司2017—2021年经营性流动负债预测表（见表7-16）。

表7-15 2012—2016年经营性流动负债各项目与营业收入比值 （单位：%）

项目	2012年	2013年	2014年	2015年	2016年	平均值
应付账款/营业收入	7.91	9.44	10.80	9.62	7.68	9.09
预收款项/营业收入	0.96	1.34	1.01	0.99	1.03	1.06
应付职工薪酬/营业收入	1.89	1.96	1.26	1.09	1.48	1.53
应交税费/营业收入	2.45	1.94	0.60	1.96	3.82	2.15
应付股利/营业收入	0.06	0.05	0.09	0.04	0.03	0.06
其他应付款/营业收入	15.78	16.60	15.52	19.44	20.36	17.54
经营性流动负债/营业收入	29.05	31.33	29.28	33.14	34.41	31.44

表7-16 LZ公司2017—2021年经营性流动负债预测 （单位：元）

项目	2017年	2018年	2019年	2020年	2021年
应付账款	908648835	1135810394	1419762992	1774703741	2218379676
预收款项	101849705	127312131	159140164	198925204	248656506
应付职工薪酬	146700216	183375270	229219088	286523860	358154824
应交税费	373024045	466280056	582850071	728562588	910703235
应付股利	5383690	6729613	8412016	10515020	13143775
其他应付款	2056414608	2570518260	3213147825	4016434781	5020543477
经营性流动负债	3592020579	4490025724	5612532155	7015665194	8769581493

11. 资本性支出预测

随着公司发展，资本规模增大，企业为了提高收入会投资更多的固定资产，再结合表7-17，预测未来公司固定资产占营业收入的比重将维持在45%左右。由于无形资产占营业收入的比值五年来比较稳定，且逐年下降，故将3.85%作为预测无形资产基准。因此，得出LZ公司2017—2021年资本性支出预测表（见表7-18）。

表7-17　　LZ公司2012—2016年固定资产、无形资产与营业收入比值　　（单位：%）

项目	2012年	2013年	2014年	2015年	2016年	平均值
固定资产/营业收入	28.59	42.80	53.09	50.20	43.66	43.67
无形资产/营业收入	5.20	4.86	4.66	3.92	3.91	4.51

表7-18　　LZ公司2017—2021年资本性支出预测　　（单位：元）

项目	2017年	2018年	2019年	2020年	2021年
固定资产	4304123598	5380154498	6725193122	8406491403	10508114253
无形资产	368241686	460302107	575377634	719222042	899027553
固定资产增加额	963145741	1076030900	1345038624	1681298281	2101622851
无形资产增加额	69338373	92060421	115075527	143844408	179805511
资本性支出	1032484114	1168091321	1460114151	1825142689	2281428361

（二）折现率的确定

一般来说，折现率需要与被折现的现金流量的类型和风险相一致。对于企业整体价值评估来说，通常会使用企业自由现金流量，与之对应的折现率方法则为加权平均资本成本（WACC），其中，权益资本成本的测算则采用资本资产定价模型（CAPM）。

1. 权益资本成本K_e的确定

根据资本资产定价模型（CAPM），$K_e = R_f + \beta \times (R_m - R_f)$，需确定无风险收益率$R_f$、个股对市场价格变化的敏感系数$\beta$以及市场风险溢价$(R_m - R_f)$。

首先，无风险报酬率的确定。以往学者通常认为，政府债券没有违约风险，故将其作为无风险报酬率。因此，采用 5 年期的固息国债 4.42% 作为无风险收益率。

其次，风险系数 β 的确定。风险系数 β 代表的是某一资产组合特定的系统风险，用来表示股票收益率的波动与证券市场收益率波动二者之间的联系。计算公式为：

$$\beta = \frac{Cov(R_i, R_m)}{\sigma_m^2}$$

式中：$Cov(R_i, R_m)$ 指证券 i 的报酬率与市场组合报酬率的协方差；σ_m^2 指市场组合报酬率的方差。

由于 β 系数反映个股对市场变化的敏感性，与时间跨度有很大关系，郜志宇、冯连胜、沈琦（2007）认为要想使得 β 系数能够保持稳定性，则应对其三年的数据进行回归，那么股票风险的敏感程度也可以较充分地揭示出来。因此，为了保证数据的有效性和稳定性，自 Wind 数据库取 2014 年 1 月 1 日至 2016 年 12 月 31 日的深证成指涨跌率与 LZ 公司个股月收益率数据，见表 7 - 19 所示，结合 β 值计算公式，得到 LZ 公司三年数据回归后的 β 系数 = 0.5981。

表 7 - 19　　　　　　LZ 公司收益率与市场收益率

日期	个股收盘价	个股收益率（%）	深证成指	市场收益率（%）
2014/01/30	46.83	21.04	7572.63	-6.76
2014/02/28	48.00	2.50	7365.93	-2.73
2014/03/31	43.76	-8.83	7189.58	-2.39
2014/04/30	43.94	0.41	7312.86	1.71
2014/05/30	45.39	3.30	7364.83	0.71
2014/06/30	47.23	4.05	7343.28	-0.29
2014/07/31	49.21	4.19	7956.91	8.36
2014/08/29	48.13	-2.19	7841.70	-1.45
2014/09/19	52.78	9.66	8080.35	3.04
2014/10/31	54.30	2.88	8225.61	1.80
2014/11/28	49.16	-9.47	9002.23	9.44
2014/12/31	49.44	0.57	11014.62	22.35

续表

日期	个股收盘价	个股收益率（%）	深证成指	市场收益率（%）
2015/01/30	49.85	0.83	11150.69	1.24
2015/02/27	50.53	1.36	11757.68	5.44
2015/03/31	59.70	18.15	13160.66	11.93
2015/04/30	70.59	18.24	14818.64	12.60
2015/05/29	84.00	19.71	16100.45	8.65
2015/06/30	67.83	-19.73	14337.97	-10.95
2015/07/31	63.95	-5.72	12374.25	-13.70
2015/08/10	69.45	8.60	10549.16	-14.75
2015/11/30	45.53	-34.44	12037.86	4.26
2015/12/31	57.43	26.14	12664.89	5.21
2016/01/29	39.30	-31.57	9418.20	-26.00
2016/02/29	39.12	-0.46	9097.36	-3.41
2016/03/31	44.95	14.90	10455.37	14.93
2016/04/29	44.48	-1.05	10141.54	-3.00
2016/05/31	43.03	-3.26	10159.93	0.18
2016/06/30	46.11	7.16	10489.99	3.25
2016/07/29	49.99	8.41	10329.43	-1.53
2016/08/31	52.43	4.88	10757.88	4.15
2016/09/30	54.31	3.59	10567.58	-1.77
2016/10/31	58.00	6.79	10704.30	1.29
2016/11/30	58.91	1.57	11012.19	2.88
2016/12/30	59.50	1.00	10177.14	-7.58

然后是风险溢价的确定。市场风险溢价是在相当长的历史时期内，市场平均收益率和无风险资产平均收益率的差额。但是，运用历史风险溢价法需要大量市场交易数据，而中国股票市场尚不成熟，不能提供足够的市场交易数据，所以学者大多认为，对历史风险溢价法不适宜运用在中国股票市场。Aswath Damodaran 教授分析了世界主要国家金融市场特征并总结出风险溢价的参考数据，如表7-20。

表7-20　世界主要国家的金融市场特征和风险溢价的参考数据

金融市场特征	国家	风险溢价
新兴市场，有政治风险	南非、中国、俄罗斯	7.5-7.9
新兴市场，有限政治风险	新加坡、马来西亚等	7.5
成熟市场，股票规模大	美国、日本、英国	5.5
成熟市场，股票规模有限	德国、瑞士	3.5-4.5

资料来源：Damodaran, A., CorporateFinance - TheoryandPractice, Wiley, 2001。

以 Aswath Damodaran 教授的研究成果为参考数据，并结合我国企业历史风险溢价的变动趋势，将风险溢价定为7.75%。

综上，我们得出，LZ公司的权益资本成本：

$K_e = 4.42\% + 0.5981 \times 7.75\% = 9.0555\%$

2. 债务资本成本 K_i 的确定

企业的税后债务资本成本 = 贷款利率 × （1 - 所得税税率）

LZ公司的债务资本指银行贷款，所以将银行贷款利率作为LZ公司债务资本成本，根据央行2016年人民币贷款利率表，选择五年期的利率4.75%作为债务的资本成本。

所以公司的税后债务资本成本 $K_i = 4.75\% \times (1 - 15\%) = 4.0375\%$。

3. 权益资本比率 W_e 和带息债务资本比率 W_i 的确定

通过对LZ公司财务报表的分析，得出带息债务与权益比率，见表7-21所示。

表7-21　LZ公司2012—2016年带息债务与权益比率分析　　　（单位：元）

项目	2012年	2013年	2014年	2015年	2016年
带息负债	937269503	1041384454	1142020221	651100000	331100000
权益	3008015809	3344648576	3696516568	4346255331	6505987404
W_i（%）	23.76	23.74	23.62	13.03	5.12
W_e（%）	76.24	76.26	76.38	86.97	94.88

根据LZ公司历史数据平均后，我们将LZ公司以后的权益比重和债务比重分别设定为90%和10%。

4. 加权平均资本成本 WACC 的确定

综上，可以得出以下数据：

$WACC = W_e \times K_e + W_i \times K_i = 90\% \times 9.0555\% + 10\% \times 4.0375\% = 8.5537\%$

（3）自由现金流折现法企业价值计算

1. 预测期自由现金流量及价值预测

表7-22　　LZ公司第一阶段（2017—2021年）的现金流预测情况　　（单位：元）

项目	2017年	2018年	2019年	2020年	2021年
营业收入	9564719107	11955898884	14944873604	18681092006	23351365007
营业成本	3156357305	3945446632	4931808289	6164760362	7705950452
税金及附加	148253146	185316433	231645541	289556926	361946158
销售费用	3825887643	4782359553	5977949442	7472436802	9340546003
管理费用	899083596	1123854495	1404818119	1756022649	2195028311
EBIT	1535137417	1918921771	2398652214	2998315267	3747894084
所得税	219988539	274985674	343732093	429665116	537081395
税后营业净利润	1315148877	1643936096	2054920121	2568650151	3210812688
折旧与摊销	476323012	595403764	744254706	930318382	1162897977
固定资产增加额	963145741	1076030900	1345038624	1681298281	2101622851
无形资产增加额	69338373	92060421	115075527	143844408	179805511
资本性支出	1032484114	1168091321	1460114151	1825142689	2281428361
经营性流动资产	6963974999	8704968748	10881210935	13601513669	17001892086
经营性流动负债	3592020579	4490025724	5612532155	7015665194	8769581493
本期营运资本额	3371954419	4214943024	5268678780	6585848475	8232310594
上期营运资本额	2642385263	3371954419	4214943024	5268678780	6585848475
营运资本增加额	729569156	842988605	1053735756	1317169695	1646462119
自由现金流量	29418618	228259935	285324919	356656149	445820186
折现系数	0.92	0.85	0.78	0.72	0.66
自由现金流量现值	27100523	193704843	223051879	256845105	295758136
自由现金流量现值合计			996460484		

2. 永续期价值预测

根据永续稳定增长阶段模型：

$$企业价值 = \frac{FCF_{t+1}}{WACC - g}$$

以 7% 的永续增长率为基础，测算出永续期企业价值现值为 22001059905 元。

（四）计算结果分析

综合以上数据，得出表 7 - 23。根据评估结果，我们了解到，采用自由现金流折现模型计算得出的结果略低于股票市场价值，主要由于医药行业是人民日常生活的刚需，加之公司业绩较好、经营稳定，因而股票价格在很大程度上受到投资者偏好的影响。

表 7 - 23　　　　LZ 公司企业价值及每股价值计算　　　　（单位：元）

第一阶段现值	996460484
第二阶段现值	20368313145
企业价值	21364773630
2016 年末股票总数	425730126
每股价值	50.18
2016 年 12 月 30 日股价	59.50

三　经济增加值（EVA）价值评估法

EVA（Economic Value Added）是经济增加值的英文缩写，指从税后净营业利润中扣除包括股权和债务的全部投入资本成本后的所得。其核心资本投入是有成本的，企业的盈利只有高于其资本成本（包括股权成本和债务成本）时才会为股东创造价值。

经济增加值的表达式：

EVA =（税后营业利润率 - 加权平均资本成本率）× 企业占用资本总额

国资委从 2009 年 11 月开始提出推行经济增加值考核，并不断完善以经济增加值为核心的考核体系。甘肃省国资委根据要求，也对监管的国有企业进行 EVA 考核，最新版要求企业上报的经济增加值考核表如表 7 - 24 所示：

表 7-24　　　　甘肃省省属监管企业经济增加值考核表

项目	年度
一、税后净营业利润	
调整前税后净营业利润	
其中：1. 净利润	
2. 利息支出	
3. 研究开发费用调整项	
4. 品牌推广费用调整项	
减：非经常性收益调整	
二、调整后资本	
1. 平均所有者权益	
其中：归属于母公司的所有者权益总额	
2. 平均带息负债	
3. 减：平均在建工程	
平均资本成本率（%）	
1. 债权资本成本率	
其中：三年利息支出总额之和	
三年平均带息负债之和	
2. 股权资本成本率（%）	
3. 企业资产负债率（%）	
三、资本成本	
四、经济增加值（EVA）	

作为省属国有企业，按照表 7-24，我们对兰州三毛 2012—2016 年的 EVA 值进行计算，如表 7-25。

表 7-25　　　　兰州三毛 2012—2016 年经济增加值　　　（单位：万元）

项目	2012 年	2013 年	2014 年	2015 年	2016 年
一、税后净营业利润	-1141.75	-3451.04	-2067.23	-5804.55	-2923.11
调整前税后净营业利润	-1370.69	-3688.38	-871.57	-8229.19	-7311.86
其中：1. 净利润	-1285.89	-3324.85	1005.09	-7906.28	1314.13

续表

项目	2012 年	2013 年	2014 年	2015 年	2016 年
2. 利息支出	—	32.27	805.25	2461.37	3380.67
3. 研究开发费用调整项	175.37	157.60	127.10	112.25	173.15
4. 品牌推广费用调整项	93.97	89.36	328.31	245.68	402.80
减：非经常性收益调整	84.80	363.53	4543.26	322.92	8620.65
二、调整后资本	31436.50	29631.13	28426.75	43402.03	55157.35
1. 平均所有者权益	31436.50	29131.13	27972.11	24522.39	21226.32
其中：归属于母公司的所有者权益总额	31436.50	29131.13	27972.11	24522.39	21226.32
2. 平均带息负债	—	500.00	16250.00	34675.00	33931.04
3. 减：平均在建工程	—	—	15795.36	15795.36	
平均资本成本率（%）	7.00	6.99	6.27	6.65	7.51
1. 债权资本成本率（%）	—	6.45	5.00	6.41	7.83
其中：三年利息支出总额之和	—	32.27	837.52	3298.89	6647.29
三年平均带息负债之和	—	500.00	16750.00	51425.00	84856.04
2. 股权资本成本率（%）	7.00	7.00	7.00	7.00	7.00
3. 企业资产负债率（%）	24.59	29.00	59.69	71.66	69.50
三、资本成本	2043.37	1923.27	1780.96	3105.16	4142.64
四、经济增加值（EVA）	-3185.12	-5374.31	-3848.18	-8909.70	-7065.76

在计算表 7-25 的时候需要说明以下两点：

第一，由于兰州三毛享受企业所得税西部大开发 15% 的优惠税率，因此计算的时候用 15% 替换了公式中的 25%。

第二，根据国资委、财政部、发展改革委 2015 年 12 月 7 日发布的《关于国有企业功能界定与分类的指导意见》，兰州三毛实业股份有限公司应属于主业处于充分竞争行业和领域的商业类企业，其股权资本成本率定为 7%。同时，资产负债率在 70% 以上的工业企业，平均资本成本率上浮 0.5 个百分点，资产负债率在 50% 以下的工业企业，平均资本成本率下浮 0.5 个百分点。由于没有考虑不同行业和企业之间在风险和融资成本方面的差异，在一定程度上会影响经济增加值的准确性。

通过表7-25，我们可以看见兰州三毛2012—2016年并没有为国有资产带来正向的价值增值，甚至没有做到保值，国有资产在一点一点被消耗。说明企业目前的主营业务业绩确实表现不理想，需要寻求新的经营模式或者投资方向。

第八章

专题分析的参与式教学实施成果

第一节 基于哈佛分析框架的 FC 医药公司财务分析

一 FC 医药公司简介

FC 医药公司的基本情况如表 8-1 所示。

表 8-1　　　　　　　　　　FC 医药公司简介

公司名称	FC 医药公司	成立日期	20×0 年 6 月 28 日
注册资本	51065.70 万元	上市日期	20×1 年 12 月 22 日
主营业务	中成药及大健康产品的研发、制造和销售，中药材种植、加工及销售，常年生产丸剂、片剂、颗粒剂、糖浆剂、胶囊剂、胶剂等 11 种剂型的 110 多种产品		
主营产品	六味地黄丸、阿胶、杞菊地黄丸、桂附地黄丸、逍遥丸、香砂养胃丸等		

　　FC 医药公司拥有两家全资子公司：FC 健康产业有限公司和 FC 中药材经营有限公司，4 个生产基地、1 个在建的医药科技工业园和 25 条生产线。现有药品生产批准文号 345 个，拥有定眩丸、参茸固本还少丸等 10 个独家产品，1 个国家中药保护品种，9 项发明专利。

　　多年来，FC 医药公司不断拓展产品领域，创新营销管理，加强生产管理，扩大公司规模，加快科研开发，增强核心竞争力，致力于更快更好地发展公司。

二 战略分析

(一) 宏观环境分析

1. 社会环境

从社会环境来看，我国人口老龄化趋势日益明显，中老年人群依然是中医药消费的主力，这样的情况必将促进对中医药的需求。

2. 政策环境

从政策环境来看，中医药在我国医药卫生事业中具有重要地位，随着医药工业的快速发展，国家为推动中医药行业结构优化与发展，陆续出台了新版 GMP 标准、《中医药发展战略规划纲要（2016—2030 年）》、《要求落实中药提取和提取物监督管理有关规定》及《十三五规划纲要》等政策，中成药行业迎来政策红利推动发展的时期。

3. 文化环境

随着我国经济的发展，人民生活水平的不断提高，居民保健意识逐渐增强，新医改政策逐步实施到位。人们更加注重身体的健康和养生，越来越青睐于副作用小、标本兼治的传统中药，大幅度地提升了中药行业的需求。

4. 法律环境

1983 年，著名中医学家董建华等人大代表提出了中医药立法的建议。在此之后，十二届全国人大常委会将中医药法列入了立法规划第一类项目，国务院 2013 年和 2014 年立法工作计划中也列入了中医药法。我国首部《中医药法》的正式实施，对于中医药行业有着极为重要的意义。

总的来说，随着国民经济的发展，我国中医药行业需求将会保持较快速度增长，行业发展空间很大，前景广阔。

(二) 中医药行业竞争能力分析

下文运用 20 世纪 80 年代初迈克尔·波特（Michael Porter）提出的波特五力模型来分析中医药行业的竞争能力。具体分析如下。

1. 供应商的议价能力

对于中药制造业而言，行业上游供应商主要是中药材的种植培训公司，这些供应商的规模和数量各不相同，相互间竞争激烈，为制药公司在购买原料时提供了一定的议价优势。

2. 购买者的议价能力

中药制造业的购买者主要分为两大部分，一部分是药品批发商，另一部分是医疗机构和零售药店。我国中医药制造公司众多，产品间差异化小，同一种产品可能会来自多家制造公司，因此药品批发商在选择方面占据了相当的议价优势。另外，大部分消费者接触的都是医疗机构和零售药店，能够引导消费者的用药选择，因此医疗机构和零售药店在与中医药公司议价谈判方面具有绝对优势。

3. 潜在进入者的威胁

中药制造业的潜在竞争对手主要来自上游或下游公司的纵向一体化，这些公司在进入中药制造业之前主要从事与中药制造行业相关的产业，自然也有一定的实力和能力。FC药业采取积极拓展上下游业务，延伸产业链，实现纵向一体化的战略，有效应对这一威胁。

4. 替代者的威胁

化学药品对中药产品带来了很大的威胁。在国际医药市场中，化学药品占有很大比重。同化学药品相比，中药具有纯天然、标本兼治，对常见病、多发病、慢性疑难病疗效显著等优点，但由于西医药效果迅速，适应症广泛，具有相当数量的消费群体，影响了患者对中药的选择，产品的替代作用非常明显。

5. 行业内现有竞争者的竞争能力

我国中药制造公司众多，产品差异化较小，生产同一类产品的公司数量非常多，行业竞争十分激烈。消费者可以选择的范围较大，也加剧了中药行业内众多公司的竞争。随着制造工艺的发展，产品更新快，不断涌现新的产品，公司间的竞争更加激烈。与FC医药公司经营药品种类相似的公司还有很多，例如北京同仁堂、九芝堂等。

总的来说，中医药行业最主要的压力来自替代产品的威胁和行业内现有公司的竞争，以及购买者的议价能力，其余的两种力量都比较理想。

（三）FC医药公司竞争能力分析

1. 优势

（1）生产历史悠久，品牌优势较强。在选择中药产品时，消费者会侧重于选择生产历史悠久，疗效和安全性较强的公司生产的产品。FC 医药公司的"FC"品牌已有 80 多年的悠久历史，20×6 年 12 月被国家商务部首批认定为"中华老字号"。20×0 年 10 月，"FC"商标被国家工商管理总局认定为中国驰名商标。悠久的生产历史和良好的品牌形象已经成为促使 FC 医药公司发展的核心竞争因素。

（2）中药材资源采购便利。我国幅员辽阔，物产丰富，差异性突出，不同产地生产的同一种药品，其功效也可能会大相径庭。甘肃省是国家重要的中药材生产基地，也是 FC 医药公司的所在地，具有当归、党参、大黄、黄（红）芪、柴胡和板蓝根六大品种，产销量均占全国的 50% 以上。这使得 FC 医药公司采购生产中药产品的原料药材更加便捷，缩短了采购运输过程，节约了成本。

（3）产品结构和品种数量繁多。目前，FC 医药公司共拥有 10 个剂型的生产批准文号，462 个药品的生产批准文号，是我国中成药行业目前拥有批准文号数量最多的医药公司之一，公司主打的六味地黄丸、明目地黄丸、耳聋左慈丸、逍遥丸等在内的 186 种药品列入医保目录。与同行业其他公司相比，FC 医药公司产品不仅品种丰富，而且对比同类型产品优势品种多，提高了公司综合实力。

（4）技术积累和创新优势。FC 医药公司拥有先进的生产技术，重视新产品的开发，公司专门设立技术中心，负责改进老产品的生产工艺，研究开发新产品。FC 医药公司作为甘肃省认定的"高新技术公司"，拥有先进的喷雾干燥机、薄膜包衣机、原子吸收仪、高效液相色谱仪等生产、检验设备。可生产 462 种产品，包括浓缩丸剂、胶囊剂、片剂、颗粒剂、膏剂等 10 种剂型，产品工艺技术在国内同行业中处于领先水平。

2. 劣势

（1）公司规模较小。目前，FC 医药公司拥有 3 家全资子公司、4 个生产基地、1 个在建的医药科技工业园，可生产浓缩丸剂、片剂、膏剂、颗粒剂、胶囊剂等 10 种剂型 462 种产品。但是与国内其他知名的中医药上市公司比较，FC 医药公司的规模相对较小，例如，北京同仁堂拥有位于大兴、通州、昌平、亦庄、刘家窑五个生产基地，41 条生产线，能够生产 26 个剂型，1000 余种产品。

(2) 具有核心竞争力的产品少。FC医药公司的主要产品包括六味地黄丸、桂附地黄丸、逍遥丸等知名药品，但具有高新技术特征和独创性的核心产品较少，相似种类的中药品在市场上还有很多，比如国内生产"六味地黄丸""桂附地黄丸"等中药品的公司就包括河南宛西、北京同仁堂、九芝堂、白云山等众多生产厂家。具有独创性的产品较少，限制了FC医药公司的市场占有率，使其核心竞争力有所下降。

(3) 劳动效率低下。公司劳动效率低下，这也是国有公司的通病，相比于民营公司来说，国企大多是铁饭碗，内部没有完善的激励机制。公司经营产生的利润属于集体所有，管理者没有分配利润的权利，因此管理者往往不能用心地管理经营公司，没有实施有效的监督，致使员工的工作状态较为散漫，产品质量没有得到严格把关，公司劳动效率较低。当国企普遍采用得过且过的经营方式时，管理者就不会过于关注经济市场上供求关系的细微变化，也就不会为了应对变化带来的风险采取积极有效的措施，提高公司的效益。

(4) 网络媒体品牌宣传关注与投入不足。随着科技的发展，网络媒体渐渐取代报纸、杂志、电视等传统媒体，越来越受到大众的青睐。相比于传统媒介，网络媒体有其独特的优势，它可以将文字、图像和声音等元素有机地组合起来，吸引大众的眼球，进行多维度的宣传。并且能够及时跟踪和评价宣传的效果，便于操作，价格方面也比较优惠。在利用网络媒体方面，FC医药公司有不足之处，没有充分利用网络媒体的优势，需要进一步加强。

3. 机遇

(1) 人均收入增长促使药品消费的增长。居民可支配收入是衡量人们富裕程度的重要指标之一。改革开放以来，我国经济逐渐发展，人民的生活水平也有所提升，这就意味着在满足基本所需的基础上，人们还可以负担起额外的消费需求。并且人们比以前更重视身体健康，从而使得药品人均消费获得快速增长。特别是中药产品具有副作用小、多成分、多靶点、多层次的药理作用和疗效稳定等优点，逐渐受到人们的重视。

(2) 老龄化、城镇化加快促使药品需求增加。在对我国不同年龄阶段中药需求的调查中发现，老年人的需求量是其他年龄阶段的3—5倍。

随着我国人口老龄化的加速，政府投入大量资金不断完善社会保障体系，必然使得未来一段时间内中老年人对药品和保健品的需求持续飙升，中老年人在中药行业的医疗投入占比也将大幅增长。在调查中还发现，与农村人口相比，我国城镇人口的人均药品消费量处于较高水平，约为农村人均药品消费量的七倍。近年来，我国进入了城镇化快速发展阶段，这对于提高医疗消费水平有着极大的促进作用，同时也为医药公司提供了巨大的机遇。

（3）国家政策大力扶持。近些年来，中医药发展得到了党中央国务院的大力支持，先后发布了《中药材保护和发展规划（2015—2020年）》《中医药健康服务发展规划（2015—2020年）》《中医药发展战略规划纲要（2016—2030年）》等文件。全国人民代表大会常务委员会于2016年12月25日发布了《中华人民共和国中医药法》，这为中药行业发展提供了强有力的法律保障和政策支持。

（4）天然药物热潮涌起，为中药提供了机遇。随着社会的发展和国民教育的逐步完善，回归自然、保护环境已经成为一种思想潮流，国际市场对天然药物的需求日益扩大。另外，在我国居民心目中，中医药具有副作用小、标本兼治等优点，更符合人们的健康观念。在很多地区，中药已经慢慢成为一种饮食习惯，国内外对中药的需求量大大增加。对于以中成药的研制、生产和销售为主营业务的FC医药公司来说，中药需求的增加是个良好的信号和难得的发展机遇。

4. 威胁

（1）落后的运行体制。我国中药产业的加工、生产到销售自成一体，这也意味着其处于较为封闭的状态。一叶障目的经营模式使得国内公司没有足够了解到国外的经营模式、竞争实力，也没有足够的认识和准备来应对可能遇到的冲击和威胁。另外，中药材、中成药在出口上税费过高，加大了其出口成本。这种相对滞后经营体制的运行，严重制约了中药产业的发展。

（2）负面事件打击了市场对药品的信心。医药行业的负面事件严重打击了市场对药品的信心，例如归真堂"活熊取胆"事件、地沟油制药、六味地黄丸重金属超标、中药饮片染色以及"毒胶囊"等事件，必然会影响到市场对药品的需求，FC医药公司当然也不能免受其害。

（3）"降价令"压缩利润空间。2013年1月8日，国家发改委发布药品"降价令"，调整多个药品的最高零售价。此次调价涉及范围广，降价幅度高，平均降幅为15%，其中高价药品平均降幅更是高达20%。国家多次发布药品"降价令"，降价幅度较大，医药公司利润空间受到压缩，FC医药公司必将受到影响。除此之外，在中成药领域，国家发改委曾两次调整了将近500个品种药品的价格，降幅达16%，FC医药公司作为一家中成药为主要产品的公司，也不能豁免，必将受到牵连。

（4）"洋中药"的威胁。日本是中国以外最早使用中药的国家，也是中药发展和研究较为先进的国家。早在1981年，日本凭借其强大的金融和科学研究优势，开发了基于我国两百个经典古方的新药，其"汉方药"年产值已突破1000亿日元，在中国"六神丸"基础上增加人参、沉香的"救心丸"年销售额达1.2亿美元。韩国也非常重视新中草药的开发，模仿研制中国的"牛黄清心丸"，产品投放市场后，产值超过七千万美元。目前，十多个国家和地区的40多种天然药物在我国正式登记注册。"洋中药"大量进入我国医药市场的态势已经出现。

（四）FC医药公司战略定位

如表8-2所示，通过SWOT分析法对FC医药公司进行战略分析，发现FC医药公司可以利用其品牌优势、研发技术优势、专利及技术优势、渠道优势，借助行业机会，大力发展，公司近几年在建工程项目投入巨大，兰州新区科技工业园项目和天然药物产业园项目正在紧锣密鼓地建设中，积极扩大公司规模。并且，公司一直注重科研开发，致力于研究开发具有核心竞争力的产品，提高公司竞争能力。由此可以看出，FC医药公司选择了WO战略，具体包括：加快项目建设，扩大公司规模；增加研发投入，强化核心竞争力；加强员工培训，提升工作积极性；加强网络媒体宣传力度。

表 8-2　　　　　　　　　FC 医药公司 SWOT 矩阵分析

内部分析 　　　战略分析 外部分析	优势（S） ①生产历史悠久，品牌优势较强。 ②中药材资源采购便利。 ③产品结构和品种数量繁多。 ④技术积累和创新优势	劣势（W） ①公司规模较小。 ②具有核心竞争力的产品少。 ③劳动效率低下。 ④网络媒体品牌宣传关注与投入不足
机遇（O） ①人均收入增长促使药品消费的增长。 ②老龄化、城镇化加快促使药品需求增加。 ③国家政策大力扶持。 ④天然药物热潮涌起，为中药提供了机遇	SO 战略 ①强化品牌战略，实施文化营销战略。 ②严格控制药品质量。 ③加大科研力度，重视天然药品研究开发	WO 战略 ①加快项目建设，扩大公司规模。 ②增加研发投入，强化核心竞争力。 ③加强员工培训，提升工作积极性。 ④加强网络媒体宣传力度
威胁（T） ①落后的运行体制。 ②负面事件打击了市场对药品的信心。 ③"降价令"压缩利润空间。 ④"洋中药"的威胁	ST 战略 ①加强内部管理，完善运行体制。 ②加强成本控制，降低产品成本。 ③加强文化优势和产品质量，抵御"洋中药"的威胁	WT 战略 ①在扩大公司规模的同时，加强内部管理。 ②严控产品安全质量，重视社会责任，抵抗医药行业负面事件的打击

三　会计分析

（一）主要会计项目相关会计政策、会计估计

FC 医药公司立志要做强、做大中药产业，从 20×4 年起开始销售饮料，但所占比重不大，因此 FC 医药公司还是以生产销售中成药为主营业务。

由表 8-3 可以看出，FC 医药公司 20×2—20×6 年存货、应收账款

和货币资金项目占总资产比重较大，所以与存货、应收账款和货币资金相关的会计政策和会计估计是否合理，关系着 FC 医药公司的财务报表是否谨慎反映了公司的财务状况和经营成果。作为一家中药制造公司，FC 医药公司对研发的投入值得关注。另外，公司近些年为了扩大公司规模，不断加大产业基地的布局，其在建工程的投入也是我们应该关注的重点。

表 8-3　　　　　　各会计项目占总资产的比重　　　　　（单位：%）

项目	20×2 年	20×3 年	20×4 年	20×5 年	20×6 年
存货	18.26	13.81	13.18	11.69	8.70
应收账款	11.39	14.58	9.62	4.11	2.34
货币资金	23.09	17.92	26.34	36.62	19.04
在建工程	14.25	16.66	0.33	2.33	14.06

资料来源：根据 FC 医药公司 20×2—20×6 年财务报表数据整理计算所得。

针对公司的发展特点，会计项目及相关会计政策、会计估计主要分析公司的存货质量、应收账款质量、货币资金质量、在建工程及研发费用这几个方面。

1. 存货

FC 医药公司与存货相关的会计政策、会计估计如表 8-4 所示。

表 8-4　　　　　　存货会计政策与会计估计

项目	内容
分类	原材料、在产品、库存商品、包装物及低值易耗品、周转材料、消耗性生物资产、委托加工物资等
计价方法	取得的存货按成本进行初始计量，发出存货时按加权平均法计价
可变现净值确定依据	产成品、库存商品和用于出售的材料等直接用于出售的商品存货，在正常生产经营过程中，以该存货的估计售价减去估计的销售费用和相关税费后的金额，确定其可变现净值
	需要经过加工的材料存货，在正常生产经营过程中，以所生产的产成品的估计售价减去至完工时估计将要发生的成本、估计的销售费用和相关税费后的金额，确定其可变现净值

续表

项目	内容
可变现净值确定依据	为执行销售合同或者劳务合同而持有的存货，其可变现净值以合同价格为基础计算，若持有存货的数量多于销售合同订购数量的，超出部分的存货的可变现净值以一般销售价格为基础计算
存货跌价准备	期末按照单个存货项目计提存货跌价准备 对于数量繁多、单价较低的存货，按照存货类别计提存货跌价准备 与在同一地区生产和销售的产品系列相关、具有相同或类似最终用途或目的，且难以与其他项目分开计量的存货，则合并计提存货跌价准备
盘存制度	定期盘存制

资料来源：根据 FC 医药公司 20×6 年年度报表信息整理所得。

2. 应收账款

FC 医药公司将应收账款分为以下三类。

（1）单项金额重大并单独计提坏账准备的应收款项。FC 医药公司单项金额重大并单独计提坏账准备的应收款项相关的会计政策、会计估计如表 8-5 所示。FC 医药公司 20×2—20×6 年不存在单项金额重大并单独计提坏账准备的应收款项。

表 8-5　　　单项金额重大并单独计提坏账准备的应收款项
会计政策与会计估计

项目	内容
判断依据或金额标准	单项金额重大是指单笔金额达某类应收款项余额 10% 且应收账款金额为 500 万元以上、其他应收款金额为 100 万元以上的款项作为重大的应收款项
坏账准备的计提方法	本公司对单项金额重大的应收款项单独进行减值测试，如有客观证据表明其已发生减值，确认减值损失，计提坏账准备

资料来源：根据 FC 医药公司 20×6 年年度报表信息整理所得。

（2）按信用风险特征组合计提坏账准备的应收款项。FC 医药公司将单项金额不重大及金额重大但单项测试未发生减值的应收款项，按信用风险特征的相似性和相关性对金融资产进行分组。组合中，采用账龄分析法计提坏账准备的如表 8-6 所示。

表 8-6　　　　FC 医药公司坏账准备计提比例分析表　　　（单位：%）

账龄	应收账款计提比例	其他应收账款计提比例
1 年以内（含 1 年）	5.00	5.00
1—2 年	10.00	10.00
2—3 年	30.00	30.00
3—4 年	50.00	50.00
4—5 年	80.00	80.00
5 年以上	100.00	100.00

资料来源：根据 FC 医药公司 20×6 年年度报表数据整理所得。

（3）单项金额不重大但单独计提坏账准备的应收款项。FC 医药公司 20×2—20×6 年不存在单项金额不重大但单独计提坏账准备的应收款项。

3. 货币资金

FC 医药公司与货币资金相关的会计政策、会计估计如表 8-7 所示。

表 8-7　　　　　　货币资金会计政策与会计估计

项目	内容
分类	库存现金、银行存款、其他货币资金
现金确定标准	将库存现金以及可以随时用于支付的存款确认为现金
现金等价物的确定标准	将同时具备期限短（从购买日起三个月内到期）、流动性强、易于转换为已知现金、价值变动风险很小四个条件的投资，确定为现金等价物

资料来源：根据 FC 医药公司 20×6 年年度报表信息整理所得。

4. 在建工程

FC 医药公司在建工程项目按建造该项资产达到预定可使用状态前所发生的必要支出，作为固定资产的入账价值。所建造的固定资产在工程已达到预定可使用状态，但尚未办理竣工决算的，自达到预定可使用状态之日起，根据工程预算、造价或者工程实际成本等，按估计的价值转入固定资产，并按本公司固定资产折旧政策计提固定资产的折旧，待办理竣工决算后，再按实际成本调整原来的暂估价值，但不调整原已计提的折旧额。

5. 研发费用

FC 医药公司研究开发项目的支出，分为研究阶段支出与开发阶段支出。研究阶段支出，于发生时计入当期损益。开发阶段支出，同时满足下列条件的，予以资本化：（1）完成该无形资产以使其能够使用或出售在技术上具有可行性；（2）具有完成该无形资产并使用或出售的意图；（3）无形资产产生经济利益的方式，包括能够证明运用该无形资产生产的产品存在市场或无形资产自身存在市场，无形资产将在内部使用的，能够证明其有用性；（4）有足够的技术、财务资源和其他资源支持，以完成该无形资产的开发，并有能力使用或出售该无形资产；（5）归属于该无形资产开发阶段的支出能够可靠地计量。不满足条件的开发支出计入当期损益。

（二）主要会计项目的分析

1. 存货分析

FC 医药公司 20×2 – 20×6 年的存货情况，如表 8 – 8 所示。

表 8 – 8　　　　　　　　　　　**存货比较表**

项目	20×2 年	20×3 年	20×4 年	20×5 年	20×6 年
主营业务收入（万元）	26636.22	29152.83	39907.13	32758.45	36325.54
主营业务成本（万元）	17947.99	18765.77	31070.56	24492.67	25501.51
毛利（万元）	8688.23	10387.06	8836.57	8265.78	10824.03
毛利率（%）	32.62	35.63	22.14	25.23	29.80
存货余额（万元）	15024.75	12473.53	13799.50	15931.07	19120.62
存货跌价准备（万元）	—	—	—	—	—
计提比例（%）	—	—	—	—	—
总资产（万元）	82291.40	90307.84	104661.83	136241.85	219833.20
主营业务收入增长率（%）	-1.78	9.45	36.89	-17.91	10.89
存货增长率（%）	7.25	-16.98	10.63	15.45	20.02
存货/总资产（%）	18.26	13.81	13.18	11.69	8.70
存货周转率（次）	1.24	1.36	2.37	1.65	1.46

资料来源：根据 FC 医药公司 20×2—20×6 年财务报表数据整理所得。

从 FC 医药公司历年的存货余额来看,存货余额逐年增加,趋势平稳;从存货占总资产的比例看,20×2 年占比最高,从 20×3 年开始有所下降,20×6 年降至 8.70%,是 20×2 年比例的一半以下,下降幅度较大。FC 医药公司在 20×2—20×6 年存货并未出现减值迹象,因此未计提跌价准备是合理的。

总资产在这五年间大幅增加,资产规模由 20×2 年的 82291.40 万元增加到 20×6 年的 219833.20 万元,增加了 1.67 倍,资产规模大幅增加。20×2—20×6 年,存货占总资产的比例逐渐降低,虽然资产规模逐渐扩大,但存货增长较为缓慢,导致存货占总资产的比例逐渐减少。

20×2 年至 20×6 年毛利率稳定在 20% 以上,在合理范围之内;在 20×4 年下降幅度较大,盈利能力大幅下降,之后又缓慢上升,20×6 年达到 29.8%。20×6 年,FC 医药公司毛利率上升,盈利能力增强。

表 8-9 列示了 FC 医药公司 20×2—20×6 年存货构成情况。从表中看出,FC 医药公司存货主要为库存商品、原材料、在产品、周转材料,其中库存商品为存货主要构成,20×6 年占比为 36.47%,比 20×2 年提升了 15% 左右。

表 8-9　　　　　　　　　　存货明细表　　　　　　　　　(单位:万元)

项目	20×2 年	20×3 年	20×4 年	20×5 年	20×6 年
存货余额	15024.75	12473.53	13799.50	15931.07	19120.62
原材料	8428.02	5557.32	6529.79	4526.19	6102.66
在产品	2784.22	3215.55	3658.27	4560.35	4401.46
库存商品	3359.86	3247.71	2907.73	5335.89	6972.86
包装物及低值易耗品	452.64	452.95	—	—	—
周转材料	—	—	682.12	1018.06	1006.01
消耗性生物资产	—	—	21.59	21.59	20.17
委托加工物资	—	—	—	42.58	97.11
发出商品	—	—	—	426.41	520.35

资料来源:根据 FC 医药公司 20×2—20×6 年年度报告数据整理所得。

2. 应收账款分析

表8-10中列示了FC医药公司近五年应收账款占总资产的比重、主营业务收入增长率、以及应收账款增长率,可以看出:五年来,应收账款占总资产的比重持续波动,20×3年最高为14.58%,之后逐渐下降,20×6年降至2.34%。主营业务收入增长率20×4年最大,20×5年稍有下降,到了20×6年又增长为10.89%。应收账款增长率在20×2年和20×3年均高于主营业务收入增长率,而从20×4年开始大幅降低,直到20×6年一直保持负增长,远远低于同期主营业务收入增长率。应收账款周转率稳定增长,20×6年达到6.76,FC医药公司对于应收账款的管理表现良好。

FC医药公司近五年只有按信用风险特征组合计提坏账准备的应收款项,坏账准备的计提比例逐年上升,但波动不大,应收账款的风险较小,风险可控。

表8-10 应收账款比较表

项目	20×2年	20×3年	20×4年	20×5年	20×6年
总资产(万元)	82291.40	90307.84	104661.83	136241.85	219833.20
主营业务收入(万元)	26636.22	29152.83	39907.13	32758.45	36325.54
应收账款账面余额(万元)	10155.57	14188.29	10986.84	6380.01	5941.48
坏账准备(万元)	786.40	1024.40	917.48	778.29	805.82
计提比例(%)	7.74	7.22	8.35	12.20	13.56
应收账款净值(万元)	9369.17	13163.89	10069.35	5601.72	5135.67
应收账款/总资产(%)	11.39	14.58	9.60	4.11	2.34
主营业务收入增长率(%)	-1.78	9.45	36.89	-17.91	10.89
应收账款增长率(%)	34.77	40.50	-23.51	-44.37	-8.32
应收账款周转率(次)	3.26	2.58	3.43	4.18	6.76
应收账款周转天数(天)	110.29	139.12	104.79	86.11	53.21

资料来源:根据FC医药公司20×2—20×6年财务报表和新浪财经披露数据整理所得。

20×6年应收账款组合中,按账龄分析法计提坏账准备的应收账款如表8-11所示。可以看出:20×6年,FC医药公司应收账款中,没有单项金额重大并单独计提坏账准备的应收账款。FC医药公司应收账款组合中，1 年以内的应收账款占 82.86%，组合中应收账款风险小。

表 8-11　　　　　FC 医药公司 20×6 年应收账款账龄　　（单位：元,%）

账龄	期末余额	比例	坏账准备	计提比例
1 年以内	49230752.00	82.86	2461537.60	5.00
1—2 年	3395553.24	5.71	339555.32	10.00
2—3 年	1272304.22	2.14	381691.27	30.00
3—4 年	1011033.51	1.70	505516.76	50.00
4—5 年	676557.59	1.14	541246.07	80.00
5 年以上	3828620.27	6.44	3828620.27	100.00
合计	59414820.83	—	8058167.29	13.56

资料来源：根据 FC 医药公司 20×6 年年度报告数据整理所得。

3. 货币资金分析

表 8-12 对 FC 医药公司 20×2—20×6 年货币资金的情况做了列示，可以看出：五年来，货币资金持续增长，20×5 年增长幅度最大，达到了 49897.52 万元，主要是收到非公开发行募集资金 4.58 亿元。20×6 年虽有所下降，但基数较大，是 20×2 年货币资金的两倍多。货币资金占总资产的比重有所波动，20×5 年最高为 36.62%，20×6 年稍有下降，降至 19.04%。

主营业务收入的增长率 20×4 年最大，20×5 年稍有下降，到了 20×6 年又增长为 10.89%。20×2 年和 20×3 年货币资金的增长率均低于主营业务收入增长率，而从 20×4 年开始上升幅度大较大，远远高于主营业务收入增长率，到了 20×6 年又突然下降为负增长，低于同期主营业务收入增长率。

表 8-12　　　　　　　　货币资金比较表

项目	20×2 年	20×3 年	20×4 年	20×5 年	20×6 年
总资产（万元）	82291.40	90307.84	104661.83	136241.85	219833.20
主营业务收入（万元）	26636.22	29152.83	39907.13	32758.45	36325.54
货币资金（万元）	19000.07	16184.41	27564.88	49897.52	41855.76

续表

项目	20×2年	20×3年	20×4年	20×5年	20×6年
货币资金/总资产（%）	23.09	17.92	26.34	36.62	19.04
主营业务收入增长率（%）	-1.78	9.45	36.89	-17.91	10.89
货币资金增长率（%）	-41.62	-14.82	70.32	81.02	-16.12

资料来源：根据FC医药公司20×2—20×6年财务报表数据整理计算所得。

4. 在建工程分析

表8-13对FC医药公司20×2—20×6年在建工程及相关项目情况进行比较，可以看出：FC医药公司总资产、营业收入及固定资产净值逐年递增，20×6年总资产增长幅度较大，是2009年的2.5倍。固定资产平稳增长，占总资产的比重稳中有降，尤其是20×6年降至7.37%。FC医药公司近五年末均未计提固定资产减值准备。在建工程近两年有较大增长，20×6年是20×4年的90倍左右，20×6年总资产是20×4年的2倍左右。20×4—20×6年在建工程占总资产比重逐年增长，20×6年为14.06%。20×6年在建工程占营业收入的比重迅猛增长至85.09%，可见投入巨大。

表8-13　　　　　　　　　　在建工程比较表

项目	20×2年	20×3年	20×4年	20×5年	20×6年
总资产（万元）	82291.40	90307.84	104661.83	136241.85	219833.20
主营业务收入（万元）	26636.22	29152.83	39907.13	32758.45	36325.54
主营业务收入增长率（%）	-1.78	9.45	36.89	-17.91	10.89
在建工程（万元）	11726.12	15046.50	346.46	3175.54	30910.46
固定资产原值（万元）	24858.56	25021.62	27408.56	27779.52	29909.78
累计折旧（万元）	9808.31	10655.66	11050.81	12177.42	13698.58
固定资产净值（万元）	15050.24	14365.95	16357.75	15602.09	16211.19
固定资产减值准备（万元）	—	—	—	—	—
固定资产/总资产（%）	18.29	15.91	15.63	11.45	7.37
在建工程/总资产（%）	14.25	16.66	0.33	2.33	14.06
在建工程/营业收入（%）	44.02	51.61	0.87	9.69	85.09

资料来源：根据FC医药公司20×2—20×6年财务报表数据整理计算所得。

从表8-14中可以看出：FC医药公司近几年在建工程投入主要是兰州新区科技工业园项目，随着公司逐渐开始扩大销售，营业收入有明显增长，并投入大量资金进行公司规模的扩张，公司前景广阔。

表8-14　　　　　　　　　　在建工程分类表　　　　　　　　（单位：万元）

项目	20×2年	20×3年	20×4年	20×5年	20×6年
兰州新区科技工业园项目	—	45.02	327.08	3175.54	28362.26
天然药物产业园	—	—	—	—	2548.20
崆峒分公司法半夏生产线改造项目	—	—	19.38	—	—
安宁项目	11726.12	15001.48	—	—	—

资料来源：根据FC医药公司20×2—20×6年年度报告数据整理所得。

5. 研发费用分析

从表8-15中可以看出，FC医药公司营业收入和无形资产在20×4年达到最大值后稍有下降，但整体波动不大，较为稳定。FC医药公司20×2—20×6年均未计提无形资产减值准备。

管理费用逐渐增长，研发费用这五年增长也较大，20×6年的研发费用较20×2年增长了36.34%，但是研发费用占管理费用的比重在20×5年稍有下降，20×6年又有所增长。研发费用占营业收入的比重近两年稍有增长，说明公司始终注重研发投入和技术创新。

表8-15　　　　　　　　无形资产及研发费用比较表

项目	20×2年	20×3年	20×4年	20×5年	20×6年
营业收入（万元）	26636.22	29152.83	39907.13	32758.45	36325.54
无形资产原值（万元）	10027.79	10149.79	16521.78	13233.68	13358.64
累计摊销（万元）	1484.13	1698.11	1734.05	1207.23	1488.75
无形资产净值（万元）	8543.66	8451.67	14787.73	12026.44	11869.89
管理费用（万元）	2317.47	3124.74	3219.39	3562.26	3995.23
研发费用（万元）	989.05	1090.44	1010.45	1000.93	1348.51
研发费用/管理费用（%）	42.68	34.90	31.39	28.10	33.75
研发费用/营业收入（%）	3.71	3.74	2.53	3.06	3.71

资料来源：根据FC医药公司20×2—20×6年财务报表数据整理计算所得。

四　财务分析

本书选择以 FC 医药公司 20×2—20×6 年财务数据为基础，分析近五年财务指标的变化趋势。主要从 5 个维度进行考察，即偿债能力、盈利能力、营运能力、发展能力以及现金流量分析的数据分析 FC 医药公司的财务状况。

表 8-16 中的数据显示，五个维度中大部分指标都处于上升的趋势，反映盈利能力的成本费用率和营业利润率指标涨幅明显，成本控制效果显著，这对实施增长策略的 FC 医药公司而言，无疑是为公司未来发展打了一针强心剂。

表 8-16　　　　　　　FC 医药公司财务指标综合表

	项目	20×2 年	20×3 年	20×4 年	20×5 年	20×6 年
偿债能力	流动比率	3.52	3.24	4.99	11.55	10.43
	速动比率	2.39	2.46	3.78	9.73	9.03
	现金比率	1.43	1.01	2.42	5.69	3.07
	资产负债率（%）	17.91	22.11	29.75	19.58	36.63
	产权比率（%）	21.82	28.39	42.35	10.43	57.81
盈利能力	销售毛利率（%）	32.62	35.63	22.14	25.23	29.78
	营业利润率（%）	11.37	9.00	7.13	12.66	17.81
	成本费用利润率（%）	14.52	13.60	10.58	17.08	23.67
	销售净利率（%）	11.40	10.50	8.68	13.11	16.77
	总资产利润率（%）	3.69	3.39	3.31	3.15	2.99
	每股收益（元）	0.34	0.34	0.20	0.09	0.12
营运能力	应收账款周转率（次）	3.36	2.59	3.44	4.18	6.77
	存货周转率（次）	1.24	1.36	2.36	1.65	1.46
	流动资产周转率（次）	0.52	0.59	0.73	0.41	0.30
	固定资产周转率（次）	1.75	1.98	2.59	2.04	2.28
	总资产周转率（次）	0.32	0.34	0.41	0.27	0.21

续表

项目		20×2年	20×3年	20×4年	20×5年	20×6年
发展能力	主营业务收入增长率（%）	-1.77	9.45	36.88	-17.91	10.89
	净利润增长率（%）	-5.32	0.79	13.25	23.93	41.86
	净资产增长率（%）	4.23	4.12	4.52	67.79	4.61
	总资产增长率（%）	-0.76	9.74	15.89	30.17	49.49
现金分析	经营性现金流量与资本支出比率	-0.09	-0.12	1.94	1.23	0.21
	经营性现金流量与债务比率	-0.14	-0.13	0.76	1.02	0

资料来源：根据FC医药公司20×2—20×6年财务报表和披露数据整理计算所得。

我们选择了三家主营中成药生产销售的上市公司与FC医药公司进行财务分析横向对比，分别是：东阿阿胶股份有限公司、北京同仁堂股份有限公司、九芝堂股份有限公司。

（一）偿债能力分析

偿债能力分为短期偿债能力和长期偿债能力，下文的分析也是从这两方面进行分析。

1. 纵向对比分析

一是短期偿债能力。

如表8-16所示，从短期偿债能力来看，FC医药公司的流动比率和速动比率基本呈逐年增长状态，20×2到20×4年度增长的幅度较为平稳，20×5年开始快速增长，达到了10以上。主要原因是货币资金和其他流动资产的增长，公司购买的理财产品未到期，其他流动资产增长了16.6%。同流动比率、速度比率的波动情况一样，现金比率也是在20×5年大幅上涨，是20×2年的4倍左右。20×6年稍有下降，但依然保持在较高水平。

FC医药公司20×2至20×6年流动比率、速度比率、现金比率均比较高，这表明公司资金持有量充足，偿债能力较强，财务风险小。但由表8-16中可以看出，FC医药公司营运能力不强，直接促使公司可能会面临持有现金过多和存货积压的风险。近几年,公司积极的将自有资金进行短期投资,但并没有带来长远的效益,说明公司理财管理方面仍有待提高,未来存在可持续发展的潜力。

二是长期偿债能力分析。

从表 8 - 16 中数据来看,该公司的资产负债率不太稳定,20 × 6 年达到了 30% 以上,我们选择变化幅度较大的几年进行分析,即对 20 × 4—20 × 6 年的数据进行分析。

由表 8 - 17 中数据可以看出是因为其资产总额的增加以及负债总额的减少导致 20 × 5 年资产负债率减少,20 × 6 年负债总额增长率大于和资产总额增长率,从而导致资产负债率增长。公司处于扩大销售的发展阶段,负债总额增长迅速,长期偿债能力相对下降。

表 8 - 17　　　　　　　资产与负债总额汇总表　　　　　（单位:万元）

项目	20 × 4 年	20 × 5 年	20 × 6 年
资产总额	104661.83	136241.85	203671.44
负债总额	31139.86	12876.56	74613.12

资料来源:根据 FC 医药公司 20 × 4—20 × 6 年财务报表数据整理所得。

2. 横向对比分析

一是短期偿债能力。

将 FC 医药公司 20 × 6 年短期偿债能力指标和同行业竞争对手相比较,数据如图 8 - 1 所示。可以看出,FC 医药公司的流动比率和速动比率均高于其他三家公司,说明公司资金持有量充足,短期偿债能力较强,财务风险小。

二是长期偿债能力。

将 FC 医药公司 20 × 6 年长期偿债能力指标和同行业竞争对手相比较,数据如图 8 - 2 所示。

从对比公司数据来看,FC 医药公司的资产负债率和产权比率均高于三家对比公司,说明 FC 医药公司在行业中的长期偿债能力相对较弱。

基于此,下文利用 Z 模型检验 FC 医药公司面临的破产风险,借鉴前人研究成果,得到 Z 分数计算公式:

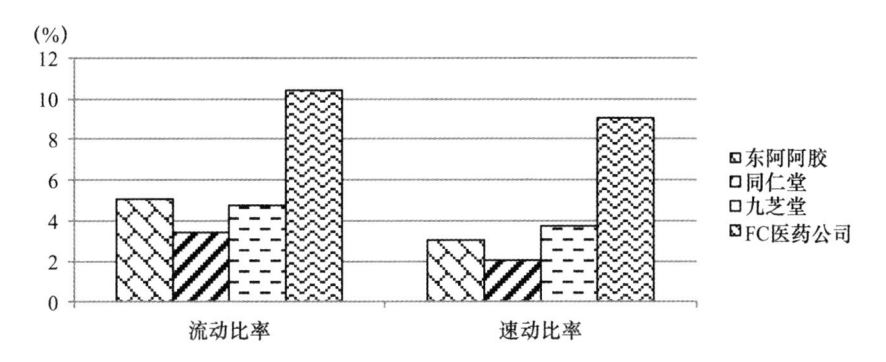

第八章 专题分析的参与式教学实施成果

图 8-1 短期偿债能力横向对比分析

$$Z = 1.2(X_1) + 1.4(X_2) + 3.3(X_3) + 0.6(X_4) + 0.999(X_5)$$

其中，$X_1 = \dfrac{\text{流动资本（WC）}}{\text{总资产（TA）}}$，

$X_2 = \dfrac{\text{留存收益（RE）}}{\text{总资产（TA）}}$，

$X_3 = \dfrac{\text{息前、税前收益（EBIT）}}{\text{总资产（TA）}}$，

$X_4 = \dfrac{\text{股权市值（MVE）}}{\text{总负债账面值（TL）}}$，

$X_5 = \dfrac{\text{销售收入（S）}}{\text{总资产（TA）}}$。

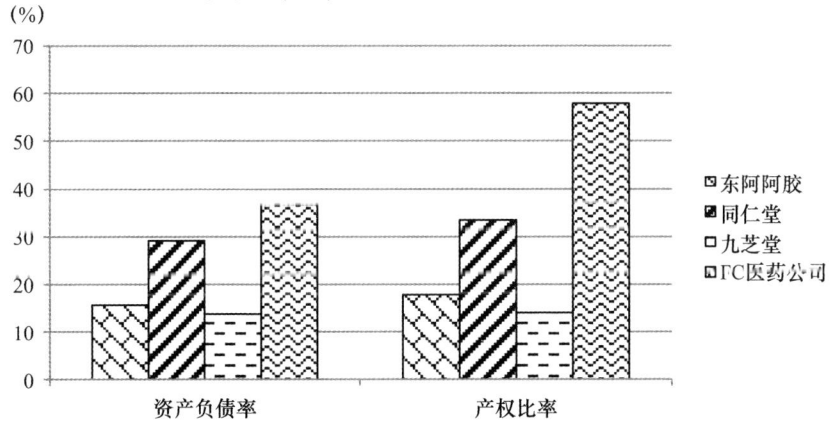

图 8-2 长期偿债能力横向对比分析

我们从表 8-18 中可以发现 FC 医药公司 20×2—20×5 年 Z 值一直

高于 2.99，20×5 年达到最高值，20×6 年大幅下降至 2.4268，处于灰色区域。Z 值大于 2.99 的平均比例为 80%，这说明 FC 医药公司面临的破产风险较小，有一定的抵御风险的能力。

表 8-18　　　　　　　　　　20×2—20×6 年 Z 模型数值

项目	20×2 年	20×3 年	20×4 年	20×5 年	20×6 年
流动资本/总资产	0.5684	0.5767	0.5437	0.7421	0.6974
留存收益/总资产	0.3585	0.3575	0.3389	0.2895	0.2213
息税前利润/总资产	0.0452	0.0437	0.0313	0.0192	0.0194
股权市值/总负债账面价值	4.5836	3.5221	2.3610	9.5806	1.7297
销售收入/总资产	0.3237	0.3228	0.3813	0.2267	0.1784
Z 值模型数据	4.4068	3.7724	3.0278	7.3340	2.4268

资料来源：根据 FC 医药公司 20×2—20×6 年财务报表数据整理计算所得。

（二）盈利能力分析

1. 纵向对比分析

从盈利能力角度来看，截至 20×6 年底，FC 医药公司营业额达到 36325.54 万元，净利润达到 6092.62 万元，较上年同期增长 41.86%，但每股收益从 20×4 年开始下降，20×5 年达到最低的 0.09 元，20×6 年略有增加至 0.12 元。为此，我们利用杜邦指标来分析盈利能力波动的真正原因。

从表 8-19 中发现，影响净资产收益率的 3 个因素中销售净利率和权益乘数的上升带来了积极影响，总资产周转率却造成了负面影响，20×5 年总资产周转率较 20×4 年降幅达到 34.15%，20×6 年持续下降至 0.21 次。

表 8-19　　　　　　　　　　财务指标汇总表

项目	20×2 年	20×3 年	20×4 年	20×5 年	20×6 年
净资产收益率（%）	4.48	4.54	5.04	3.91	4.72
销售净利率（%）	11.4	10.5	8.68	13.11	14.24
总资产周转率（次）	0.32	0.34	0.41	0.27	0.21
权益乘数	1.22	1.28	1.42	1.1	1.58

资料来源：根据披露数据整理所得。

从表8-19中可以看出，FC医药公司近几年销售净利率持续增长，由于总资产周转率的降低，直接导致净资产收益率稍有降低。FC医药公司在20×5年4月9日增发2654.68万股，同年8月14日送、转股6636.7万股，使得股本总额大幅增加，高于净利润的增长率，从而导致每股收益的下降。

2. 横向对比分析

通过图8-3中对比数据可以看出，FC医药公司销售毛利率、总资产收益率和每股收益均低于东阿阿胶、同仁堂以及九芝堂三家对比公司，营业利润率和销售净利率略高于同仁堂，但还是低于东阿阿胶和九芝堂。与龙头公司相比，FC医药公司还有很大的差距，和规模相似的九芝堂相比，FC医药公司的盈利能力还是较弱。在前文的战略分析中提到，FC医药公司规模较小，产品数量多但具有核心竞争力的产品较少，与其他公司相比，差距明显，盈利能力相对较弱。

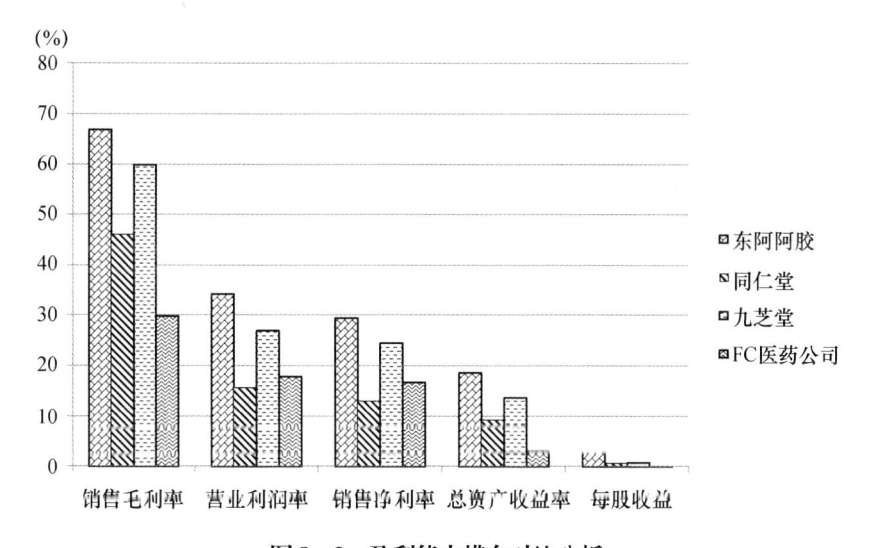

图8-3 盈利能力横向对比分析

根据上述分析，虽然与行业中其他公司相比存在一定差距，但FC医药公司盈利能力正在逐渐增强，说明FC医药公司正处于稳定上升的阶段，应继续保持这种发展态势，以促进发展增强自己的综合实力。总体来说，FC医药公司的盈利能力还有待增强，特别是总资产利润率和每股收益。

(三) 营运能力分析

1. 纵向对比分析

从图8-4中的数据可以看出，20×4—20×6年期间，除应收账款周转率加快以外，其余几个指标都呈现下降趋势，存货周转天数周期持续增长至247天，存货周转率从2.36降到1.46，存货管理效率降低，流动性较差。主要因为公司面临着原材料价格上涨带来的挑战，中药材价格的大幅上涨，这导致中成药公司成本明显上升，公司在20×5年对价格做出了调整，部分药品调价，终端销售渠道表现不佳，造成库存商品的积压，从而导致存货周转速度下降，营运能力较差。因此FC医药公司应关注存货管理的各个环节过程中存在的问题，按照公司的实际情况尽可能地减少经营占用资金，提高存货管理效率和水平。

FC医药公司的固定资产周转率在20×4年达到最大值2.59次，之后呈现下降趋势，到20×6年为2.28次。流动资产周转率和总资产周转率也是在20×4年达到最大值，之后逐渐下降，流动资产周转率由20×4年的0.73次下降至20×6年的0.30次，总资产周转率从20×4年的0.41次下降至20×6年的0.21次，表明公司各项资产的管理能力较差，资产利用率不够高，营运能力较弱。因此，FC医药公司应根据公司实际情况，制定合适的策略来提升各项资产的利用效率，及时处置多余和闲置不用的资产，从而提升公司的营运能力。

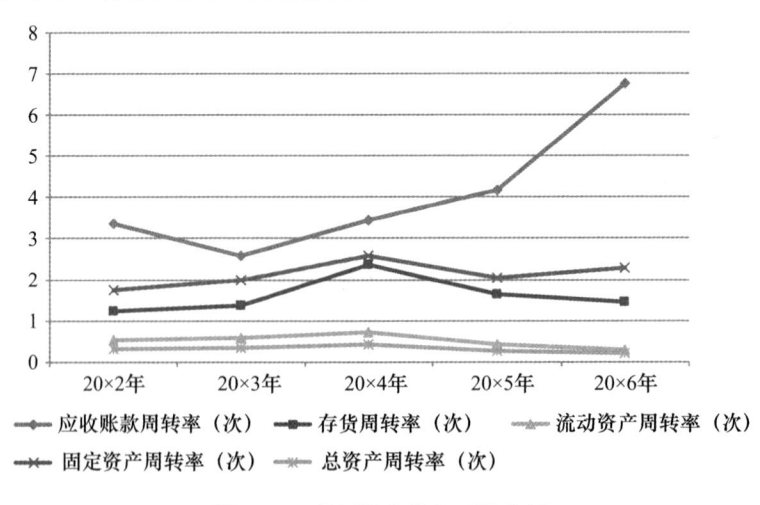

图8-4 营运能力纵向对比分析

2. 横向对比分析

图 8-5 中将 FC 医药公司与对比公司 20×6 年的主要营运能力指标进行对比，可以看出，FC 医药公司的应收账款周转率、流动资产周转率和总资产周转率均远远低于东阿阿胶、同仁堂和九芝堂，存货周转率高于东阿阿胶和同仁堂，但低于九芝堂，固定资产周转率低于东阿阿胶和同仁堂，但高于九芝堂，说明相比于行业先进水平，FC 医药公司的资产的周转能力还有一定的差距，资产使用效率相对较低，营运能力还有很大提升空间。

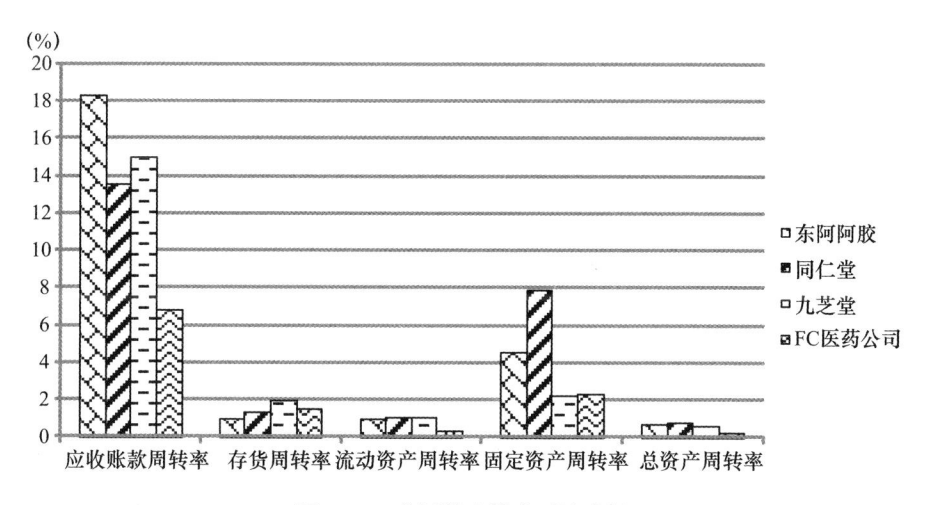

图 8-5 营运能力横向对比分析

（四）发展能力分析

1. 纵向对比分析

从图 8-6 中数据可以看出，FC 医药公司近五年净利润增长率和总资产增长率持续上涨，但主营业务收入增长率和净资产增长率波动较大。净利润增长率从 20×2 年的负数增加至 20×6 年的 41.86%。FC 医药公司在 20×5 年的主营业务收入增长率下降了 17.9%，但是净利润增长率却增长了 23.9%，这说明 FC 医药公司的销售收入降低但同时公司减少了营业税金和期间费用，控制住了成本，使得净利润增长。另外，FC 医药公司在 20×5 年和 20×6 年的净利润增长率均高于主营业务收入增长率，20×5 年尤为明显，说明公司在扩大销售、增加客户数量的同时并没以牺牲利润为代价。一般来说，投资者更偏向于选择成长能力较强的公司，FC 医药公司拥有较高的净利润增长率，发展潜力巨大，有利于其吸引更多的投资者，增强公司的融资能力。

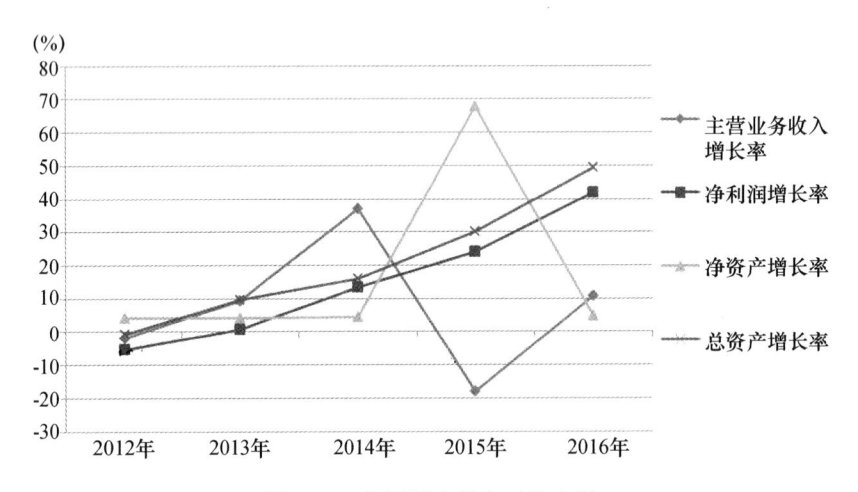

图 8-6　发展能力纵向对比分析

FC 医药公司净资产增长率 20×2—20×4 年一直处于平稳增长状态，到了 20×5 年迅猛增长至 67.79%，主要原因是收到非公开发行募集资金 4.58 亿元，货币资金较 20×4 年增加了 81.02%。同时，20×5 年设立全资子公司甘肃 FC 药源产业发展有限公司，主要从事中药材种植、养殖、收购、销售、中药材的检测检验等，以延伸公司产业链。公司资本规模迅速扩张，发展能力较强。总资产增长率逐年上升，尤其是 20×6 年达到 49.49%，是 20×3 年的 5 倍以上，可见增长速度之快。20×6 年收到因政策性搬迁的土地招拍挂资金，同时兰州新区项目和天然药物产业园项目的建设使得总资产有所增加，由此看出，FC 医药公司积极扩大公司资产规模，发展潜力巨大。

2. 横向对比分析

图 8-7 中将 FC 医药公司与对比公司 20×6 年的主要发展能力指标进行对比，FC 医药公司主营业务收入增长率和净资产增长率均低于东阿阿胶、同仁堂和九芝堂，而净利润增长率和总资产增长率远远高于东阿阿胶、同仁堂和九芝堂。相比之下，东阿阿胶各指标均处于同步增长状

态，而FC医药公司波动较大，说明公司发展处于不稳定状态，虽然资产规模增长迅速，但仍需要关注资产规模扩张是否稳定，以及公司可持续发展的能力，避免盲目扩张，保持资产规模稳定的增长。

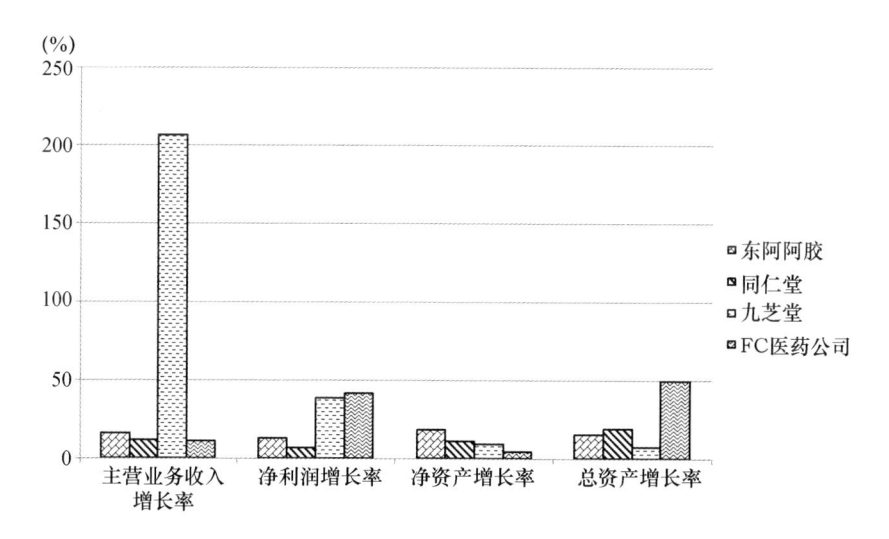

图8-7 发展能力横向对比分析

综合上述分析，FC医药公司于20×1年上市，目前尚处于发展期，自20×5年爆发式增长之后，一直处于不稳定的发展状态，发展能力有待加强，但从整体发展趋势可以看出公司一直在发展壮大，公司应保持资产规模稳定的增长，避免盲目扩张，使公司能够更好地发展。

（五）现金流量分析

1. 经营活动分析

根据表8-20中数据看出，FC医药公司20×2—20×6年销售商品提供劳务收到的现金持续增长，尤其是20×4年增长幅度较大，同比上年增长了67%，说明公司销售能力增强，增长战略取得了很好的成效。

表8-20　　　　　　　经营活动现金流量汇总表　　　　　　（单位：万元）

项目	20×2年	20×3年	20×4年	20×5年	20×6年
销售商品提供劳务收到的现金	25697.19	25266.03	42307.21	37198.64	44378.77
经营活动产生的现金流量净额	-1101.67	-1047.44	9374.66	6411.44	5690.10

续表

项目	20×2年	20×3年	20×4年	20×5年	20×6年
经营活动净收益	2760.32	2624.16	2843.59	4147.13	6468.17
营业收入	26636.22	29152.83	39907.13	32758.45	36325.54

资料来源：根据FC医药公司20×2—20×6年财务报表数据整理所得。

从图8-8中可以看出：FC医药公司销售商品提供劳务收到的现金占营业收入的比重持续增长，但经营活动产生的现金流量净额占营业收入的比重在20×4年达到最高值后稍有下降，说明公司资金回收力度不够，在大力发展的同时还应加强应收账款的管理。

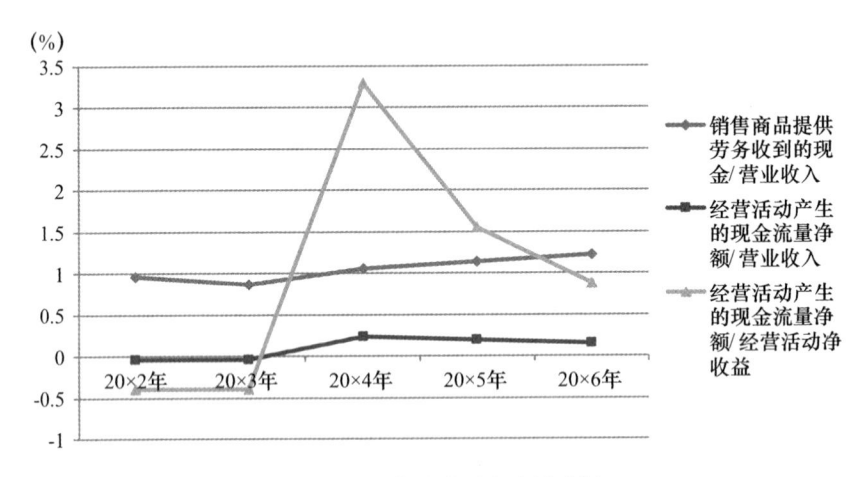

图8-8 经营活动现金流量分析

从图8-9中可以看出，20×6年FC医药公司和竞争公司相比较，销售商品提供劳务收到的现金占营业收入的比重和经营活动产生的现金流量净额占经营活动净收益的比重均处于较高水平，但经营活动产生的现金流量净额占营业收入的比重低于九芝堂，说明FC医药公司20×6年经营活动现金流出大于九芝堂，公司的营业成本较高。

2. 投资活动分析

如图8-10中所示，FC医药公司在20×2年、20×3年和20×5年投资活动产生的现金流量净额均为负数，公司采取增长策略，扩大投资规

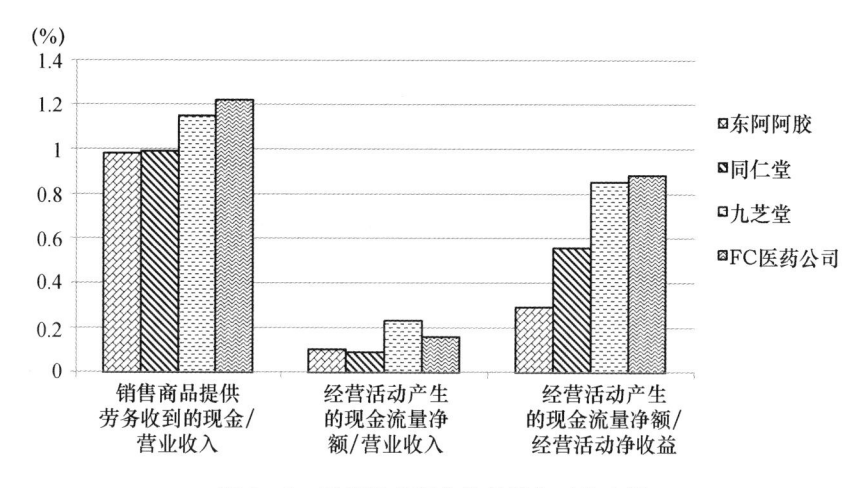

图 8-9　经营活动现金流量横向对比分析

模，导致资金大量流出。20×4 年投资活动产生的现金净流入较上年同期增加，主要是因为公司被列入兰州市出城入园整体搬迁公司名单，原募投项目停建，除购置兰州新区土地和老厂区 GMP 改造外再未发生大额项目支出，同时，政府先行将公司投入原募投项目在建工程的募集资金返还给公司。20×5 年投资活动产生的现金流量净额较上年同期减少 138.06%，主要是因政策性搬迁，公司安宁项目停建，上年同期公司收

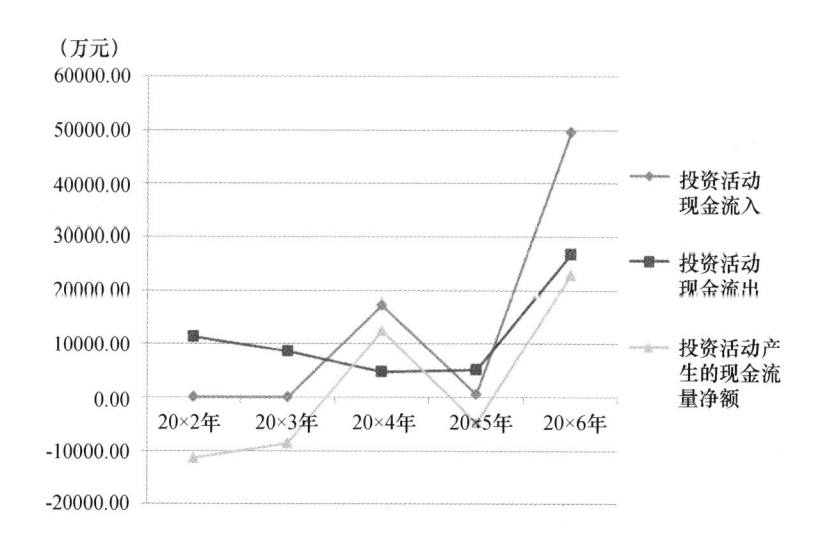

图 8-10　投资活动现金流量分析

到政府补偿的募集资金投资款 1.6 亿元。20×6 年投资活动现金流入同比增幅较大，主要是本期收到因政策性搬迁的安宁土地招拍挂资金；投资活动现金流出同比增幅较大，主要是兰州新区项目和天然药物产业园项目建设增加的工程支出。本期投资活动产生的现金流量支出净额小于经营活动产生的现金净流入，说明公司日常经营活动完全可以满足投资活动的需求，资金风险较小。

3. 筹资活动分析

如图 8-11 所示，20×4 年，公司筹资活动产生的现金净流量为负值，主要是由于公司要偿还债务、支付利息、分配股利等。20×5 年筹资活动产生的现金流量净额较上年同期增加 510.05%，主要是报告期公司申报的再融资项目顺利通过中国证监会审核并成功发行，收到募集资金净额 4.58 亿元。同时本期收到前期投入原募投项目使用的募集资金补偿款 1.6 亿元。20×6 年筹资活动现金流入同比减幅较大，原因是上年同期取得再融资募集资金。由于上年同期支付了银行借款，因此筹资活动现金流出同比减幅较大。

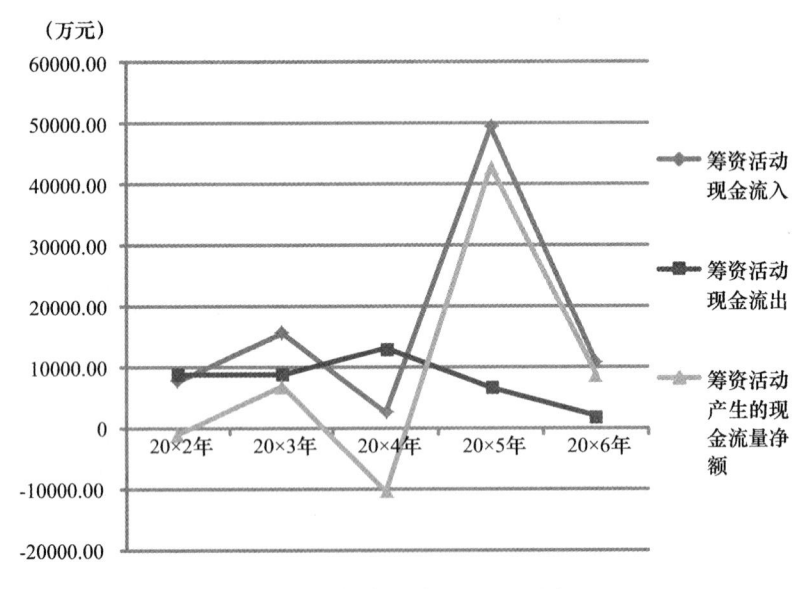

图 8-11 筹资活动现金流量分析

五 前景分析

（一）财务预测

我们采用了 20×2—20×6 年五个完整的会计年度的数据，进行了财务分析。通过公司历史财务数据分析，对公司未来发展趋势进行大致的预测，有助于进一步判断公司未来业绩情况。

对销售收入的预测是财务预测的重要起点。在前文财务分析里看见，FC 医药公司的盈利能力较强，毛利率及营业利润率增长幅度较大，销售收入逐年增长。根据 20×2—20×6 年的数据，发现销售收入增长率略有波动，结合公司销售增长，公司规模扩大的发展战略来看，公司对未来销售收入增长颇有信心，因此本书选择 10% 的增长率对 FC 医药公司 20×7—20×9 年期间的销售收入进行预测，再对相关因素按照相应比例进行计算预测，得出公司未来三年的净利润等财务数据。具体数据如表 8-21 所示。

从表 8-21 中的数据可以看出，FC 医药公司若能保持 10% 的销售收入增长率，净利润将会有所增长。因此，公司应该在扩大销售的同时，应该实行有效策略，力求保持稳定的增长率。

表 8-21　　　　　FC 医药公司未来三年财务预测表

项目	20×6 年	20×7 年	20×8 年	20×9 年	20×0 年
销售收入（万元）	36325.54	39958.09	43953.90	48349.29	53184.22
销售成本（万元）	25501.51	28051.66	30856.83	33942.51	37336.76
销售毛利（万元）	10824.03	11906.43	13097.08	14406.78	15847.46
销售费用（万元）	2947.22	3241.94	3566.14	3922.75	4315.02
管理费用（万元）	3995.23	4394.75	4834.23	5317.65	5849.42
利息费用（万元）	0.04	149.23	149.23	149.23	149.23
营业利润（万元）	3881.54	4120.51	4547.48	5017.15	5533.79
所得税（15%）	582.23	618.08	682.12	752.57	830.07
净利润（万元）	3299.31	3502.43	3865.36	4264.58	4703.72
净利润增长率（%）	91.68%	6.16%	10.36%	10.33%	10.30%

资料来源：根据 FC 医药公司财务报表数据整理计算所得。

（二）敏感性分析

上文中的财务预测过程是建立在一系列假设基础上的"最佳预测"，但是，基本假设不可能完全正确，会受到众多不确定因素的干扰，对财务报表的预测结果产生重大影响。因此，还需要对财务报表的敏感性进行分析，以判断预测结果对各主要假设变动的敏感性。

销售收入是进行财务预测的重要基础假设，经营环境变化的不同，会导致销售收入预测偏离原来的估计。根据行业环境的变化，预测可能导致三项假设的变动：①销售价格增加5%；②销售成本降低5%；③销售数量增加5%。具体分析如表8-22所示。

从表8-22中可以看出，净利润对销售价格的变动最为敏感，销售价格增加5%，导致净利润增长46.79%；其次是当销售成本降低5%时，净利润增长了32.85%；净利润对销售数量的敏感性最低，销售数量增加5%时，净利润仅增长了5%。

接下来，进一步计算净利润对三项基本假设的敏感系数，如下所示。

$$\text{净利润对销售价格的敏感系数} = \frac{\text{净利润增加比率}}{\text{销售价格增加比率}} = \frac{46.79\%}{5\%} = 9.34$$

$$\text{净利润对销售成本的敏感系数} = \frac{\text{净利润增加比率}}{\text{销售成本变动比率}} = \frac{32.85\%}{-5\%} = -6.57$$

$$\text{净利润对销售数量的敏感系数} = \frac{\text{净利润增加比率}}{\text{销售数量增加比率}} = \frac{5.00\%}{5\%} = 1$$

可以明显看出，净利润对销售价格的敏感度最强，属于绝对敏感因素，所以公司在之后的经济决策中，对销售价格必须给予格外的关注。价格下调带来的利润损失，若不能通过扩大销售量或降低单位成本予以更大程度的补偿，则公司的整体利润肯定会下降，目标利润难以实现。同时，价格上涨的同时，应尽可能地抑制销量的大幅缩减和成本的大幅上升，否则目标利润同样难以实现。同时，净利润对销售成本也具有一定的敏感性，降低成本对实现公司目标利润具有重要意义。特别是从长期看，成本的高低将是公司能否生存和发展的关键。

表8-22　　　　　　　　FC医药公司预测敏感性分析

项目	基本假设不变	基本假设变动		
		销售价格 增加5%	销售成本 降低5%	销售数量 增加5%
销售收入（万元）	36325.54	38141.82	36325.54	38141.82
销售成本（万元）	25501.51	25501.51	24226.43	26776.59
销售毛利（万元）	10824.03	12640.31	12099.11	11365.23
销售费用（万元）	2947.22	2947.22	2947.22	3094.58
管理费用（万元）	3995.23	3995.23	3995.23	4194.99
利息费用（万元）	0.04	0.04	0.04	0.04
营业利润（万元）	3881.54	5697.82	5156.62	4075.62
所得税（按15%计算）	582.23	854.67	773.49	611.34
净利润（万元）	3299.31	4843.14	4383.12	3464.28
净利润变动率（%）	0	46.79	32.85	5.00

资料来源：根据FC医药公司财务报表数据整理计算所得。

第二节　甘肃省上市公司资产重组对财务绩效的影响分析

资产重组通过对不同的法人主体的投资人所有权、法人财产权及债权人债权进行符合资本最大增值目的的调节，或对企业之间或单个企业的生产要素（包括实物资产，无形资产，金融资产等）进行优化组合，从而有效地进行企业规模化经营、多元化经营、制度创新，最终提高企业运行效率和战略规划。资产重组模式主要有资产收购、资产置换、资产出售、资产租赁或托管、资产受赠和债务重组、股权重组等。结合甘肃省上市公司资产重组的实际，借助实证分析，以甘肃省上市公司资产重组前后的财务能力指标体系研究上市公司资产重组的财务绩效，以期为甘肃省上市公司的资产重组提供参考。

一　甘肃上市公司资产重组的发展现状

从1994年靖远煤电上市到2011年佛慈制药挂牌，再到2013年刚泰控股迁址兰州，经过近20年发展，注册地在甘肃的A股上市公司，现已达到25家。25家甘肃省上市公司，涵盖了近十个行业，其中食品饮料行业有3家，分别为莫高股份、兰州黄河、皇台酒业；有色金属行业3家，分别是方大炭素、刚泰控股、荣华实业；农业及相关领域3家，分别为亚盛集团、敦煌种业、大禹节水。在地域分布上，有15家集中在省会兰州，武威、白银、酒泉和嘉峪关各2家；天水、陇南各1家。

资产重组是实现社会资源合理配置的重要手段，在甘肃省上市公司资产重组日益频繁的大背景下，增强上市公司的融资能力，迅速实现企业资本规模的扩张，取得规模效益，开展多元化经营，增强企业融资能力，在上市公司和投资者之间实现双赢，具有很大的现实意义。然而，不可否认的是，一些公司所进行资产重组，并不是为了实现公司的做大、做强，而只是为了避免被摘牌或特殊处理而进行短期的粉饰利润活动，使资产重组成为投资者眼中利润操纵的代名词。那么，甘肃省上市公司资产重组为企业、投资人等利益相关人带来的是正面效益还是不良后果，本书将从上市公司资产重组前后财务表现的角度加以实证分析。

根据资料统计，甘肃省上市公司近6年来进行重大资产重组的情况为：2008年有5家，2009年有3家，2010年和2011年均有2家，2012年有7家，2013年有2家。据此可以看出，2012年甘肃省上市公司资产重组规模较大，所以本书将对甘肃上市公司2012年的资产重组情况进行实证分析，进而进行财务绩效研究。

二　甘肃上市公司资产重组实证分析的财务指标选取

(一) 样本选择与数据来源

本书样本及有关的原始数据均来源于巨潮资讯网，为了客观准确地评价甘肃省上市公司资产重组前后财务绩效的变化，我们对所选择的样本作如下处理。

第一，根据巨潮资讯网中甘肃省上市公司的公司资料，选取2012年发生资产重组的甘肃上市公司为研究对象。选取的上市公司有：靖远煤电、兰州民百、上峰水泥、亚盛集团、甘肃电投、兰州黄河、皇台酒业这7家企业。财务指标的平均值为选取的7家企业指标值的加权平均值。

第二，考虑到重组前后财务效应的变化，我们收集了上述公司发生资产重组年度（2012年）的数据以及这些公司在重组前一年（即2011年）以及后一年（即2013年）的相关财务数据。

（二）研究方向的选择

本书将对各企业重组前后的财务数据进行比较，进而对资产重组财务绩效进行分析。具体来说，首先，以财务能力指标体系（盈利能力、经营能力、偿债能力和成长能力等四方面）综合反映重组公司财务绩效；其次，计算所选样本公司在重组前后的指标数据；最后，对各组数据连续三年的变化趋势进行详细分析，来探讨重组对公司财务绩效的影响。

（三）财务绩效评价指标体系的构建

上市公司资产重组是否成功，主要看资产重组后公司的经营业绩是否取得实质性的提高。财务指标是公司经营业绩的综合结果，因此，本书选取财务指标进行公司经营业绩评价。在选取财务指标时，考虑到单个财务指标只能揭示公司业绩某一方面的情况，不可能整体反映出公司全部，本书构建了财务指标体系评价公司业绩。本书选取的评价样本公司财务绩效的指标体系为：①反映盈利能力指标，包括销售净利率、总资产报酬率；②反映营运能力指标，包括存货周转率、固定资产周转率和总资产周转率；③反映偿债能力指标，包括流动比率、速动比率和资产负债率；④反映成长能力指标，包括营业收入增长率和资产增长率。如表8-23所示。

表8-23　　　　　　　　财务绩效指标体系

盈利能力	营运能力	偿债能力	成长能力
销售净利率 总资产报酬率	存货周转率 固定资产周转率 总资产周转率	流动比率 速动比率 资产负债率	营业收入增长率 资产增长率

三　甘肃省上市公司资产重组绩效的实证分析

（一）盈利能力的实证分析

盈利能力是指企业获取利润的能力，是企业生存和发展的关键。从上市公司重组实践看，利润最大化始终是上市公司资产重组的根本动因之一。上市公司大多希望借助重组来提高企业的盈利水平或摆脱亏损甚至"摘牌"噩运。销售净利率反映企业销售盈利水平,指每元销售收入获得净利润的多少。该指标越高,表明企业盈利能力越强;反之则越弱。总资产报酬率反映企业全部资产获取收益的水平,指每元资产获得净利润的多少。它全面表征了企业的获利能力和投入产出状况,当企业资产投入产出后净利产出水平越高时,企业资产的运营效益就越好。

如表8-24所示,选取7家公司,分析其连续三年的盈利能力指标。平均指标数据表明销售净利率重组后较重组当年有所下降,但较重组前有略微上升,销售净利率平均值由2011年的4.88到重组当年的9.74,再到2013年的5.99;总资产报酬率平均值由2011年的2.86到重组当年的3.78,再到2013年的3.25,其变化与销售净利率的变化相似,这两个指标的变化说明重组后的盈利能力好转不显著。具体来看,甚至有些公司如上峰水泥反而出现明显下降的现象,给我们的结论是重组并未给企业带来明显盈利上升。

表8-24　　　　　　　　重组公司盈利能力表现　　　　　　　　（单位:%）

	销售净利率			总资产报酬率		
	2011年	2012年	2013年	2011年	2012年	2013年
靖远煤电	6.88	11.03	11.5	10.43	10.03	7.92
兰州民百	3.96	4.52	7.73	4.64	5.18	6.12
上峰水泥	15.39	1.23	10.25	3.27	0.95	7.57
亚盛集团	7.53	20.16	16.28	2.53	8.55	6.03
甘肃电投	-2.28	20.99	20.49	-1.03	2.56	2.49
兰州黄河	-1.90	2.66	2.86	-1.10	1.64	1.79
皇台酒业	4.61	7.57	-27.16	1.13	2.30	-6.4
均值	4.88	9.74	5.99	2.84	4.46	3.65

资料来源:巨潮资讯网,http://www.cninfo.com.cn。

(二) 营运能力的实证分析

营运能力又称为周转能力,指企业资产使用效率。该类指标反映企业每元资产创造的收入,当资产周转率能力指标越大时,我们认为企业资产使用效率越好,资产管理能力越强。上市公司经过资产重组后,资产质量的提高应表现为资产使用效率的提高。资产营运能力通常用存货周转率、固定资产周转率、总资产周转率等指标反映。

如表8-25所示，选取7家公司，分析其连续三年的营运能力指标。重组前一年即2011年的存货周转率均值为19.00，重组当年即2012年为120.89，重组后一年即2013年又降为53.85，总体表现为上升趋势。表明存货周转率重组后较重组前一年有较大幅度的提升，说明重组后存货营运能力明显增强，存货占用水平降低，流动性增强，提高了资金使用效率，增强了企业经营能力。

同时，我们也可以看到，总资产周转率平均值2011年为2.29，2012年为2.31，2013年为2.35；总资产周转率平均值2011年为0.51，2012年为0.61，2013年为0.64，均表现为逐年递增，反映出资产总体周转速度加快，进而体现出资产使用效率提高。因此，总体上看，资产重组使甘肃上市公司的营运能力有所提升。

表8-25　　　　　　　重组公司营运能力表现　　　　　　（单位：%）

	存货周转率			固定资产增长率			总资产周转率		
	2011年	2012年	2013年	2011年	2012年	2013年	2011年	2012年	2013年
靖远煤电	13.18	8.16	7.58	5.52	4.73	4.68	0.69	0.91	1.52
兰州民百	5.24	4.95	4.48	2.79	3.26	3.78	0.79	1.15	1.17
上峰水泥	106.09	499.88	8.27	0.24	0.90	1.29	0.74	0.77	0.21
亚盛集团	2.93	3.73	3.19	2.77	3.92	3.32	0.37	0.42	0.34
甘肃电投	3.21	327.17	351.32	1.82	0.16	0.16	0.12	0.12	0.45
兰州黄河	1.82	1.88	1.80	2.25	2.26	2.40	0.63	0.62	0.58
皇台酒业	0.54	0.47	1.29	0.66	0.92	0.83	0.24	0.30	0.24
均值	19.00	120.89	53.85	2.29	2.31	2.35	0.51	0.61	0.64

资料来源：巨潮资讯网，http://www.cninfo.com.cn。

（三）对偿债能力的实证分析

资产重组往往伴随着债务重组、股权重组，会导致企业发生重大的财务状况变化，如资本结构、资产结构、债务结构的变化。企业在经营状况不佳、融资出现困难时，很可能利用资产重组改变自己的资本结构、资产结构、债务结构,提高企业的偿债能力,为企业再融资创造良好环境。本书通过流动比率、速动比率、资产负债率反映上市公司偿债能力,分析上市公司进行重组后,公司的长期和短期偿债能力的变化,从而考察其重组前后财务弹性的改变情况。

如表 8-26 所示,选取 7 家公司,分析其连续三年的偿债能力指标。2011 年的流动比率平均值为 1.13,重组当年即 2012 年为 1.11,2013 年为 1.17,表明流动比率在重组后有所上升,反映了企业短期偿债能力增强。速动比率重组后也略微上升,与流动比率表现为同一趋势。资产负债率在重组后较重组前出现了略微降低,表明企业长期偿债能力显示出较小幅度的增强。因此得出如下结论:7 家甘肃上市公司进行重组后,就近三年情况来看,公司的偿债能力出现了小幅提升,有助于公司财务弹性的增强。

表 8-26　　　　　　重组公司偿债能力表现　　　　　　(单位:%)

	流动比率			速动比率			资产负债率		
	2011 年	2012 年	2013 年	2011 年	2012 年	2013 年	2011 年	2012 年	2013 年
靖远煤电	1.86	0.79	0.9	1.56	0.66	0.79	31.76	57.39	54.55
兰州民百	0.98	1.01	1.2	0.65	0.71	0.83	61.62	61.13	41.56
上峰水泥	0.11	0.07	0.63	0.11	0.07	0.50	73.69	72.78	55.56
亚盛集团	1.23	2.26	1.70	0.87	1.89	1.29	38.87	28.68	27.52
甘肃电投	0.73	0.57	0.34	0.46	0.57	0.34	55.01	74.17	72.26
兰州黄河	2.45	2.34	2.64	1.74	1.55	1.75	26.80	30.24	29.33
皇台酒业	0.67	0.70	0.76	0.22	0.25	0.23	59.16	58.43	66.51
均值	1.13	1.11	1.17	0.79	0.81	0.82	51.34	54.69	49.61

资料来源:巨潮资讯网,http://www.cninfo.com.cn。

(四) 对成长能力的实证分析

如表 8-27 所示,选取 7 家公司,分析其连续三年的成长能力指标。2011 年的营业收入增长率平均值为 0.20,重组当年即 2012 年为 0.54,2013 年为 0.69,表明重组公司营业收入增长率在重组后较重组前的上升明显,发展速度有较大幅度的提高。资产增长率呈重组后一年较重组前一年一定程度的上升趋势。这说明,资产重组行为提升了公司的成长能力。

表8-27　　　　　　　　重组公司成长能力表现　　　　　　　(单位:%)

	营业收入增长率			资产增长率		
	2011年	2012年	2013年	2011年	2012年	2013年
靖远煤电	0.33	-0.07	-0.08	0.18	0.32	0.13
兰州民百	0.29	0.11	0.03	0.15	0.13	-0.05
上峰水泥	-0.01	2.65	0.21	0.02	0.001	-0.07
亚盛集团	0.04	0.53	0.40	0.04	0.37	0.63
甘肃电投	0.14	0.25	0.02	0.04	0.05	0.004
兰州黄河	-0.002	0.06	0.09	-0.10	0.11	0.033
皇台酒业	0.63	0.28	-0.19	0.024	0.03	0.46
均值	0.20	0.54	0.69	0.05	0.14	0.16

资料来源:巨潮资讯网,http://www.cninfo.com.cn。

根据上述实证分析,可以得出如下结论:甘肃省上市公司进行的资产重组,在短期内取得了一定的成效,然而由于重组后业绩体现的时期较短,暂时不能准确总结这些上市公司重组后长远绩效表现。但值得肯定的是资产重组对有些企业短期内的绩效有一定幅度的良好影响。以上分析,基本基于资产重组上市公司的均值表现得出的结论,但就个别重组公司而言,重组并未给企业带来经营业绩的改善,财务绩效指标表现为恶化状态。

四　甘肃省上市公司进行资产重组的策略

(一)甘肃省上市公司在资产重组中存在的问题

从总体上看,甘肃省上市公司资产重组对企业财务绩效有一定幅度的良好影响,但在资产重组中存在的问题也很突出,主要表现为以下几个方面。

第一,甘肃上市公司行业所属以传统产业为主,盈利能力较弱。甘肃地处我国西北,国有经济所占比重较高,企业经济效益普遍较差。全省的20多家上市公司主要是钢铁、农产品、酿酒、水泥等几个传统行业，且没有一家行业龙头企业，行业代表性较差，无行业优势。因此，上市公司未来资产重组应着眼于有竞争力、附加值高的新兴行业。

第二，资本运作力度小，能力差。近几年来，沿海特别是江苏、广东等地上市公司资产重组、跨境并购风起云涌，许多上市公司通过大规模资产重组，注入了优质资产，规模迅速扩张，焕发了新的活力，带动了一个行业的发展。而甘肃省上市公司在资产重组、资本运作方面虽然也在进行一些有益的探索，但从近些年的实践看，大多上市公司受到政府及企业自身条件的制约，重组后的效果并没有达到预期，甚至有些公司重组后经营业绩还持续下降，使得上市公司市值下降，投资者用脚投票，公司形象受损，筹资功能丧失，浪费了上市公司这块宝贵的壳资源。

第三，甘肃上市公司绝大部分都是由原来的国有企业改制而成，天然地带有现代企业制度不完善、产权不明晰、国有股权"一股独大"等弊端，给公司资产重组带来困难，进而使重组绩效不理想。甘肃作为国家的老工业基地，国有大中型企业近250家，"企业办社会"现象突出，给其造成的巨大负担，使得企业产品市场竞争力长期以来都很弱，经济效益无法提高；另外，由于地缘因素，甘肃私营经济发展落后，使得市场缺乏活力。上述地区经济状况导致甘肃上市公司在资产重组中，缺乏重组资源，选择范围明显减小。

（二）甘肃省上市公司进行资产重组建议

1. 政府方面的措施

第一，树立政府有限调控的思想。从全国范围来看，甘肃省上市公司数量明显偏少，上市公司壳资源异常宝贵，政府应努力提供区域政策上的支持，减轻企业历史负担，鼓励上市公司通过资产重组等多种形式，增强其可持续融资能力，促进其可持续发展。另外，政府虽然关注经济发展，关注上市公司，却也应该转变思维，引导企业调动自身的积极性，增强上市公司自身的造血功能，反哺地区经济，而不能一味地增加上市公司补贴，对上市公司盲目注资，导致其成为地区经济的"吸血鬼"。

第二，促进上市公司加大资产重组整合力度，跨地区、跨行业、跨所有制地整合资源。从实践看，甘肃上市公司资产重组力度小、企业规模发展缓慢，若要实现经济总量的快速增长，比较有效的途径是发展上市公司集团化战略。一方面通过增资扩股、兼并收购、成立并购基金等资本运作,将上市公司培育成集团化企业。另一方面,积极扶持优势产业中非上市公司的数量和质量,为上市公司资产重组储备并购资源。这既是市场运行的要求,更是政府利用"看得见的手"进行资源整合的必然选择。

2. 企业方面的措施

第一,上市公司在资本运作和重组的具体操作上,应该以可持续发展为目标,以市场需求为导向,摒弃只注重短期绩效的财务性重组。上市公司在资产重组时,应以市场为导向,从公司自身和社会需求的实际出发,寻求优势增量资产注入和对存量资产盘活,以实现资源的优化配置,从而实现企业发展战略,提高企业经济效益。

第二,进一步建立健全和完善法人治理结构,建立有效的内部制衡和外部约束的管理体制,完善决策程序和提高决策水平。目前,甘肃上市公司虽然已初步建立了现代企业制度框架,但仍然存在现代企业制度不完善、控制权与经营权权责关系混乱等公司治理问题。企业经营决策与管理很大程度上沿袭原国有企业的层层审批的做法,严重影响了上市公司的经营效率与经营业绩。因此,有必要通过资产重组完善公司治理结构,引进新的经营理念和管理手段。

第三,上市公司要彻底摒弃"等、靠、要"的思想,努力提高自身效益。上市公司,首先自身要具备创造经济价值的基本能力,要培养自主创新、自我发展能力,在市场经济的大环境下充分认识到自己才是创造价值的主体,政府的作用只是宏观调控,发展机遇还需要上市公司自身把握,才能实现公司健康可持续发展。

第四,抓住西部大开发良好机遇。西部大开发,是我国西部经济发展的切实所需。公司若要把握市场,创造发展先机,就应当实实在在地用好用足国家对西部、对上市公司的各种优惠政策,通过各种资产重组形式在激烈的市场竞争中站稳脚跟,实现上市公司产业结构调整,提高公司综合竞争力,实现公司发展的战略目标。

总之,目前甘肃省上市公司的整体规模小、经营管理能力较弱,业绩水平不理想,亟待通过资产重组,盘活存量资产,吸引增量资产,以激发上市公司活力,改善公司"造血"功能,实现长期可持续地健康发展。

第三节　不同发展战略对企业盈利和发展的影响分析

医药制造企业作为高技术含量企业，需要不断研发新药品，在发展战略上，通常会采取自主研发战略，但也有一些医药制造企业会通过扩张并购获取新产品，形成企业新的盈利增长点。下面，以华邦健康与双鹭药业为例，分析扩张并购与自主研发战略对医药制造企业盈利和发展的影响。

一　医药行业背景分析

（一）医药行业特征

1. 行业发展迅速

自20世纪90年代以来，我国医药行业一直保持年均15%～30%的快速增长，高于全球医药行业年均不到10%的增长速度。2010年，我国医药市场规模超过10000亿元，是全球第三大药品市场。按照这个发展速度，2020年前，将成为仅次于美国的第二大药品市场。从表8-28可见，我国医药制造行业资产规模、销售收入逐年快速增长。2015年我国医药制造行业规模总资产已达到22424.71亿元，较上年同期增长14.47%。资产规模在不断扩大的同时，行业的营业利润和销售收入也在不断增长，2015年行业销售收入为23471.02亿元，较上年同期增长8.76%。2015年行业利润总额为2414.2亿元，较上年同期增长13.5%。由此可见目前我国的医药产业处于迅速发展的时期。

表8-28　2010—2015年医药制造行业销售收入与资产总计趋势

	2010年	2011年	2012年	2013年	2014年	2015年
利润总额（亿元）	1050.42	1494.3	1731.68	2071.67	2322.2	2414.2
销售收入（亿元）	10169.71	14522.05	17083.26	20592.93	23325.61	23471.02
资产总计（亿元）	10767.92	12963.61	15418.98	18479.89	21467.17	22424.71

2. 行业竞争加剧

目前，我国医药制造行业正逐渐发生深刻的变化，从行业利润走势图中，我们可以清晰地发现行业利润总额逐年增加，增速却逐年放缓，说明整个行业竞争加剧，行业竞争现象呈现出两大特点：一是低成本竞争常态化、长期化；二是"国际竞争国内化、国内竞争国际化"。

随着竞争的加剧，产业并购重组浪潮此起彼伏，高潮不断。企业并购成为突破常规竞争态势和增加核心竞争力的有力手段。如图 8-12 所示，根据 Wind 数据库统计，2010 年我国医药行业并购一共 53 例，2011 年 99 例，2012 年 130 例，2013 年 153 例，2014 年 225 例，而到了 2015 年，一共发生 320 例并购案例，2010—2015 年并购金额分别为 50 亿元、153 亿元、283 亿元、350 亿元、624 亿元和 1126 亿元。

	2010年	2011年	2012年	2013年	2014年	2015年
并购数量（例）	53	99	130	153	225	320
并购金额（亿元）	50	153	283	350	624	1126

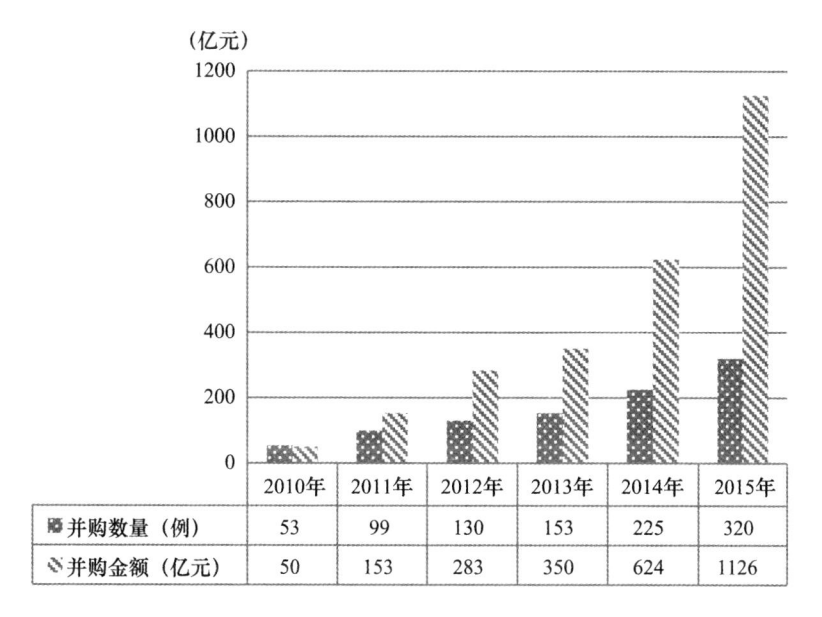

图 8-12　2010—2015 年医药行业并购金额情况

资料来源：国家统计局。

3. 仿制药生产是主流

据中国产业信息网发布的《2015—2020 年中国仿制药市场分析及行业前景预测报告》指出，我国医药市场 90% 的药品为仿制药。因而，研发具有我国自主知识产权的创新药物，转变医药产业发展方式，进而提升生物医药产业的国际竞争力势在必行。根据中国科技统计网有关数据，

2010年我国制药行业研发投入为122.6亿元人民币,约占当年药品销售额的1.75%。2012年中国医药产业研发投入63亿美元,政府和公众研发投入20亿美元。虽然我国一直在加大对医药自主创新的重视,也在不断追加投资,但是我们国家医药科技投入与发达国家还存在较大的差距。从世界各国的卫生总费用占GDP的比重来看,中国还比较低,为5.15%,美国和欧洲各国等发达国家普遍在10%以上,美国更是达到17.40%,从这个数据来看,国内的医药投入还有很大的空间。

(二) 两种投资发展战略

在我国医药制造行业现有背景下,制药企业常见的投资发展战略选择有二,一是扩张并购以应对日益加剧的竞争环境;二是自主研发,改变仿制药低毛利率、低竞争优势的现状,提高产品毛利率,提升公司核心竞争力。经分析,两种战略的财务指标有明显差异,说明不同战略对公司财务影响很大。以下本案例选取华邦健康和双鹭药业为代表进行分析研究,以发现不同投资战略对企业盈利及发展的影响。

二 华邦健康和双鹭药业的投资发展战略

(一) 华邦健康的扩张并购战略

华邦生命健康股份有限公司从2004年在深交所中小企业板上市成功后,经2011年吸收合并颖泰嘉和(体量与华邦相当),2013年又收购百盛药业。从华邦健康的发展历程来看华邦的战略意图很明显,定增+收购,外延式扩张的脚步正紧密进行。

经过并购重组,现华邦生命健康股份有限公司从2004年上市有5家参、控股公司至今,通过并购扩张已有参股或控股公司46家,其中合并报表的有36家。其竞争优势大多与并购扩张战略相关,体现在:其一,扩大企业规模、进入新领域,获得新的技术和产品,降低新行业的进入壁垒,减少研发周期和费用;其二,合并其他企业进入新市场,可在原有的客户资源和销售渠道上发展,增加产品销售,减少新市场开发费用;其三,有利于企业整合资源,提高规模经济效益,降低产品的生产成本。上述三项特征,均导致其在盈利与发展上的财务表现有异于其他投资发展战略。

虽然并购能带来众多优势,但并购后的各项整合却也存在着各种风险,且这一发展模式容易被复制模仿,我们可以通过财报分析其并购扩张后的整合效应。

(二) 双鹭药业的自主研发战略

双鹭药业股份有限公司于同年,2004年也在深交所中小企业板上市,以恶性肿瘤、抗病毒和老年性疾病类生物药物,以及神经、内分泌类多肽及化学药物的研究为重点,加强抗体和疫苗技术平台、特色生化药物和植物药平台建设。近几年公司成功地研制了数十种新药并陆续推向市场。公司自身规划是:力争在未来五年研究开发具有自主知识产权的基因工程药物5—10个,天然药物以及有竞争力的生化及化学药物10个以上,逐步在肿瘤治疗及辅助治疗方面丰富产品品种线。

公司设立的北京双鹭医药生物技术中心作为公司的药物研究和中试基地,为公司不断开发国内外领先的生物及化学药品提供了强有力的技术保障。中心下设分子生物学生化研究室、化学药品室、中试研究室和新药评价室。共有60余名专职研究开发人员,其中60%具有博士、硕士学位或中高级专业技术职称,中心学术带头人徐明波博士等为国家有突出贡献的专家并享受政府特殊津贴。中心研究开发投入逐年增加,占公司销售收入15%以上。近几年中心成功地研制了数十种新药并陆续推向市场。

双鹭药业现已有的研发项目如下:①骨质疏松药物已形成组合;②来那度胺和达沙替尼目前均拥有国内外专利,均已挑战成功;③目前吉西他滨处于生产审评阶段,818项目已完成临床Ⅰ期研究,已申请临床Ⅱ期研究,正等待批复;④目前替莫唑胺原料药和20mg规格已拿到生产批文,是国内唯一;⑤公司新型CHO乙肝疫苗目前即将完成临床前研究;⑥长效立生素处于临床试验阶段,即将完成临床前研究的有长效arginase、长效干扰素、长效生长激素等;⑦公司的第一个单克隆抗体药物"肿瘤坏死因子受体抗体融合蛋白"已经申报临床;⑧肺炎疫苗项目大约需要三年时间;⑨预防宫颈癌的HPV疫苗是由公司技术中心独立研发,系预防用生物制品1类,目前已完成大部分药学研究,即将进入临床前评价(打破美国进口的预防宫颈癌的二价疫苗垄断)。

双鹭的研发团队和核心技术是其他企业很难模仿的竞争优势,同时由于双鹭药业重视研发,所以其长期以来积累创造的知识产权是其公司核心优势,公司目前的研发人员和研发费用如表8-29所示。

表 8-29 2014—2015 双鹭药业研发能力分析

	2015 年	2014 年
研发人员数量（人）	278	242
研发人员数量占比（%）	41.43	38.47
研发投入金额（元）	105487960.63	76643311.16
研发投入占营业收入比例（%）	9.12	6.17
研发投入资本化的金额（元）	12930543.67	17856064.41
资本化研发投入占研发投入的比例（%）	12.26	23.30

（三）小结

双鹭药业因自始至终重视企业的自主研发，其自主研发的产品在市场上都有较强的竞争力，核心技术难以被模仿。但对于双鹭药业几乎将所有的资源和资金都投入产品研发，有可能会导致单一产品占比过高，在该产品放量阶段，可以快速推升公司业绩增长；一旦该品种出现增速放缓或者销售下降，则将对公司业绩产生严重的反面影响。公司多年来营业收入主要依靠核心产品贝科能，新产品被市场认识接受尚需时日，我们从之后的双鹭收入变化中也可看到其研发特征带给企业的财务影响。

华邦健康在医药市场原本就占有一定的份额，在皮肤板块尤为龙头，同时还通过并购进入相关行业获得新产品，扩张并购让其走上了多元化发展道路。就目前看其进入化学药领域是比较成功的，在扩大企业规模的同时，带来规模效益。但其产品层次相对于双鹭来说稍显杂乱、核心产品不够突出，产品线不清晰。

三 华邦健康和双鹭药业产品特征差异分析

（一）产品生命周期

对于制造企业来说，产品周期最能直接体现企业发展周期。双鹭靠自主研发，不断地向市场上推出新产品，而华邦通过合并其他企业获得自身发展的动力，未来它们各自会有怎样的发展，与其产品周期密不可分。下文将分析两公司产品的发展情况，及各自的产品生命周期。

1. 双鹭药业产品生命周期

双鹭药业在 2011—2015 年的产品生命周期如表 8-30 所示。

表 8-30　　　　　2011—2015 年双鹭药业产品生命周期

年份	主营构成	主营收入（万元）	主营利润（万元）
2015 年	生物、生化药	97629	63539
	化学药	12757	8190
2014 年	生物、生化药	101278	68705
	化学药	15842	12102
2013 年	生物、生化药	98102	64706
	化学药	13153	9756
2012 年	生物、生化药	82290	54329
	化学药	12894	4781
2011 年	生物、生化药	59097	44247

以下我们对生物生化药和化学药做整体的产品生命周期分析。图 8-13 是生物生化药产品生命周期曲线图，可以看出 2013 年之前产品的销售处于稳步上升阶段，2013—2014 年增长率开始减缓，2015 年销售收入同比下降 32%，其现有生物生化药可能在走向衰退。

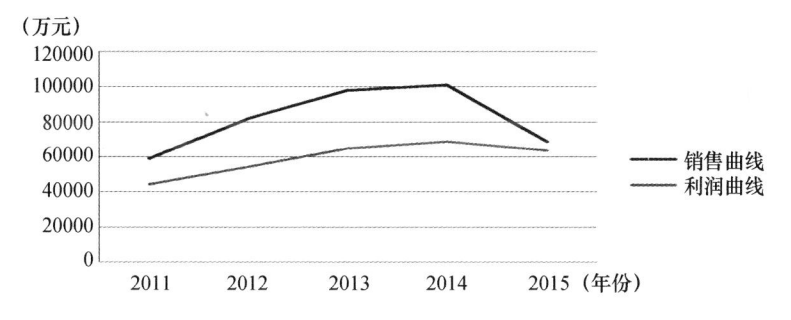

图 8-13　2011—2015 双鹭药业生物生化药产品生命周期

从图 8-14 可以看出公司化学药产品目前销售并不稳定，市场竞争也较为激烈。2015 年之后的双鹭急需新药的研发上市，改善公司的产品生命周期。

2. 华邦健康产品生命周期

华邦健康由于产品涉及领域较广、销售分散。另外，报告中并未详细透露各类产品每年的收入成本信息，因此，选择其部分主要产品，参

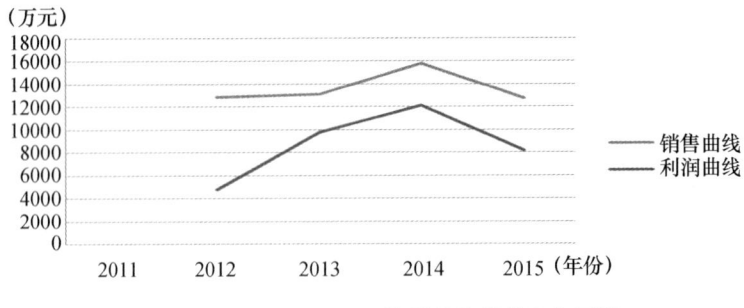

图 8-14 2011—2015 双鹭药业化学药生命周期

考市场同类产品，预测其生命周期。

地奈德乳膏是公司原有领域皮肤科的产品，在2013年时利润占比达到了6.95%，但在国内皮肤科领域，各种药品间竞争激烈相互间的模仿程度也很大，公司皮肤药已经进入了成熟期，华邦想维持其原来在皮肤科的地位，必须加大产品创新，进一步细分市场。

三氯二甲基苯胺是在合并山东福尔后取得的新产品，在2014年的利润比重中占到2.59%，山东福尔在被收购前已经形成了自己完整的知识产权和产品体系，氯酰产品的市场占有率在国内占到了40%，根据对同类产品的市场调查，该产品也处于成熟期。

北京颖泰拥有完整的杀菌剂产品市场研究、研发、生产和销售能力，产品销售多年位居同行业出口首位，目前没有进入国内市场。

3. 小结

华邦健康新提出了"大华邦医疗联盟"战略，布局"大健康"产业，形成多品种、跨科室、全方位的多元化医药提供企业，就目前其发展形势与发展战略来看，华邦健康的收购扩张之路还将继续。双鹭药业在研项目众多，公司可能希望从单一品种为主体支持的局面到多点开花，但这种研发策略可能带来研发力量分散，研发效果不明显，从而研发风险较大。

（二）产品结构

1. 华邦健康产品结构

如表8-31所示，按产品划分2015年华邦健康的主营收入占比最大的一部分是化学药产品，其次是制剂，其新涉领域旅游茶叶等也为其贡献了一定的销售收入。值得注意的是自2011年收购颖泰嘉和后华邦健康化学药事业部发展迅速，为其产业发展奠定了一定基础。

医药制剂为其原有领域，华邦健康原为皮肤科领域龙头企业，在该领域的上市产品几乎涵盖所有主要的皮肤疾病。

在化学药产品方面，因其是收购颖泰嘉和进入该领域，所以只需在其原有的基础上继续发展，近几年来在其发展过程中势头较好的有丙酰奋、三氯二甲基苯胺氟苯等。

表8-31　　　　　　　　华邦健康产品结构（2015年）

产品	主营收入 金额	主营收入 比例	主营成本 金额	主营成本 比例	主营利润 金额	主营利润 比例	毛利率
化学药	40.8亿元	66.10%	32.2亿元	81.45%	8.61亿元	41.65%	21.09%
制剂	19.4亿元	31.41%	7.33亿元	18.55%	12.1亿元	58.35%	62.20%
其他	5485万元	0.89%	—	—	—	—	—
旅游产品	5416万元	0.88%	—	—	—	—	—
技术服务	3007万元	0.49%	—	—	—	—	—
茶叶产品	1427万元	0.23%	—	—	—	—	—

2. 双鹭药业产品结构

如表8-32所示，从双鹭药业2015年各类产品收入比例可以看出，其收入来源主要依托的是生物、生化药及化学药，占总收入来源的94%左右。可见，双鹭专注于医药制造；而华邦在并购扩张中走医药制造为核心主业的多元化道路。

表8-32　　　　双鹭药业产品结构（2015年）　　　（单位：万元,%）

按产品	收入	成本	利润	毛利率	利润占比
生物、生化药	67629	23616	44013	65.08	57.79
化学药	42757	15307	27450	64.20	36.07
其他	5268	573	4695	89.12	6.14

经深入调查双鹭药业的核心产品是复合辅酶（商品名：贝科能）、胸腺五肽，其中贝科能是双鹭药业的独家品种，根据样本医院（终端）销

售数据相应放大后的推算，贝科能在2013年的全国销售额已达约30亿元左右，在销售业绩最好的时候销售收入占双鹭总销售收入的70%。二线品种主要代表有替莫唑胺、三氧化二砷（化学）、白介素-2、白介素-11，目前二线产品态势增长良好，有望进一步拓开市场，除了已在市场上占有一席之地的这些产品，双鹭药业还在不断研发新的产品。

3. 小结

双鹭药业的产品结构较完善，在产产品数目种类繁多，但其核心产品一品独大，除了贝科能和三氧化二砷，其他产品同类产品竞争激烈市场狭小，公司急需研发独有的医药品种。

华邦健康目前业务范围较广，且为了完成其战略布局并购之路短期之内不会停止，随着并购扩张，新产品也在不断地并入旗下，其产品的丰富性较高。若以后加速对合并后产品的整合，完善产品结构，会大大助力企业未来的发展。

（三）市场细分

对于双鹭药业来说，因其重视产品研发，与之对应的是新市场的开发和销售模式的创新，如果双鹭的新产品研发上市，其肯定会寻求细分市场，促进销售以便于合理的将产品结构与市场资源结合，实现企业效益最大化。

对于华邦健康来说，企业没有核心产品，所以走的是多元化路线。华邦的扩张也给华邦带来了一定的市场资源，只有合理高效的整合其并购资源，才会走出与双鹭不同的企业发展之路。

四 华邦健康和双鹭药业盈利能力表现差异

（一）销售盈利能力差异分析

1. 收入及构成差异分析

从图8-15可见，华邦双鹭营业收入变化差异显著。2011年两公司收入基本相当，但随着华邦大举并购，带来收入迅猛上升；而依靠自主研发、内涵增长的双鹭收入增长平缓，很可能是其核心产品收入放缓，而新研发药品市场认可度还不够高。

两公司在营业收入方面的差异与它们各自选择的发展战略不无影响。双鹭的自主研发战略由于没有快速可吸收的产能与市场，在原有药品市

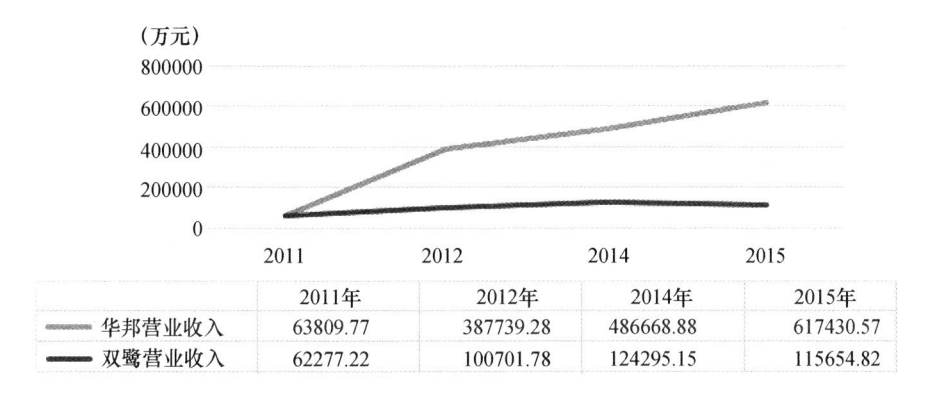

	2011年	2012年	2014年	2015年
华邦营业收入	63809.77	387739.28	486668.88	617430.57
双鹭营业收入	62277.22	100701.78	124295.15	115654.82

图 8-15　2011—2015 年华邦双鹭营业收入差异分析

场竞争加剧，销路不畅时，企业面临的经营风险就会加大。相反，华邦通过并购，迅速获得市场与产品，收入迅速放大。

2. 营业总成本差异

图 8-16 显示华邦和双鹭营业总成本比较后的基本情况是 6 年来华邦营业总成本都远高于双鹭，相比 2011 年，2012 年华邦成本费用变化异常显著，同比增长 1266.33%，细化分析如下。

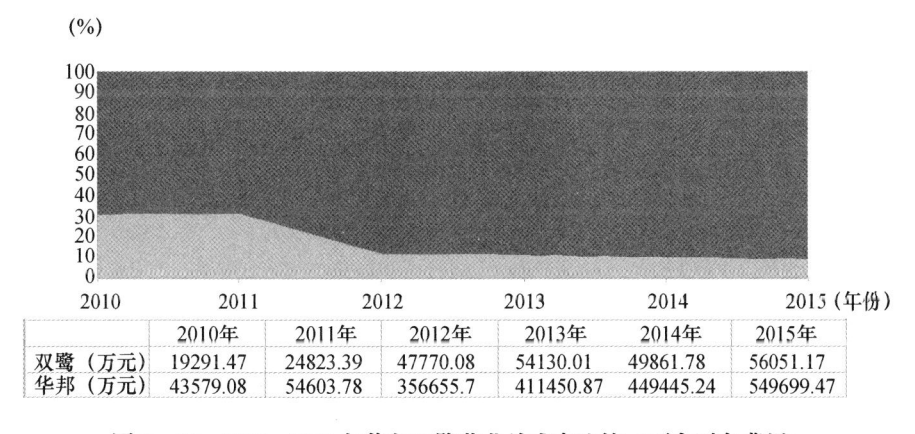

	2010年	2011年	2012年	2013年	2014年	2015年
双鹭（万元）	19291.47	24823.39	47770.08	54130.01	49861.78	56051.17
华邦（万元）	43579.08	54603.78	356655.7	411450.87	449445.24	549699.47

图 8-16　2010—2015 年华邦双鹭营业总成本比较（不含财务费用）

（1）华邦各成本费用增长率分析。如图 8-17 所示，2012 年体量与华邦相当的北京颖泰纳入合并后，自然引起公司各项成本费用相比 2011 年同期的巨幅增长。自 2012 年后，虽然华邦的并购步伐并未停止，但被并购方的体量相对都较小，因此，华邦的各项成本费用只是随着收入的增长同向变化，未见异常。这也体现了华邦健康并购扩张战略带来的影响。

	2011	2012	2013	2014	2015
营业成本	19.70%	1266.30%	13.97%	2.62%	19.42%
营业税金及附加	17.73%	42.01%	12.05%	42.40%	87.40%
销售费用	36.73%	30.71%	25.17%	31.16%	48.25%
管理费用	7.21%	191.15%	18.45%	26.69%	32.83%

图 8-17　2011—2015 年华邦健康各费用增长率

（2）双鹭各费用增长率分析。如图 8-18 所示，双鹭成本费用逐年也表现为上涨趋势。尤其 2012 年，双鹭各费用都有明显涨幅，主要因为该年收入明显增长，增幅为 61%，必然带动营业成本、营业税金及附加、销售费用相应增加。该公司销售费用各年增减不一，且与销售收入之间的变化关系不稳定，说明该公司的可能销售策略不是很清晰。另外，该公司销售费用在成本费用中占比较低，这点与华邦明显不同，说明两公司的发展战略对销售费用的影响不同。双鹭的管理费用逐年增加，且增

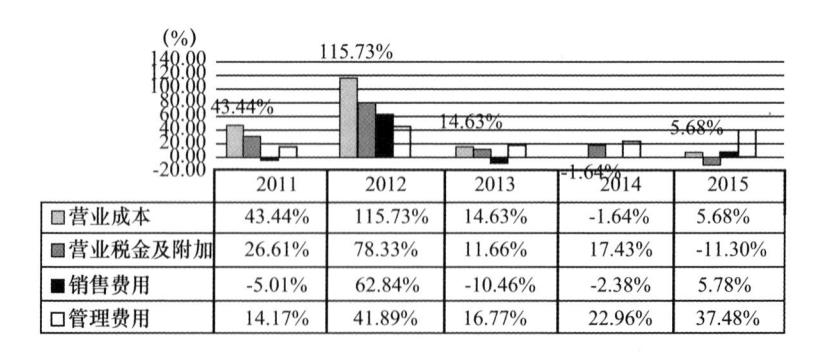

	2011	2012	2013	2014	2015
营业成本	43.44%	115.73%	14.63%	-1.64%	5.68%
营业税金及附加	26.61%	78.33%	11.66%	17.43%	-11.30%
销售费用	-5.01%	62.84%	-10.46%	-2.38%	5.78%
管理费用	14.17%	41.89%	16.77%	22.96%	37.48%

图 8-18　2011—2015 年双鹭药业各费用增长率

幅总是超过营收,主要系研发费用增加所致(见表8-32)。

综上,华邦每年的各类费用都是正向增长,且与收入增长基本同步,但双鹭销售费用在费用构成中明显比例较低,增长率也明显低于收入增长率,而其管理费用明显占比高,增速快,体现出两种发展战略在成本费用方面有较大差异。

3. 营业利润差异分析

在此基础上,进一步观察2011—2015年华邦双鹭利润构成的不同。

如图8-19显示,华邦与双鹭利润构成中非经常性损益相比营业利润均较小且无较大反差,故着重分析营业利润的差异。

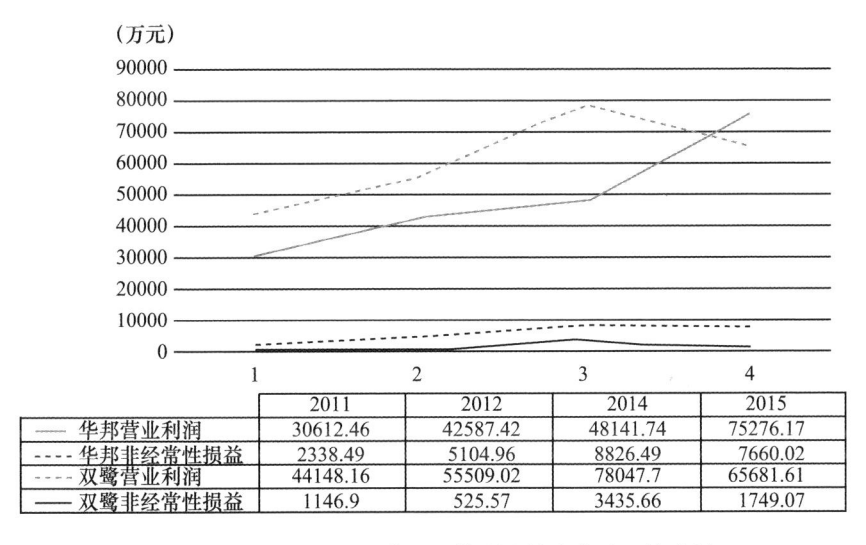

(万元)

	2011	2012	2014	2015
—— 华邦营业利润	30612.46	42587.42	48141.74	75276.17
---- 华邦非经常性损益	2338.49	5104.96	8826.49	7660.02
---- 双鹭营业利润	44148.16	55509.02	78047.7	65681.61
—— 双鹭非经常性损益	1146.9	525.57	3435.66	1749.07

图8-19　2011—2015华邦双鹭利润构成变动比较分析

自2012年华邦并购了北京颖泰嘉和后,新增化学药业务带来的创收使其营业收入不断上涨且和双鹭差距越来越大,但为什么华邦营业利润除了2015年一直低于双鹭,主要原因是2012年后由于华邦新增化学药业务后一并增长的巨额整合费用吞噬了其创造的营业收入带来的优势,所以营业利润的差距依然存在。

而2015年尽管华邦总成本费用依旧高出双鹭很多,但经过三年的对并购企业的消化吸收,整合后的华邦费用控制能力提高,成本费用增长率逐年下降,营业利润逐年上升。

再者双鹭在2015年营业收入与同期相比下降7%。所以在2015年华邦首次营业利润以及利润总额超过双鹭，且成本费用利润率增长率在2011年后首度超过双鹭药业。说明其并购战略显现出明显成效，而双鹭的自主研发道路并不顺利。

4. 营业利润率差异分析

由图8-20可看出，华邦和双鹭营业利润率表现差异巨大，双鹭营业利润率在55.13%—70.89%之间，华邦营业利润率在8.67%—47.79%之间，说明不同发展战略对企业营业利润率有很大影响。但是，华邦和双鹭营业利润率增长率表现差异不大，逐年均有波动，波动方向基本一致，可能是受医药市场环境影响。

	2011年	2012年	2013年	2014年	2015年
华邦营业利润率	47.97	10.98	8.67	9.89	12.19
双鹭营业利润率	70.89	55.13	55.45	62.79	56.79

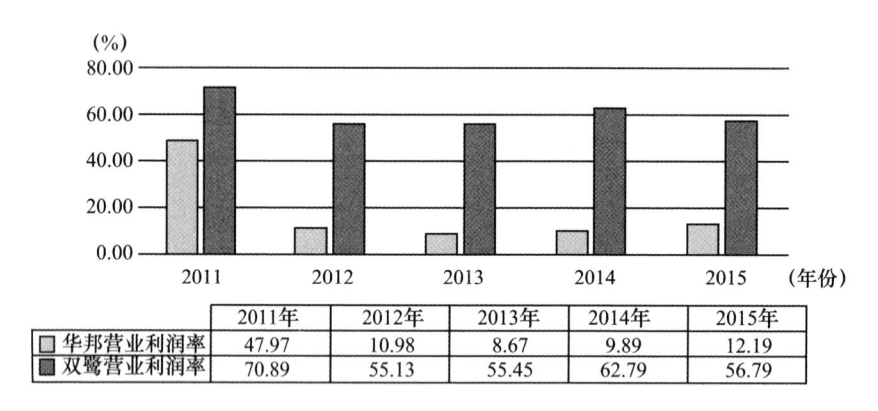

图8-20 2010—2015华邦双鹭营业利润率分析

（二）投资盈利能力差异分析

1. 总资产报酬率

图8-21显示，华邦和双鹭总资产报酬率表现有明显差异，华邦总资产报酬率每年基本都是双鹭的一半左右。造成二者总资产报酬率差别变化的原因在于华邦的并购扩张战略导致其总资产平均额远超双鹭。以2013年为例，华邦总资产报酬率6.94%，只有双鹭的四分之一，查阅华邦该年报表附注可知，华邦2013年资产增加主要源于发行股票等筹资活动增加了货币资金、长期股权投资等，而筹资的目的就是为了对西藏林芝百盛药业的并购及对北京颖泰、上虞颖泰、南方化工的再投资。至此，说明华邦新增的筹资和投资皆紧扣战略。

第八章 专题分析的参与式教学实施成果

	2011年	2012年	2013年	2014年	2015年
华邦	12.13	10.13	6.94	6.05	5.26
双鹭	40.07	27.92	26.95	26.42	18.48

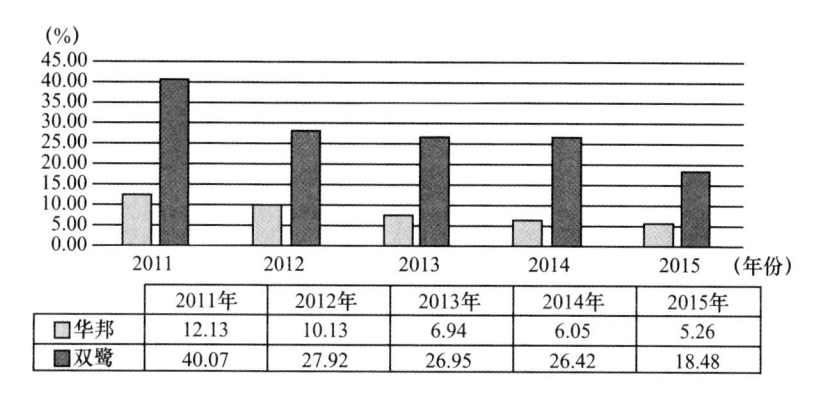

图8-21 2010—2015年华邦双鹭总资产报酬率组合分析

由图8-22可以看出，2012—2015年华邦和双鹭资产总额都有上升趋势，但明显华邦上升幅度远大于双鹭，究其原因有以下几点。

首先，华邦资产增加原因是其提出"大华邦医疗联盟"战略，通过收购重庆植恩医院管理有限责任公司、德国莱茵医院有限公司、河北生命原点生物科技有限公司、瑞士生物医药集团有限公司，投资设立华邦汇医投资有限公司、重庆华邦医亿科技有限公司、重庆华邦医美科技有限公司的方式，在康复医疗、干细胞领域、抗肿瘤治疗、互联网医疗平台、医学美容等领域进行了布局。公司"大健康"产业的布局，为公司

	2012年	2013年	2014年	2015年
---- 华邦平均资产总额	505582.06	678494.28	1060789.2	1663927.3
—— 双鹭平均资产总额	197642.14	246440.04	301558.39	354034.41

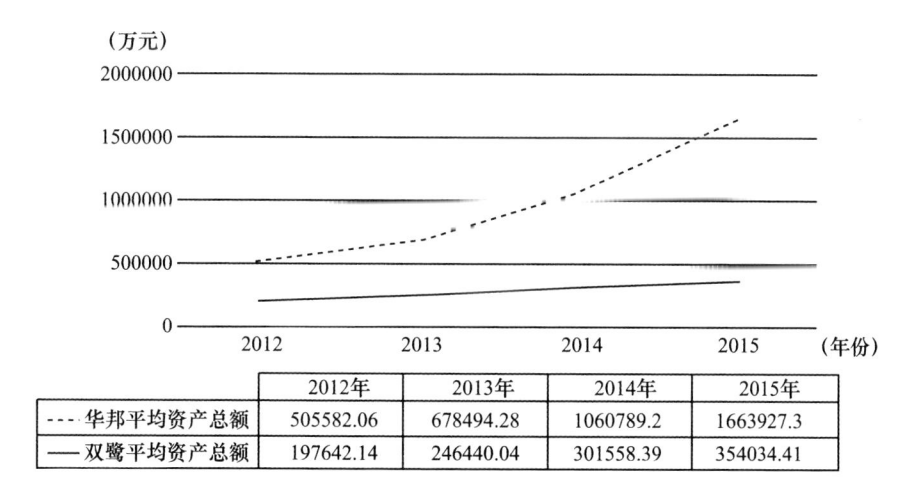

图8-22 2012—2015年华邦双鹭平均资产总额对比

— 233 —

的发展注入了新的活力，同时资产也大幅增加，实现了"外延式扩张"，进一步扩大了公司资产规模和提升持续盈利能力。

其次，双鹭资产增加原因是公司逐年加强研发项目，推进大兴生物研发基地和新乡原料药研发基地的建设进程所致。

综上，对比二者资产规模增加原因，也能看出不同公司战略对公司发展的影响。在资产方面体现为华邦注重通过扩张并购增加资产规模，双鹭注重自主研发的同时加强生产建设以增加资产。对比结果显然是通过扩张并购资产规模能够迅速扩大，无论在速度还是在规模上均超过企业自建的方式。双鹭总资金较少，为研发投入准备的资金额远少于华邦为并购扩张所筹集的资金，战略较为谨慎保守。

2. 每股收益

如图8-23所示，华邦每股收益较双鹭低，且表现为下降趋势，而其并购扩张的资金主要通过定增获得，导致股本扩张，而并购的效应还需时间检验，因此公司的EPS表现不尽如人意。而双鹭每股收益较稳定，得益于公司这5年现有产品发展稳定，但现有产品总会走向衰退，公司的长远发展还要看公司的研发状况。

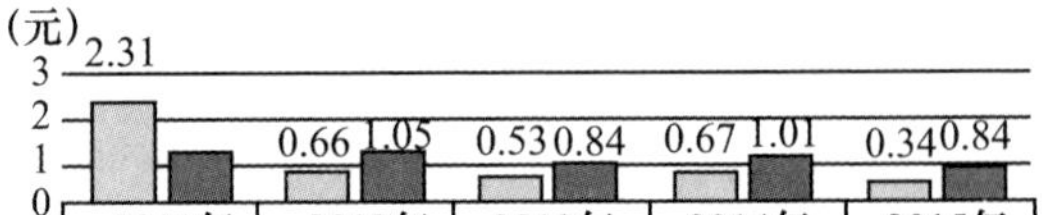

(元)	2011年	2012年	2013年	2014年	2015年
华邦每股收益	2.31	0.66	0.53	0.67	0.34
双鹭每股收益	1.15	1.05	0.84	1.01	0.84

图8-23 2011—2015华邦双鹭每股收益对比

3. 市盈率（股价/每股收益）

图8-24表明，华邦和双鹭市盈率也有较大差异，大多年份双鹭市盈率水平保持在华邦1倍左右，说明市场对研发型的双鹭给予了更高的期望。

五 主要财务指标的增长表现

图8-25为六年两公司的主要财务发展能力指标的均值，华邦的主营

	2011年	2012年	2013年	2014年	2015年
华邦	17.32	35.27	26.15	24.01	45.81
双鹭	39.93	34.45	53.60	44.63	63.51

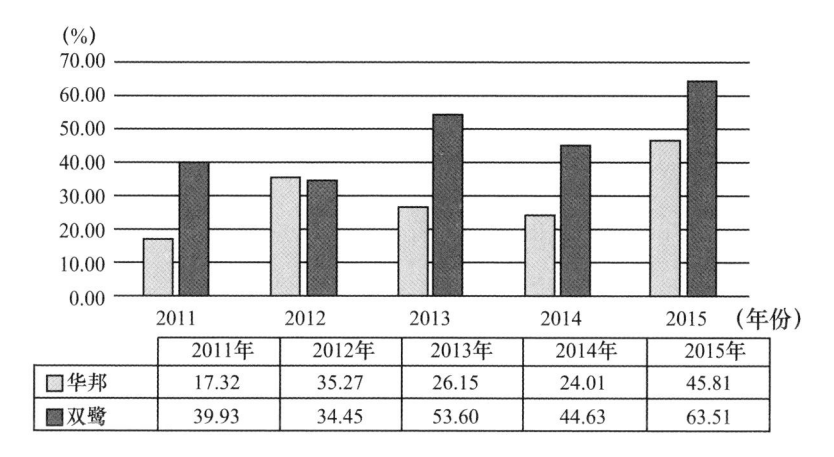

图 8-24 2010—2015 年华邦双鹭市盈率比较

业务增长率涨幅最大，达到 96%，资产规模增幅同样十分显著，这是扩张并购带给企业的规模扩张效果；但净利增幅明显小于资产及净资产增幅，也导致每股收益不升反降；说明其 2012 年大幅度扩张并购后，一直都在整合并购标的，并且存在整合风险；每股经营现金流量增长率为 -14%，说明随着扩张并购，经营活动规模扩大，经营现金流出迅速增加，但因为业务整合，经营活动的现金流入还无法赶上流出的步伐，这在快速发展的企业很常见，企业扩张并购总是伴随着强烈的资金需求。

双鹭自主研发的内涵发展道路，基本遵循有多大能力办多大事的原则，导致其五年中各项财务指标变化均不大，平稳前行，但过小的步伐，有可能带来被其他企业赶超、淘汰的命运（尤其在没有明显看到其研发成功迹象时）。

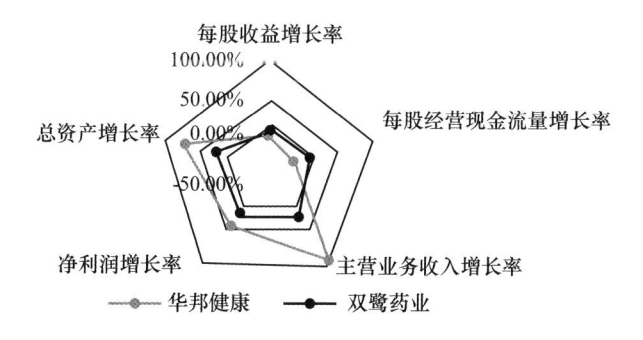

图 8-25 2010—2015 华邦双鹭主要指标均值纵向分析

六 总结

（一）不同战略必然带来不同财务表现，不同财务表现可能预示着企业的不同发展战略

走在扩张并购道路上的华邦，资产、收入大幅上升，企业规模迅速扩张。双鹭的内生性自主研发战略，毛利率表现明显要好，说明其自主研发的产品有更好的市场竞争优势。另外，双鹭的市盈率指标明显高于华邦，说明对自主研发型企业，资本市场的认可度更高、未来预期更好。

（二）两种发展战略无所谓好坏，战略执行的道路上都有荆棘

两个公司虽然发展战略不同，但投资利润率、每股收益都有下降趋势。华邦的问题在于并购后的整合，能否消化吸收被并购企业是华邦未来发展的关键。双鹭自主研发项目众多，精力投入不够集中，五年里没有市场急需的自研药品问世，导致企业这五年一直靠原有核心产品支撑企业生存，企业财务表现基本原地踏步，如果新药研发不顺利，企业未来堪忧。

（三）发展战略的融合可能对医药企业更有利

并购扩大企业规模，实力增强的同时，投入更多的资源用于研发，不断开发新产品，才能让企业真正拥有核心竞争力。

附　件

一　资产负债表

××年××月××日

项目	行次	期末余额	年初余额	项目	行次	期末余额	年初余额
流动资产：	1			流动负债：	40		
货币资金	2			短期借款	41		
交易性金融资产	3			交易性金融负债	42		
应收票据	4			应付票据	43		
应收账款	5			应付账款	44		
预付款项	6			预收款项	45		
应收利息	7			应付职工薪酬	46		
应收股利	8			其中：应付工资	47		
其他应收款	9			应付福利费	48		
存货	10			应交税费	49		
其中：库存商品（产成品）	11			其中：应交税金	50		
一年内到期的非流动资产	12			应付利息	51		
其他流动资产	13			应付股利	52		
流动资产合计	14			其他应付款	53		
非流动资产：	15			一年内到期的非流动负债	54		
可供出售金融资产	16			其他流动负债	55		
持有至到期投资	17			流动负债合计	56		
长期应收款	18			非流动负债：	57		
长期股权投资	19			长期借款	58		

续表

项目	行次	期末余额	年初余额	项目	行次	期末余额	年初余额
投资性房地产	20			应付债券	59		
固定资产原价	21			长期应付款	60		
减：累计折旧	22			专项应付款	61		
固定资产净值	23			预计负债	62		
减：固定资产减值准备	24			递延所得税负债	63		
固定资产净额	25			其他非流动负债	64		
在建工程	26			其中：特准储备资金	65		
工程物资	27			非流动负债合计	66		
固定资产清理	28			负债合计	67		
生产性生物资产	29			所有者权益（或股东权益）：	68		
无形资产	30			实收资本（或股本）	69		
其中：土地使用权	31			资本公积	70		
开发支出	32			减：库存股	71		
商誉	33			专项储备	72		
长期待摊费用	34			盈余公积	73		
递延所得税资产	35			未分配利润	74		
其他非流动资产	36			其中：现金股利	75		
其中：特准储备物资	37			外币报表折算差额	76		
非流动资产合计	38			归属于母公司所有者权益合计	77		
				少数股东权益	78		
				所有者权益合计	79		
资产总计	39			负债和所有者权益总计	80		

二 利润表

××年××月

项目	行次	本月发生	本年累计
栏次	—	1	2
一、营业收入	1		
减：营业成本	2		
营业税金及增加	3		
销售费用	4		
管理费用	5		
财务费用	6		
资产减值损失	7		
加：公允价值变动收益（损失以"－"号填列）	8		
其他收益	9		
投资收益（损失以"－"号填列）	10		
其中：对联营企业和合营企业的投资收益	11		
二、营业利润（亏损以"－"号填列）	12		
加：营业外收入	13		
减：营业外支出	14		
其中：非流动资产处置损失	15		
三、利润总额（亏损总额以"－"号填列）	16		
减：所得税费用	17		
四、净利润（净亏损以"－"号填列）	18		
五、每股收益：	19		
（一）基本每股收益	20		
（二）稀释每股收益	21		
六、其他综合收益	22		
七、综合收益总额	23		

三　现金流量表

×× 年

项目	行次	金额
经营活动产生的现金流量：		
出售商品、提供劳务收到的现金	1	
收到的税费返还	2	
收到的其他与经营活动有关的现金	4	
现金流入小计	9	
购买商品、接受劳务支付的现金	10	
支付给职工以及为职工支付的现金	12	
支付的各项税费	13	
支付的其他与经营活动有关的现金	18	
现金流出小计	20	
经营活动产生的现金流量净额	21	
投资活动产生的现金流量：		
收回投资所收到的现金	22	
取得投资收益所收到的现金	23	
处置固定资产、无形资产和其他长期资产所收回的现金净额	25	
收到的其他与投资活动有关的现金	28	
现金流入小计	29	
购建固定资产、无形资产和其他长期资产所支付的现金	30	
投资所支付的现金	31	
支付的其他与投资活动有关的现金	35	
现金流出小计	36	
投资活动产生的现金流量净额	37	
筹资活动产生的现金流量：		
吸收投资所收到的现金	38	
借款所收到的现金	40	
收到的其他与筹资活动有关的现金	43	
现金流入小计	44	
归还债务所支付的现金	45	

续表

项目	行次	金额
分配股利、利润或偿付利息所支付的现金	46	
支付的其他与筹资活动有关的现金	52	
现金流出小计	53	
筹资活动产生的现金流量净额	54	
汇率变动对现金的影响	55	
现金及现金等价物净增加额	56	

参考文献

董彩云:《参与式教学的理论与实践》,东北师范大学出版社2017年版。

李明伟:《财务管理学》,经济科学出版社2009年版。

吕世虎:《参与式教学活动设计》,高等教育出版社2007年版。

王化成:《财务报表分析》,中国人民大学出版社2014年版。

鄢奋:《企管类课程参与式教学项目设计与实施》,经济管理出版社2017年版。

闫祯:《参与式教学活动的设计与实施》,陕西师范大学出版社2006年版。

张新民、钱爱民:《财务报表分析》,中国人民大学出版社2017年版。

Leonard soffer:《财务报表分析:估值方法》,肖星、胡谨颖、陈晓译,清华大学出版社2005年版。

濮润:《浅议我国医药产业研发现状及未来发展建议》,《中国生物工程杂志》2014年第7期。

王勇:《民营医药企业并购战略问题探讨》,《中国药事》2010年第24卷第12期。

王桢:《甘肃民营企业融资探讨》,《兰州大学学报》2010年第4期。

王桢:《甘肃省上市公司资产重组财务绩效研究》,《兰州学刊》2014年第11期。

王桢:《"稳金融"背景下商业银行财务预警研究》,《财会研究》2019年第11期。

张德平:《中国上市公司并购的经营业绩实证研究》,《中国软科学》2002年第7期。

后　　记

在"财务报表分析"课程的参与式教学中，目前只是案例部分由学生实际参与，全程由学生自己完成。以后希望将理论部分也分解后，由学生收集资料，课堂讲述，互相讨论，老师只给予指导、评价与总结，不断提高学生的参与程度。

另外，随着互联网技术在教学过程中的使用，新学期里，正在使用慕课拓宽学生的知识面，加强与学生的交流，逐步建设线上线下相结合的课程体系；同时使用QQ等交流软件方便学生与教师沟通。

在书稿的写作过程中，感谢我的同事们给我专业建议；感谢家人给我生活上的关心；最要感谢的是我自己，多次想要放弃，但最终坚持下来。

感谢学生的配合。这里的案例大多是我们的学生完成的，并在一次次的"威逼利诱"中不断修改。其间，我可能或多或少的批评过学生，但相信我，在我心底里，我是觉得同学们是了不起的。从从未看过一份上市公司年报，到学习一点点开始看，再到收集数十万字的资料，最后写出"万言书"。虽然写出的报告在课堂展示中仍被我或同学们百般"嫌弃"，但我们依旧发现，我们在成长，我们变得越来越好。

王　桢

2021年12月1日